国家社科基金
GUOJIA SHEKE JIJIN HOUQI ZIZHU XIANGMU
后期资助项目

马克思新世界观
阐释形式重构

Reconstructing Marx's New World Outlook

张定鑫　著

中国社会科学出版社

图书在版编目(CIP)数据

马克思新世界观阐释形式重构/张定鑫著.—北京:中国社会
科学出版社,2015.12
ISBN 978-7-5161-7449-4

Ⅰ.①马… Ⅱ.①张… Ⅲ.①马克思主义哲学—世界
观—研究 Ⅳ.①B0-0

中国版本图书馆 CIP 数据核字(2015)第 309454 号

出 版 人	赵剑英
责任编辑	喻 苗
责任校对	朱妍洁
责任印制	李寡寡

出 版	中国社会科学出版社
社 址	北京鼓楼西大街甲 158 号
邮 编	100720
网 址	http://www.csspw.cn
发 行 部	010-84083685
门 市 部	010-84029450
经 销	新华书店及其他书店

印 刷	北京君升印刷有限公司
装 订	廊坊市广阳区广增装订厂
版 次	2015 年 12 月第 1 版
印 次	2015 年 12 月第 1 次印刷

开 本	710×1000 1/16
印 张	15
插 页	2
字 数	271 千字
定 价	56.00 元

凡购买中国社会科学出版社图书,如有质量问题请与本社营销中心联系调换
电话:010-84083683

国家社科基金后期资助项目

出 版 说 明

　　后期资助项目是国家社科基金设立的一类重要项目，旨在鼓励广大社科研究者潜心治学，支持基础研究多出优秀成果。它是经过严格评审，从接近完成的科研成果中遴选立项的。为扩大后期资助项目的影响，更好地推动学术发展，促进成果转化，全国哲学社会科学规划办公室按照"统一设计、统一标识、统一版式、形成系列"的总体要求，组织出版国家社科基金后期资助项目成果。

　　　　　　　　　　　　　　全国哲学社会科学规划办公室

目 录

第五部分 新世界观的现有阐释形式与中国化话语

导　言

　　"马克思新世界观"本是人们或者说经历了社会主义实践的国度的人们一个十分熟悉的词汇。改革开放以来，各级、各类学校特别是高校都对人们进行过马克思主义世界观洗礼。在 20 世纪 80 年代中期，高清海先生在他主编的马克思主义教科书——《马克思主义哲学基础》中深入浅出地指出：什么是世界观？在日常生活中使用世界观一词，通常是指那些支配人们的认识和行为的基本原则，在这种原则里所体现的对于世界、事物及种种问题的根本看法。哲学所讲的世界观是指以系统的形式表达的关于世界的根本观点、根本看法，其中包括"对于认识世界和改造世界的根本问题的观点"，"主观世界和客观世界的关系的问题就是世界观的根本问题"，"马克思主义哲学属于无产阶级的世界观体系"。① 在 20 世纪 90 年代中期，肖前先生在他主编的《马克思主义哲学原理》中指出：世界观就是人们对于包括自然界、社会和人的精神世界在内的整个世界的一般看法和根本观点，如关于世界的本质、存在形式、人的本质等问题的观点，并提出"马克思主义哲学是资本主义向社会主义转化的时代指导人类认识世界和改造世界的科学的世界观"②。马克思主义理论研究和建设工程重点教材《马克思主义基本原理概论》(2013 年版)肯定了这些观点，说"世界观是人们对整个世界的总体看法和根本观点"，"马克思主义是无产阶级的科学世界观"。③ 我国西方哲学家张世英先生在他的北京市高等教育精品教材《哲学导论》中从整个世界哲学的角度肯定上述观点，说"我把世界观理解为对世界的看法，也就是对世界的态度或关系"，即"把世界（包括人在内）作为一个整体来考虑的这样一种最大最高的普遍性问题……正是哲学研究

---

① 参见高清海《马克思主义哲学基础》，人民出版社 1985 年版，第 32、33、103 页。
② 参见肖前《马克思主义哲学原理》，中国人民大学出版社 1994 年版，第 3、1 页。
③ 《马克思主义基本原理概论》，人民出版社 2013 年版，第 28、2 页。

的对象"①。这些耳熟能详的观点不仅道明了马克思主义世界观的基本知识，并且教育、影响了许许多多的学子与民众。然而，细予分析，这些关于马克思主义世界观的思想观念都属于对"世界观"的一般概述，属于对作为广义的"马克思主义世界观"的一般概述，而没有直接触及"马克思新世界观"原创部位，这不能不说是我们多年来在"马克思主义世界观"教育乃至学术研究方面值得深思之处。

在历史车轮行驶在 21 世纪第二个十年的时候，马克思主义理论研究中的这一软肋已经不能再任其"自由"了，或者说，不能再在此绕"道"而行了。

2005 年 10 月，中共十六届五中全会第一次提出"加快建设国家创新体系"战略。2006 年全国科学技术大会提出建设创新型国家的核心就是把增强自主创新能力作为国家战略。2012 年中共十八大报告提出"实施创新驱动发展战略"。面对党和国家在近十年来强调和实施的"创新型国家"战略，我们的"马克思主义基本原理"研究事业怎么办？尤其是，我们的"马克思主义哲学原理"研究事业怎么办？

科学家钱学森在 2005 年曾发出这样的感慨：回过头来看，这么多年培养的学生，还没有哪一个的学术成就能跟民国时期培养的大师相比！他认为，现在中国没有完全发展起来，一个重要原因是没有一所大学能够按照培养科学技术发明创造人才的模式去办学，没有自己独特的创新的东西，老是"冒"不出杰出人才。这是很大的问题。② 面对这个震动国人的"钱学森之问"③，我们的"马克思主义基本原理"研究事业怎么办？尤其是，我们的"马克思主义哲学原理"研究事业怎么办？

"钱学森之问"类似于 20 世纪的"李约瑟难题"。李约瑟指出："在不同的历史时期，即在古代和中古代，中国人对于科学、科学思想和技术的发展，究竟作出了什么贡献？虽然从耶稣会传教士在 17 世纪

---

① 张世英：《哲学导论》，北京大学出版社 2002 年版，第 3 页、"导言"第 1 页。
② 引自朱清时《求解创新型人才培养的困局》，《中国高等教育》2009 年第 20 期。
③ "'钱学森之问'的确点中了当前中国教育千校一面、缺乏特色的要害，其中有许多值得我们认真思考和探索改进的问题。但在我看来，钱学森先生至少遗漏了两个伟大的人物。无论如何，这两个人应当够资格称得上是'杰出人才'——他们都是新中国成立后在中国大学接受教育并且做出了举世瞩目的成就，而且他们完全依靠自主创新的科技成果不仅改变了中国，也改变了世界。他们堪称是二十世纪后期中国乃至世界的伟人。这两个人，一个是被誉为'杂交水稻之父'的中国工程院院士袁隆平先生；另一个是被誉为'当代毕昇'的两院院士、北大教授王选先生。"（秦春华：《领导者与追随者的区别：创新》，《光明日报》2013 年 4 月 17 日）

初来到北京以后，中国的科学就已经逐步融合在近代科学的整体之中，但是，人们仍然可以问：中国人在这以后的各个时期里有些什么贡献？广义地说，中国的科学为什么持续停留在经验阶段，并且只有原始型的或中古型的理论？如果事情确实是这样，那末在科学技术发明的许多重要方面，中国人又怎样成功地走在那些创造出著名的'希腊奇迹'的传奇式人物的前面，和拥有古代西方世界全部文化财富的阿拉伯人并驾齐驱，并在 3 到 13 世纪之间保持一个西方所望尘莫及的科学知识水平？中国在理论和几何学方法体系方面所存在的弱点，又为什么并没有妨碍各种科学发现和技术发明的涌现？中国的这些发明和发现往往远远超过同时代的欧洲，特别是在 15 世纪之前更是如此。欧洲在 16 世纪以后就诞生了近代科学，这种科学已被证明是形成近代世界秩序的基本因素之一，而中国文明却未能在亚洲产生与此相似的近代科学，其阻碍因素又是什么？"[①] 面对"李约瑟难题"即中国近代在科学技术及其思想文化方面出现创新"乏力"或"疲劳"现象的"发问"，我们的"马克思主义基本原理"研究事业怎么办？尤其是，我们的"马克思主义哲学原理"研究事业怎么办？

有识之士嘉波认为，人才在 21 世纪是最宝贵的战略资源，是构建最佳经济发展模式的关键性因素和决定性力量。随着经济全球化和知识经济的迅猛发展，人才争夺必然越来越激烈，企业间、行业间、国家间都愿意为吸引和留住一流人才而进行"不可避免的较量"[②]。

武汉大学原校长刘道玉先生在"大学生成才究竟决定于什么"之"问"中提出：经验表明，能否成才，基本上不决定于名校、名师，不决定于学历和学位之高低，不决定于是否出国留学，不决定于学习条件之优劣，也不决定于家庭是否富有。一个人是否能够成才，只能决定于自己。具体地说，决定于自己的志趣、理想和执着的精神。[③]

按照目前一些人对"马克思新世界观"所作的惯常见解，也就是按照他们对"辩证唯物主义和历史唯物主义"所作的"常识"式或教科书式理解，作为马克思主义基础的"马克思主义基本原理""马克思主义哲学"难以完全有力适应党和国家关于"为科技创新提供科学的理论指导"、实现"创新驱动发展"这一庄严期许或殷切希望，难以完全

①　[英] J. 李约瑟：《中国科学技术史》第一卷"导论"，科学出版社、上海古籍出版社 1990 年版，第 1—2 页。

②　嘉波：《这个移民潮之惑》，《光明日报》2012 年 8 月 28 日。

③　刘道玉：《大学生成才究竟决定于什么》，《光明日报》2015 年 1 月 6 日。

助攻作为科学家的"钱学森之问",难以完全理解作为有识之士对当今时代人才战略地位之估、教育家对大学生成才之"问"。既然马克思新世界观研究和教育领域存在这些软肋或尴尬,那么,"马克思新世界观"现有阐释形式的症结在哪里呢?这正是确立本书选题的现实缘起。

本书题名中的"阐释形式"怎么理解或者说究竟按照什么学科路径去看待"马克思新世界观阐释形式"?

据《现代汉语词典》,"阐"即"讲明白"(make clear),"释"即解释(explain);"阐释"即"阐述并解释"。① 依据《现代汉语词典》,"马克思新世界观阐释形式"包含着对"马克思新世界观"的"阐述"与"解释"两个层面。恩格斯、列宁等马克思主义经典作家对"马克思新世界观"做出了一系列的"阐述"和"解释",并且其中的"阐述"成分占优势,其他学者对"马克思新世界观"的"阐释"既有"阐述"也有"解释",但"解释"成分居多。至于许许多多的马克思主义原理教科书则主要或基本上是对"马克思新世界观"的"解释"或"再阐释"。这种对马克思新世界观的"解释"或"再阐释"属于马克思主义大众化范畴或对马克思主义的传播、教育范畴。

从学科角度看,对马克思新世界观的阐释可以纳入"诠释学"或"解释学"范畴。

"诠释学"或"解释学"(Hermeneutics)本源于古代希腊人对阿波罗神庙中神谕的解说。在希腊化时期,已有对《荷马史诗》等古典文献的大量诠释。在中世纪,古代传下来的《圣经》经文、法典和其他典籍由于年代久远、文字古奥而越来越需要予以解释,这就形成了专于理解和解释古代文献的古代诠释学。施莱尔马赫(F. D. E. Schleiermacher,1768—1834)把古代诠释学从经典注释、文献学的地位变成了一种普遍的方法论,提出诠释学的真正任务或目的是解释作者的原意,从而使诠释学从理解文本转到理解本身。狄尔泰(Wilhelm Dilthey,1833—1911)在这个基础上把诠释学融入历史哲学中,进而把它确立为人文科学普遍的方法论基础,并将其对象从文本及其意义和指谓转到文本中所表达的生活经验上。建立在这种近代诠释学意义上的现代诠释学主要是出于对以伽利略、牛顿为代表的近代科学家所带来的科学至上观念的深刻反思与批评。

诠释学集大成者伽达默尔(Gadamer,Hans - Georg,1900—2002)

① 《现代汉语词典》,外语教学与研究出版社2002年版,第213页。

提出，"阐释"这个词指示着不同语言的讲话者之间的中间人的作用，赋予难以理解的文本以解释之意，这种阐释活动属于"在人与世界之间进行永无止境的调解"，说"常常是解释导致了文本的批判产生……是理解事件中的一个阶段"。① 他在《论理解的循环》《事情的本质和事物的语言》《古典诠释学和哲学诠释学》等文章中认为，诠释学规则是必须从个别理解整体并以整体理解个别，也就是必须从文本自身出发理解文本即坚持"我注六经"而非"六经注我"。这种"理解"首先意指"对事物的理解"，其次"突出和理解他人的意见本身"。作为现代诠释学所诠释的对象即"传承物"，不是任意的文本，而是"那些包含需要重新争得真正权威性东西的文本"，"因为现存的传统由于发现其被掩盖了的根源而被破坏并变形，因而需要重新理解传承物。传承物被遮蔽或歪曲的原始意义应当再被探索和重新说明。诠释学总是试图通过对原始根源的追溯来对那些由于曲解、变形或无用而被破坏了的东西获得一种新的理解"②。

这种现代诠释学不仅把对"真正权威性东西的文本"的"理解"或"阐释"当作人文社会科学的普遍性方法论，并且主张任何对文本的"阐释"活动都是处理"人与世界关系"的"一个阶段"，构成人文社会科学的存在形式或面向现实的作用方式。从这种解释学角度不难看出，在马克思主义经典阐释史上存在对马克思新世界观各种不同的阐释形式（或话语）本属于正常的学术现象或认识过程，既不能简单地把它们归结为（政治上的）"左"，也不能简单地把它们归结为（政治上的）"右"。在马克思主义学说发展的历史中，马克思主义者之间围绕着如何理解马列经典的争论以及如何对待这类争论往往缺失这个"解释学"视角或"解释学"空间，某些政治上的特选人物对马克思学说的阐释被规定为"正统"，他们本人被规定为"经典作家"，而某些政治上的失意者对马克思学说的阐释则被贬为批判靶子或思想"材料"而已，一些马克思主义学说的研究者或学者只配充当"注释者"角色。

另一方面，对马克思新世界观的阐释离不开"意识形态"的需要与考量。

依据马克思主义基本原理，人们的社会意识形态基于它是否反映或体现人们的利益关系或经济基础的要求而被划分为属于上层建筑的"社

① ［德］伽达默尔：《诠释学Ⅰ：真理与方法》，商务印书馆2007年版，第409、411页。
② ［德］伽达默尔：《诠释学Ⅱ：真理与方法》，商务印书馆2007年版，第113页。

会意识形态"与非上层建筑的社会意识形态。当然，使思想成为意识形态的是它们对社会和经济关系的真正本质的掩饰，以及由此而来的对社会中社会资源和经济资源不平均分配的辩护。可见，并非所有思想而仅是那些掩盖社会矛盾的思想才是意识形态的。① 马克思新世界观作为"无产阶级世界观"无疑具有鲜明的意识形态性，对它的阐释也无疑存在着意识形态的需要与考量。马克思在《德意志意识形态》中不仅提出"意识并非一开始就是'纯粹的'意识。'精神'从一开始就很倒霉，受到物质的'纠缠'"，一定历史阶段的文化对社会经济关系或生产关系存在依赖性或服从性，而且强调阶级社会里的经济利益关系对文化的"辐射"作用或文化对经济利益关系的服务往往以"弯曲"的形式来进行，说"每一个企图代替旧统治阶级的地位的新阶级，为了达到自己的目的而不得不把自己的利益说成是社会全体成员的共同利益，就是说，这在观念上的表达就是：赋予自己的思想以普遍性的形式，把它们描绘成唯一合乎理性的、有普遍意义的思想。进行革命的阶级，仅就它对抗另一个阶级而言，从一开始就不是作为一个阶级，而是作为全社会的代表出现的；它俨然以社会全体群众的姿态反对唯一的统治阶级"②。这就"挑明"了一定的社会观念形态在阶级社会服从于一定经济利益关系的意识形态功能或呈现为一定的阶级意识形态。丹尼尔·贝尔曾对马克思这一观点做了这样的阐释：文化作为意识形态仅仅反映基础结构，其本身不可能独立自主。非但如此，资产阶级社会里的文化受缚于经济，因为它自身已成为商品，由市场予以估计，通过交换程序被买进卖出。③ 恩格斯在《路德维希·费尔巴哈和德国古典哲学的终结》中具体阐述了各种社会意识形态同经济基础之间的联系程度，其中，"国家政权"作为"支配人的意识形态力量"是"直接地实现"阶级意志或利益，哲学和宗教则是"远离物质经济基础的意识形态"。

由"意识形态"角度不难看出，马克思新世界观在生成、传播史上遇到许许多多的怀疑、责难、诽谤是毫不奇怪的，其鲜明的意识形态性或阶级性必定遭到敌对或既得利益集团的反对，尽管它本身反映了人类社会发展的客观规律或基本趋向。就此而言，由于马克思主义学说与无

---

① ［英］大卫·麦克利兰：《意识形态》，孔兆政、蒋龙翔译，吉林人民出版社 1982 年版，第 18 页。

② 《马克思恩格斯选集》第 1 卷，人民出版社 1995 年版，第 100 页。

③ ［美］丹尼尔·贝尔：《资本主义文化矛盾》，赵一凡、蒲隆、任晓晋译，重庆出版社 1989 年版，第 82 页。

产阶级政党之间存在着"灵"与"肉"或"魂"与"体"的关系，若去其"魂""灵"，则必徒剩其"躯壳"，无产阶级政党必须旗帜鲜明地坚持、高扬马克思主义世界观。而如何科学地、准确地阐释、传播马克思主义世界观的确属于习近平总书记所说的作为"党的一项极端重要的工作"的"意识形态工作"。

本书主要观点是：其一，马克思在初创新世界观过程中洞见到，以费尔巴哈为代表的唯物论与以黑格尔为代表的先验论都迷失于"社会"同"自然"之间质的差别——前者以"自然"去推论"社会"（"历史"）而后者以理性去推论"自然"或宇宙，并非迷失于传统的"唯物主义""唯心主义"问题。马克思新世界观"新"在把现实社会历史问题置于世界观的中心地位，"新"在"通过批判旧世界发现新世界"，构建并实现"共产主义"。其二，《资本论》及其手稿是马克思新世界观"载体"或主体文本；剩余价值学说是其"心脏"；马克思为批判资本世界而对"商品世界"做"猴体解剖"，为"发现新世界"而对资本世界做"人体解剖"，发现并充分论证了产业无产阶级对整个资本主义世界的文明所做出的绝对贡献。其三，马克思新世界观基本范畴为"劳动""资本""生产关系"和"共产主义"；"历史唯物主义"或"唯物史观""辩证唯物主义"乃源于恩格斯对马克思新世界观的"阐释"，"实践唯物主义"乃源于葛兰西"实践哲学"、卢卡奇"历史唯物主义的首要功能"论等西马派（西方马克思主义）对马克思新世界观的"阐释"，它们在马克思文本里有一定根据而非马克思本人的直接术语；若继续把马克思新世界观基础或方法论层面视同于马克思新世界观全体内容本身，就必定偏离其原创而在现有"阐释形式"上"兜圈"。

本书学术价值主要在于：其一，马克思新世界观阐释形式问题属于马克思主义理论中"纠结"了近一百年的始原性理论问题；从经济学及欧洲哲学史学科范畴去全面把握马克思新世界观本真意义和丰满内容，在《资本论》及其手稿这一马克思新世界观的"首都"聚焦马克思新世界观的"心脏"，从而终结了这个问题上长年存在的唯物主义"过度"现象与限于"方法论"范畴的"兜圈"现象，在一定程度上拓新了马克思主义理论研究的视野，增强了马克思主义理论对于现实的穿透力。其二，学界长期以来在马克思新世界观阐释形式问题上侧重其"流"而疏于"源"，本书侧重于马克思新世界观的"源头"即马克思在经济学领域所构建的新世界观系统，如把《资本论》及其手稿视为马克思新世界观"首都"，把马克思建立在劳动价值论基础上的剩余价值学说视为马克思新世界观"心脏",用"劳动""资本""生产关系""共产主义"四个范畴阐释马克思新世界观的基本逻辑与其所要解决的"最高问题",这是目前学界所少见的。其三,把马克思新世界观系统分为"基础""核心圈""重要观点"等多层结构,通过着重于马克思新世界观的"核心圈",始终依据马克思的文本去系统阐述马克思主义世界观的原创性内容,这是本书的新颖之处。其四,本书没有简单否定马克思新世界观现有阐释形式,而是肯定它们在马克思文本中存在的一定依据,着力寻觅如何丰富、深化马克思新世界观阐释形式和创立马克思新世界观中国化话语的途径即马克思新世界观存在一个"结构"系统。这正是学界目前在本研究领域存在的软肋,本书不仅直触这一软肋,并且弥补了这个薄弱环节。

本书的应用价值在于:一方面,对推进中国化马克思主义理论研究具有直接的应用价值。其一,解析了实事求是思想路线内容的"结构",指出了我国目前世界观领域存在的"隐患",提出不能把实事求是演绎成"实事求实",不能对实事求是思想路线持一劳永逸态度。其二,分析了党的社会主义核心价值观的"核心"即内在联系问题,提出社会主义核心价值观的培育践行过程既要肯定中国传统文化作为其肥田沃土,又要坚持马克思主义世界观作为其灵魂。

另一方面,对马克思主义理论的传播或大众化具有直接的应用价值。其一,其研究成果可直接被纳入我国统编的《马克思主义基本原理概论》教科书,这本教科书的确在许多方面推进了我国马克思主义基本原理的教育教学,但如何阐明"马克思主义世界观"与其原创——马克思新世界观之间的关系,如何处理好马克思主义哲学、马克思主义经济学、马克思主义政治学之间的内在联系及其在这个教学体系中的"内在逻辑",目前的教材并未完全实现它们之间的"无缝对接",本成果在这方面有直接应用价值。其二,究竟如何"巩固马克思主义在意识形态领域的指导地位"即马克思主义的传播或大众化问题,已有的学术著述或宣传教育作品均存在一个尴尬即马列主义经典作家侧重对资本主义世界这个"现代社会"的"批判向度"与资本主义生产方式在现代性运动中的强势地位之间的反差。避免马克思主义理论研究与传播过程中存在的那种"自己与自己过不去"现象,本书有助于对这个问题的理解。

第一部分

学术梳理

第一章　马克思新世界观阐释
成果概述（上）

一　恩格斯等马列经典作家对马克思新世界观的阐释概述

1. 恩格斯

马克思在《致斐迪南·拉萨尔》（1858 年 11 月 12 日）中称他的《政治经济学批判·第一分册》为他"一生中的黄金时代的研究成果"，"第一次科学地表述了关于社会关系的重要观点"。该书在 1859 年 6 月公开出版后，恩格斯应马克思的"请求"于同年 8 月在《人民报》第 14、16 号上发表了《卡尔·马克思〈政治经济学批判〉》书评，他在书评的前两个部分提出"应该用什么方法对待"由马克思"唯一能够担当起这样一件工作"的这个"德国的经济学"——主要是剩余价值学说①这一问题。他说马克思这个以剩余价值学说为标志的经济学成果"本质上是建立在唯物主义历史观的基础上的""一种比从前所有世界观都更加唯物的世界观"②，这种"新的世界观不仅必然遭到资产阶级代表人物的反对，而且也必然遭到一群想靠自由、平等、博爱的符咒来翻转世界的法国社会主义者的反对。这种世界观激起了德国庸俗的民主主义空谈家极大的愤怒"③。在这里，恩格斯第一次在方法论上不仅把马克思经济学说——主要是剩余价值学说归结为"唯物主义历史观"，

---

① 恩格斯说："马克思在 50 年代一个人埋头制定了剩余价值理论，在他没有完全弄清楚这一理论的所有结论以前，他坚决拒绝发表关于这一理论的任何材料。因此，《政治经济学批判》第二分册及以下各分册都没有出版。"（《马克思恩格斯选集》第 4 卷，人民出版社 1995 年版，第 722 页）
② 《马克思恩格斯选集》第 2 卷，人民出版社 1995 年版，第 41 页。
③ 同上书，第 39 页。

并且把这一学说高度评价为一种"新世界观",这正是关于马克思的"新世界观"概念的原始出处。

也许是因为书评的第三部分即对马克思经济学说内容的评论因该报纸停刊而未发表,恩格斯十多年后多次就马克思经济学——主要是剩余价值学说在马克思新世界观中的地位做出高度评价。他在《反杜林论》《社会主义从空想到科学的发展》中指出,以往的学说主要是社会主义学说批判过现存的资本主义生产方式及其后果,但只是"简单地把它当做坏东西抛弃掉"而没有科学地说明;马克思的剩余价值学说则科学地说明了资本主义生产和资本生产的过程,揭示了这个生产方式的秘密与发展趋向。他认为马克思剩余价值学说"揭露了现代资本主义生产方式以及以它为基础的占有方式的机制,揭示了整个现代社会制度在其周围凝结起来的核心","这个问题的解决是马克思著作的划时代的功绩。它使明亮的阳光照进了经济学领域,而在这一领域中,从前的社会主义者像资产阶级经济学家一样曾在深沉的黑暗中摸索。科学的社会主义就是从此开始,以此为中心发展起来的"①。他在《马克思墓前的讲话》中把马克思的剩余价值学说称为马克思一生的"伟大发现",说马克思通过这个学说发现了现代资本主义生产方式和它所产生的资产阶级社会的特殊的运动规律。

恩格斯在《反杜林论》中还阐述了马克思新世界观与传统哲学之间的关系,这就是由他阐明的"现代唯物主义"即"新世界观"在"形式"上不再是以往的"哲学"形态而仅是"世界观"形态,但在"内容"上又承继了历史上哲学和科学的合理成分。所以,他在"费尔巴哈论"中把"世界观"置于哲学本体论基础之上,否定费尔巴哈将建立在本体论基础上的一般世界观与这种哲学世界观在 18 世纪这个特定历史阶段的特殊形式混为一谈这一简单做法。

在 1885 年 9 月的《反杜林论》序言中,恩格斯第一次正式论述了由马克思和他一起创立的"世界观",说"本书所批判的杜林先生的'体系'涉及非常广泛的理论领域……论战变成对马克思和我所主张的辩证方法和共产主义世界观的比较连贯的阐述,而这一阐述包括了相当多的领域。我们的这一世界观,首先在马克思的《哲学的贫困》和《共产党宣言》中问世,经过足足 20 年的潜伏期,到《资本论》出版以后,就越来越迅速地为日益广泛的各界人士所接受。现在,它已远远

---

① 《马克思恩格斯选集》第 3 卷,人民出版社 1995 年版,第 549、548 页。

越出欧洲的范围，在一切无产者和无畏的科学理论家的国家里，都受到了重视和拥护"①，并一再强调这个世界观"绝大部分是由马克思确立和阐发的"。恩格斯在这里不仅简要地阐述了马克思新世界观形成的过程，挑明马克思新世界观的真正诞生地或者说经典文本是《资本论》，并且明确把马克思新世界观定位为"共产主义世界观"。

在 1888 年 2 月撰写的《〈路德维希·费尔巴哈和德国古典哲学的终结〉一书序言》中，恩格斯第一次规范地提出了"新世界观"命题，并在这个"序言"中把这个新世界观即"马克思的世界观"阐释为"主要由马克思制定的唯物主义历史观"。他在《路德维希·费尔巴哈和德国古典哲学的终结》中把这个"新世界观"阐释为"关于现实的人及其历史发展的科学"或"在劳动史中找到了理解全部社会史的锁钥的新派别"。在 1890 年 8 月 5 日《致康·施米特》中，他在谈到"在马克思的一切著作中所能找到哲学"时提出"唯物史观"和"历史唯物主义"概念。在 1893 年 2 月 7 日《致弗·雅·施穆伊洛夫》中，他明确地把那个标志马克思新世界观的萌芽——《关于费尔巴哈的提纲》（简称为《提纲》）指定为"历史唯物主义的起源"，也就是把新世界观阐释为"历史唯物主义"。他在 1894 年 1 月 9 日《致朱·卡内帕》中把马克思的思想，特别是关于共产主义的论断概括为"新时代的精神"。在 1894 年 1 月 25 日《致瓦·博尔吉乌斯》中，他把"唯物主义历史观"概括为"把经济条件看作归根到底制约着历史发展的东西"，并把它简约为"唯物史观"。他在 1895 年 3 月《致威·桑巴特》中说："从马克思的观点看，迄今为止的整个历史进程，就重大事件来说，都是不知不觉地完成的，就是说，这些事件及其所引起的后果都是不以人的意志为转移的。要么历史事件的参与者所希望的完全不是已成之事，要么这已成之事又引起完全不同的未曾预见到的后果……马克思的整个世界观不是教义，而是方法。它提供的不是现成的教条，而是进一步研究的出发点和供这种研究使用的方法。"② 恩格斯在这里不仅把马克思所创立的"新世界观"阐析为"历史的唯物主义"即社会历史存在着"不以人的意志为转移的"的客观规律，而且阐释其"方法论"功能即"进一步研究的出发点和供这种研究使用的方法"。

---

① 《马克思恩格斯选集》第 3 卷，人民出版社 1995 年版，第 347 页。
② 《马克思恩格斯选集》第 4 卷，人民出版社 2012 年版，第 663—664 页。

2. 列宁

列宁在《"什么是人民之友"以及他们如何攻击社会民主党人?》一书中把马克思的"世界观"的最初形态理解为"唯物主义",并对这个历史的"唯物主义"做出了独到的阐释,认为马克思在《〈政治经济学批判〉序言》中经典地阐述的"唯物主义历史观"作为一种"假设"在《资本论》中获得了"科学地证明",并且是社会科学有史以来"唯一科学的历史观"。他将由马克思创立的新世界观概括为:一方面,把社会关系分成物质的社会关系和思想的社会关系,其中思想的社会关系是物质的社会关系的上层建筑,物质的社会关系是第一性的现象,是人类生存的活动形式;另一方面,从社会生活的各种领域中划分出经济领域,从一切社会关系中划分出决定其余一切关系的基本的原始的关系即生产关系,把社会关系归结于生产关系,把生产关系归结于生产力的水平或生产力发展的必然形式。他在《国家与革命》中把马克思的"辩证唯物主义哲学"与"哲学世界观"联系在一起。在《费里德里希·恩格斯》中,列宁把马克思的《政治经济学批判·第一分册》一书评价为使政治经济学"发生了真正的革命",与恩格斯把马克思这部著作称为"新的世界观"异曲同工。他在《卡尔·马克思》中明确提出"辩证唯物主义世界观"命题,并且他在该文中认为马克思"新的世界观"内容包括彻底的唯物主义、作为最全面最深刻的发展学说的辩证法、关于阶级斗争和共产主义新社会创造者无产阶级肩负的世界历史性的革命使命的理论。紧接着,他从包含哲学学科在内的不同学科领域——"哲学唯物主义""辩证法""唯物主义历史观""阶级斗争"四个方面对这个新世界观内容作了"简略的叙述",其中提到坚持"无产阶级斗争"体现了马克思的唯物主义的彻底性和战斗性。同样,他在《唯物主义和经验批判主义》中从哲学范畴把这个"新世界观"阐释为"辩证唯物主义""历史唯物主义"时特别提示:"马克思和恩格斯在他们的著作中特别强调的是辩证唯物主义,而不是辩证唯物主义,特别坚持的是历史唯物主义,而不是历史唯物主义",对这个"现代唯物主义"作了特别的界定与限制。在《又一次消灭社会主义》一文中,他把"马克思的哲学和政治经济学"归结为"完整的唯物主义世界观"。

同时,列宁对马克思"新世界观"的性质作了阐述。他在《新的革命工人联合会》一文中认为"马克思主义"是唯一的"严格的无产阶级世界观",在《无产阶级的文化》一文中认为现代历史的全部经验,特别是自《共产党宣言》发表以来世界各国无产阶级的革命斗争证明：只有马克思主义的世界观才正确地反映了革命无产阶级的利益、观点和文化。因而"对资产阶级思想的侵蚀和资产阶级世界观的复辟坚持斗争"①，"即使在最困难的条件下，也要挖矿石，炼生铁，铸造马克思主义世界观以及与这一世界观相适应的上层建筑的纯钢"②。可以说，列宁把"马克思主义"视为与"资产阶级世界观"相对立的经典"无产阶级世界观"。

他对马克思"新世界观"的特征作了阐述，认为马克思主义作为革命无产阶级的思想体系之所以赢得世界历史性的意义，是因为它没有抛弃资产阶级时代最宝贵的成就，而吸收和改造了两千多年来人类思想和文化发展中一切有价值的东西，其中人类在 19 世纪所创造的优秀成果——德国的哲学、英国的政治经济学和法国的社会主义，都是马克思新世界观的直接思想来源。他认为"马克思主义的精髓，马克思主义的活的灵魂"在于"对具体情况作具体分析"。

3. 斯大林

斯大林从"世界观"角度充分肯定了列宁《唯物主义和经验批判主义》著作的哲学成果，在马克思新世界观的阐释史上第一次从哲学上向广大共产党员和群众提供了一个唯一的系统、简明的"范本"。他撰写了《苏联共产党（布）历史简明教程》中第四章第 2 节"辩证唯物主义和历史唯物主义"，不仅断定"辩证唯物主义和历史唯物主义是共产主义底理论基础，是马克思主义政党底理论基础"，而且把这两个"唯物主义"贯通，融入"一体"，明确地把"马克思主义政党底世界观"冠名为"辩证唯物主义"。它之所以叫作辩证唯物主义，是因为它对自然界现象的看法、它研究自然界现象的方法、它认识这些现象的方法是辩证的。"马克思与恩格斯仅仅从黑格尔辩证法中采取了它的'合理内核'，而抛弃了黑格尔唯心主义的外壳"；而它对自然界现象的解释、它对自然界现象的了解、它的理论是唯物主义的，"马克思与恩格斯是从费尔巴哈唯物主义中采取了它的'基本内核'，把它向前发展成了科学的哲学唯物主义理论"。③ 历史唯物主义就是把辩证唯物主义的原理推广去研究社会生活，把辩证唯物主义的原理应用于社会生活现

① 《列宁专题文集·论辩证唯物主义和历史唯物主义》，人民出版社 2009 年版，第 328 页。

② 《列宁全集》第 20 卷，人民出版社 1989 年版，第 95 页。

③ 苏共（布）中央特设委员会：《苏联共产党（布）历史简明教程》，人民出版社 1954 年版，第 136、137 页。

象，应用于研究社会，应用于研究社会历史。他在"教程"中概括了"马克思主义的辩证方法的基本特征""马克思主义哲学唯物主义的基本特征"，概括了"历史唯物主义"关于社会现象和社会发展的基本观点及社会生产活动的特点。

斯大林还从政治经济学角度精辟地阐明了马克思新世界观的性质：马克思分析资本主义，是为了说明工人阶级受剥削的泉源，即剩余价值，并且给予被剥夺了生产资料的工人阶级以推翻资本主义的精神武器。①

4. 毛泽东

毛泽东的"两论"从纯哲学角度解说了马克思新世界观的"辩证唯物论"部分。《实践论》提出"改造主观世界""改造主观世界同客观世界的关系"论断，《矛盾论》提出并阐释了"唯物辩证法的宇宙观"。他在《论人民民主专政》中把"马克思列宁主义"归属为"无产阶级的宇宙观"。在这个问题上，他始终强调"有的放矢"地"到马克思、恩格斯、列宁、斯大林那里找立场，找观点，找方法，而不是为了单纯地学理论而去学理论"，强调无产阶级世界观与资产阶级世界观或马克思主义世界观与非马克思主义世界观之间斗争、较量的激烈性和长期性。

5. 邓小平

邓小平在《怎样恢复农业生产》中曾经触及了马克思"新世界观"的核心部位即"生产力生产关系"之间关系思想，认为生产关系究竟以什么形式为最好，恐怕要采取这样一种态度：就是哪种形式在哪个地方比较快地恢复和发展农业生产，就采取哪种形式；群众愿意采取哪种形式，就应该采取哪种形式，不合法的使它合法起来，在生产关系上不能完全采取一种固定不变的形式。当然，他在这个问题上主要是从反思的角度追问人们对于"马克思主义是什么"长期以来"没有完全搞清楚"，强调"对马克思列宁主义，应该准确地完整地理解它的体系"。②他从方法论角度把"无产阶级世界观的基础"归结为"实事求是"，将这个"无产阶级世界观的基础"系统地制定为"党的思想路线"，把列宁、斯大林概括的"辩证唯物主义和历史唯物主义"归结为"实事求是"，从价值论角度强调坚持"共产主义信念"、强调"世界观的重要

---

① 《斯大林文选（1934—1952）》（下），人民出版社1962年版，第584页。
② 《邓小平文选》第2卷，人民出版社1994年版，第67页。

表现是为谁服务"。

二　西方马克思主义者对马克思新世界观阐释的概述

1. 卢卡奇（Georg Lukaés，1885—1971）

首先，卢卡奇在《历史与阶级意识》一书中把马克思新世界观阐释为"辩证的总体观"。他认为马克思在《哲学的贫困》中提出的"每一个社会中的生产关系都形成一个统一的整体"论断是人们历史地把握社会关系的"方法论的出发点和钥匙"。这一"总体范畴"是马克思对黑格尔"整体"辩证法的承继与改造，这种"总体范畴"就是把所有局部现象都看作是整体或历史现象的辩证过程的因素。马克思的辩证方法旨在把社会理解为总体。由于研究对象的实际分离、由于科学的分工和专门化，产生了专门科学和方法论上必要的和有用的某些抽象概念，但资产阶级科学或者朴素现实主义地把某种"现实"或者"批判地"把某种自律归因于那些抽象概念。与之相反，马克思主义通过把它们提升、归并为辩证的因素而扬弃了这些分离，所以，马克思主义从归根结底的意义上来说没有什么独立的法学、政治经济学、历史科学等，而只有一门唯一的、统一的"关于社会（作为总体）发展的科学"，但资产阶级科学不能获得这种"总体"认识。马克思把整个资本主义社会的问题看成是整个的资本家阶级与整个的无产者阶级之间关系的问题，其中无产阶级是资本主义社会这一"总体"的"主体"，是资本主义持续危机的"产物"，并且是促使资本主义走向危机的趋势的"执行者"。所以，卢卡奇断定作为无产阶级所有武器中最重要的一件武器——"历史唯物主义"不是"纯粹的科学认识"而是"行动"。

其次，卢卡奇揭示了马克思新世界观中的"阶级意识"状况。他认为那种来自生产过程或经济地位的"阶级意识"在前资本主义社会被"等级意识"所掩盖，在资本主义条件下才进入一个"可能被意识到的时期"。尽管阶级斗争在资产阶级的社会形式是一个普遍的社会事实，资产阶级在理论上和实践上却始终想方设法把阶级斗争的事实"从社会意识中抹去"，反对人们特别是无产阶级"对它的阶级地位的真正意识"。同时，资本主义社会"物化"现实使人失去了作为人的真正本质，并且他们越是占有文化和文明成果——被"物化"，就越不可能成其为人。其中，工人一方面意识到他在生产过程中的地位是举足轻重的，另一方面在生产过程中的这一地位又具有直接的商品性的形式。工人在其他的领域中同样具有稳定的假象（如"养老金"）个人上升为统治阶级的可能性；这种在物化条件下逐渐培养起来的"地位意识"将阻止其"阶级意识"。同样，资产阶级也日益失去从思想上控制这个社会的可能性，丧失了领导这个社会的资格。德国古典哲学只是这一发展中的一个特殊过渡点。马克思在批判这个资产阶级古典哲学的过程中揭示了"无产阶级立场"或"无产阶级意识"，发现这个新生阶级有能力从自己的生活基础出发，在自己身上发现"主体"——"行为的主体"，就是创造新世界的行动者。

最后，他从本体论即心物关系角度探析了马克思新世界观（超越前人）的特质。他认为，由于马克思把人的精神的最高成就理解为在人类超越动物走向真正合类性过程中的推动性的积极因素，他才能够第一个真正彻底地克服摆脱超验世界观早期阶段的缺陷，"在马克思那里，思想最终表现使人成为人的世俗社会的、并真正发挥作用的因素，因为人类对自身存在的认识构成了使人成为人的不可缺少的条件"①。因而，他将马克思关于社会存在本体论的伟大成就之一概括为：人的思想是随着作为特殊生命的人的形成而形成的，随着作为人的本质上全新的合类性的社会的形成而形成的，反对那种将"物质性的"经济与"观念性的"上层建筑绝对对立起来的"后马克思主义阶段的唯物主义变种"。他认为马克思的天才在于通过对作为目的性活动以影响和改变因果过程的劳动进行分析，发现人类新的存在方式这一范畴。所以，人类本质形成过程的根据只能在人类的劳动中找到。

2. 安东尼奥·葛兰西（Gramsci, Antonio, 1891—1937）

其一，葛兰西论及了世界观的一些特征。他在《狱中札记》中一方面阐明了世界观形成过程的特点，认为一个人真正的世界观铸就过程是一个对从前承接的观念、哲学的批判过程，一个人世界观的形成过程是从一个人"认识自己"是整个以往历史过程的产物开始的，普通人的世界观不容易改变。"新世界观的传布过程，决定于政治的原因，归根到底，决定于社会的原因，但是，形式上的因素、逻辑完整性的因素，正如威望的因素和组织的因素一样，只要群众一旦一般地认为这一种或

---

① ［匈］杰尔吉·卢卡奇：《卢卡奇文选》，李鹏程编，人民出版社 2008 年版，第 245 页。

另外一种新的世界观是优越的，就立即在这个过程中具有很重要的作用。"① 另一方面，他分析了"世界观"与"哲学"的差异，认为不能把任何一种思想倾向或思潮"世界观"都称为"哲学"或哲学形态。就像"工程师"与"熟练的工人""粗工"有区别一样，一个"职业哲学家"或哲学领域的"专家"不仅比一般人思考得更富有严谨的逻辑性、透彻性与系统性，而且他了解全部思想史，就是有能力审视在他从前的思想的发展状态，他在哲学思维领域中作为哲学家所执行的职能同其他领域的专家在其所在的专业领域中所执行的职能一样。

其二，他明确论述了马克思新世界观及其特征。他提出"马克思是weltanschauung的创造者"，"马克思是一个历史时代的精神的创始人，这个时代大概要延长几个世纪，也就是一直到政治社会消灭和调整了的社会建立为止。只有到那时候他的世界观才会被超越"②。他把马克思创立的这个世界观称为"实践哲学"（而不是恩格斯所命名的"历史唯物主义"或"唯物史观"），认为尽管德国古典哲学在哲学史上启用了一个"创造性"概念，但是它"充满了唯心主义的和思辨哲学的内容"，只有马克思的实践哲学避免了这种"唯我论"缺陷，使人类思想前进一步，把思想变成一种世界观、一种流行于许多人中间的积极的"行为准则"。他认为"一元论"在马克思实践哲学里既"不是唯物主义的，也不是唯心主义的。这一术语将标明在具体的历史行为中的对立面的同一性，也就是与某一种被组织起来的（历史化了的）'物质'，与人所改造的自然不可分地联系着的具有具体性的人的活动（历史—精神）。这是行动（实践，发展）的哲学，但不是'纯粹'的行动的哲学，即'非纯粹的'，实在的行动的哲学"③。在马克思实践哲学中，人与物质之间的矛盾通过辩证的发展达到统一，这个统一的中心在于"实践"即"人的意志（上层建筑）与经济基础之间的关系"。

其三，他论述了马克思新世界观即"实践哲学"经受的遭遇及其原因。他认为马克思实践哲学作为一种"现代文化的要素"被马克思主义的正统派忽视了，结果它受到"双重修正"即变成了双重哲学的结合部：一方面，它的某些因素或隐或显地成了唯心主义组成部分，另一方面，正统派把马克思实践哲学等同于传统的唯物主义。其中，那种试

---

① ［意］安东尼奥·葛兰西：《狱中札记》，葆煦译，人民出版社1983年版，第21页。
② 同上书，第65、66页。
③ 同上书，第58页。

图把实践哲学同唯心主义倾向结合起来的流派基本上是由"纯粹的"知识分子来代表的,正统派则是由一些智力劳动的人们所代表的,这些人比较坚决地献身于实践活动,更多地与广大人民群众相联系。这样,马克思实践哲学在一定程度上变成了"偏见""迷信"。当然,其中的唯物主义观念在"政治上"接近人民、接近常识,与许多信仰和偏见,甚至与一切民间迷信密切相联系。

其四,他分析了马克思实践哲学的来源。葛兰西认为马克思实践哲学是以一切过去的文化为前提,包括文艺复兴和宗教改革、德国哲学和法国革命、加尔文教和古典英国政治经济学、世俗的自由主义和作为全部现代生活观念基础的历史主义。"实践哲学把李嘉图的学说变成了哲学的语言,因为实践哲学赋予了他的发现以一种通用的性质并且适当地把这些发现推广到全部历史上面去,从而自己在创造新的世界观的时候首先利用了它们""把李嘉图同黑格尔和罗伯斯庇尔联系起来"。①

其五,他揭示了马克思新世界观两位创始人著述之间的分异。葛兰西认为马克思恩格斯在方法论上没有"差别的问题",问题在于"第二位"不等于"第一位",认识"第一位"必经"第二位"直接负责发表的"第一位"真实著作。

3. 柯尔施(Korsch, Karl, 1886—1961)

柯尔施在《马克思主义和哲学》一书中沿袭恩格斯的提法把马克思新世界观称为"现代的或辩证的唯物主义世界观",说马克思恩格斯创立的"现代的或辩证的唯物主义世界观"是"新的唯一科学的世界观"。他这方面的研究主要是:

其一,揭示了当时思想界、学界一个"普遍现象"即无视马克思新世界观与旧哲学之间的扬弃关系。他发现当时人们普遍无视这种新世界观中的"哲学方面"或仅视其为"黑格尔主义的余波",认为"马克思主义理论"和"资产阶级理论"虽然在许多方面存在矛盾,但这两个"极端"在当时存在"一致":一方面,资产阶级的哲学教授都认为马克思主义没有任何它自己的哲学内容并因此构成对马克思主义很不利的因素;另一方面,正统的马克思主义者都肯定马克思主义从其本性上来讲与哲学没有任何关系并因此构成对马克思主义很有利的东西。另外一种倾向即唯一的多少更彻底地关心社会主义的哲学方面的倾向。一句

① [意]安东尼奥·葛兰西:《狱中札记》,葆煦译,人民出版社 1983 年版,第 82—83 页。

话，当时思想界、学界都认为马克思主义本身缺乏哲学内容。柯尔施认为产生这一"现象"的原因是"正统的马克思主义者"和"资产阶级教授"都不能完全理解"哲学对现实、理论对实践的关系"或"历史和逻辑的发展"，从而把握不住马克思新世界观与旧哲学之间的扬弃关系。

其二，充分揭示了新世界观内涵的新特征。一方面，他特别强调新世界观在理论与实践之间的一体性或统一性。他认为现代辩证唯物主义在理论上把哲学和其他意识形态体系当作现实来把握，并且也在实践上这样看待意识形态与现实之间的关系。与费尔巴哈唯物主义和其他形态唯物主义相比，马克思主义的唯物主义是历史的和辩证的唯物主义，它在理论上认识了社会和历史的整体，在实践上则颠覆了这个整体。这种现代辩证唯物主义是"一种把社会发展作为活的整体来理解和把握的理论""一种把社会革命作为活的整体来把握和实践的理论"。另一方面，他肯定新世界观这种"总体"性的哲学味，认为现代辩证唯物主义"完完全全为哲学思想所渗透"，"革命意志在马克思著作的每一个句子之中都是潜在的——然而是存在的，潜在于每一决定性的章节中，尤其是在《资本论》第一卷中一再地喷发出来。人们只须想一下著名的第二十四章第七节关于资本积累的历史趋势的论述，就足以证明这一点"，相反，那些"马克思的支持者和追随者们，尽管在理论上和方法论上全都承认历史唯物主义，但事实上他们把社会革命的理论割裂成了碎片……后来的马克思主义者却越来越认为科学社会主义是一些纯粹的科学观察，与政治的或其他阶级斗争实践没有任何直接的联系"[①]。

其三，关注到马克思在世界观问题上的不妥协性。他在《〈哥达纲领批判〉导言》中指出，马克思在处置纲领草案时试图反对并摧毁无论在爱森纳赫派还是拉萨尔派中都比马克思主义精神有大得多的影响的拉萨尔精神，以建立在经济学基础上的"唯物主义"历史观来取代它，这就是30多年来他一直为之奋斗和工作而又很少为人所真正理解的世界观。可以说，马克思的全部著作和活动从1843年以来就基本上致力于唯物主义世界观的发展，致力于反对资产阶级营垒内外不断增长的对手的实践，其中马克思对《哥达纲领》提出的社会经济要求——"依靠国家帮助建立生产合作社"所做的猛烈而无情的抨击便鲜明地表现出

---

① [德]卡尔·柯尔施：《马克思主义和哲学》，王南湜、荣新海译，重庆出版社1989年版，第25页。

马克思与拉萨尔在世界观上的本质区别。

其四，指出列宁存在着没能充分认识马克思新世界观的意义这一欠缺，认为列宁把从黑格尔的唯心主义辩证法到马克思和恩格斯的辩证唯物主义的转变仅仅看作是由"唯物主义的"哲学世界观取代黑格尔辩证法中的唯心主义世界观的过程，而没有意识到马克思恩格斯对黑格尔哲学的这种"唯物主义的颠倒"至多只涉及术语上的变化即用"物质"的绝对存在取代"精神"的绝对存在。并且认为列宁的唯物主义还有一个更严重的缺点，就是列宁不仅取消了马克思和恩格斯对黑格尔辩证法的唯物主义的颠倒，而且把唯物主义和唯心主义的全部争论拖回到从康德到黑格尔的德国唯心主义已经超越了的历史阶段。

4. 马尔库塞（Herbert Marcuse，1898—1979）

马尔库塞分析了《资本论》之后发达工业社会背景下人们的"世界观"新情形。他在肯定发达工业社会工人物质生活的改善并未消除他们与资本家阶级之间的阶级差别①这一本质事实的基础上，一是分析了工业发达社会条件下人们的精神世界，人们为商品而生活，小轿车、高清晰度的传真装置、错层式家庭住宅以及厨房设备成了人们生活的灵魂，异化了的主体被其异化了的存在所吞没。

二是揭示了发达工业社会的技术及物质文化的设施带有意识形态性并由此产生的社会个人单向度的思维模式。他认为发达的工业文化较之其前身更具有巧妙的意识形态性，它们所进行的思想灌输不再是有形的宣传说教而成为一种无处不在的生活方式，人们的思想习惯不再是同现状相矛盾的、否定的。

三是认为"发达工业社会"已接近于"按需分配"的社会即共产主义社会，成熟的工业社会把自己封闭起来反对对它做"历史的替代性选择"，发达工业社会的前景是"共产主义将继续与资本主义共存"。因为"当资本主义对付共产主义的挑战的时候，它发现了自己的能力：在使以利润为目标的、阻止生产力发展的私人利益居于次要地位之后，所有的生产力可以得到惊人的发展。当共产主义对付资本主义挑战的时

---

① "如果工人和他的老板享受同样的电视节目并漫游同样的游乐胜地，如果打字员打扮得同她雇主的女儿一样漂亮，如果黑人也拥有凯迪拉克牌高级轿车，如果他们阅读同样的报纸，这种相似并不表明阶级的消失。而是表明现存制度下的各种人在多大程度上分享着用以维持这种制度的需要和满足。"（［美］马尔库塞：《单向度的人——发达工业社会意识形态研究》，刘继译，上海译文出版社 2006 年版，第 9 页）

候，它也发现了自己的能力：惊人的舒适、自由以及生活负担的减轻"①。

四是认为劳动阶级在工业文明的发达地区正经历着一个决定性的转变，作为"马克思主义的一个理论基石"的所谓"解放的历史力量在已确立的社会范围之内发展"遇到了现代社会变革的"遏制"，工人阶级的现实状况使马克思的作为资本的掘墓人的"无产阶级"概念成为一个神话概念，当代社会主义的现实状况使"马克思主义的理想"成为一个"梦想"。

五是揭示了发达工业社会也就是现代资本主义社会一种哲学潮流即单向度哲学——肯定性思维。这就是实证主义把各种形而上学、先验论和唯心主义当作蒙昧主义的落后思想方式予以反对。既定现实在很大程度上得到科学的理解和改造，社会很大程度上变成工业社会和技术社会，从而实证主义发现该社会在很大程度上证实其概念即理论与实践或"真理"与事实之间一致。这样，这个社会的哲学思想便变成肯定性的思想，即使是所谓的哲学批判也只是社会结构范围之内的"批判"，并把"非实证的观念攻击为单纯的玄思、幻想或奇谈怪论"。

5. 弗洛姆（Erich Fromm，1900—1980）

弗洛姆一是分析了马克思哲学思想的特征，认为马克思的哲学属于一种"抗议"、一种"对人的信念"，"马克思根本不赞同资产阶级的唯物主义，就像他根本不赞同黑格尔的唯心主义一样——因此他可以恰当地说，他的哲学既不是唯心主义，也不是唯物主义，而是人本主义和自然主义的综合"②，马克思事实上从来没有用过"历史唯物主义"或者"辩证唯物主义"概念。

二是通过劳动异化现象分析了马克思新世界观的实质。他认为"异化劳动"概念是马克思历史观中一个一以贯之的概念，只是资本主义社会是这种异化的顶峰，而工人阶级是异化得最严重的阶级。马克思对资本主义的主要批评在于资本主义生产方式使人类劳动堕落为被迫的、异化的、无意义的劳动，使人变成畸形物。马克思关于劳动是人的个性思想意在完全废除那种使人终身只干一种职业的现象，使人从专门化的畸形影响下解放出来。所以在马克思的思想里，社会从私有财产等的解

---

① ［美］马尔库塞：《单向度的人——发达工业社会意识形态研究》，刘继译，上海译文出版社 2006 年版，第 33、51 页。

② ［美］弗洛姆：《马克思关于人的概念》，徐继亮、张庆熊译，南方丛书出版社 1988 年版，第 21 页。

放、从奴役制的解放直接呈现为"劳动者的解放"这样一种"政治形式",而且这种"劳动者的解放"包含着全人类的解放,因为整个的人类奴役制就包含在劳动者同生产的关系中,而一切奴役性的关系不过是那种异化劳动的变形或表现而已。

6. 哈贝马斯（JÜrgen Habermas,1929—　）

其一,哈贝马斯在《重建历史唯物主义》一书中不同意恩格斯把历史唯物主义仅仅当作方法论或"启迪学"的做法,认为恩格斯把马克思的历史唯物主义称为"指导思想"或"方法"客观上给人一种印象:历史唯物主义似乎同"启迪学"相联系,就是用系统的意向去叙述历史,就此而言,包括马克思和恩格斯在内的人们都没有真正理解历史唯物主义。相反,他要"重建"的历史唯物主义不把历史唯物主义看作"启迪学"或"世界观"而看作一种理论或一种"社会进化论"。

其二,他在《交往与社会进化》一书中从"历史唯物主义方法"分析了"世界观发展的结构",认为所有从进化意义上来讲获得成功的文明都有某种显著的世界观方面的结构性变化,就是神话宇宙世界观→以宇宙伦理学形式出现的理性化的世界观,这个变化发生在公元前8世纪至公元3世纪的中国、印度、巴勒斯坦和希腊。世界观是一种高度复杂的形态物,它由认知、语言和意识的道德—实践形式所决定,结构的组成和相互间作用也不是一劳永逸地被固定的。恰恰是历史唯物主义方法才指向世界观发展的结构分析,世界观的进化成为相互作用结构的发展阶段和技术性有用的知识进展之间的媒介,其中生产力和生产关系的辩证法通过意识形态这一中介发生作用。

其三,他在《交往与社会进化》一书中从主体间的"交往"角度拓新了历史唯物主义关于解决社会基本矛盾的形式。他认为以往的历史唯物主义把对走向新的组织框架和新的社会的进化过程"描述"为"社会冲突""斗争"或"阶级斗争","我想建议用下面的思路回答:(人类)物种所学习的,不仅是对生产力发展具有决定意义的技术性的有用知识,而且包括对相互作用结构具有决定意义的道德—实践意识。交往行为规则确实对工具行为和战略行为领域内的变化作出了反应,并推进了后者,但在这样做的时候,它们是遵循着自己的逻辑"①。

其四,他在《重建历史唯物主义》一书中指出了人类社会在"占统治地位的系统"方面所出现的新变化,认为把社会"基础"领域等

---

① ［德］哈贝马斯:《交往与社会进化》,张博树译,重庆出版社1989年版,第152页。

同于"经济基础"的思想只适用于资本主义社会，因为资本主义社会的生产关系通过调节对生产资料的支配而间接地调节着社会财富的分配。但是，原始社会行使这种"调节"职能的不是生产关系而是"血缘系统"。而后资本主义社会则可能出现新的调节形式，就是社会进化的优先地位将"从经济系统转移到教育和科学系统上去"。

7. 阿尔都塞（Louis Althusser，1918—1990）

阿尔都塞一是分析了整个马克思哲学的形成发展过程及其成因。他在《保卫马克思》一书中提出，《德意志意识形态》是标志着马克思哲学同费尔巴哈哲学及其影响有意识地和彻底地决裂的第一部著作，在《读〈资本论〉》一书中提出马克思真正哲学的地方在《资本论》，说马克思从意识形态向现实的后退实现了"双重发现"，即发现了"意识形态所涉及的现实"与在当代意识形态的彼岸所发现的"一个新的现实"即工人阶级，这对青年马克思新世界观的形成起了决定性的作用。但马克思创立新世界观的具体过程走的是"远路"而不是"近路"，他通过长时间地停留在哲学的抽象里而"把他的批判精神磨砺得比任何人都更加尖锐，他从历史中获得了关于阶级斗争和意识形态斗争的无比敏锐的'临床经验'；此外，主要通过同黑格尔的接触，他弄懂了并学会了为建立一切科学理论所不可缺少的抽象，弄懂并学会了理论综合，以及由黑格尔的辩证法提供了范例的纯抽象过程的逻辑推理"①。

二是在《读〈资本论〉》一书中认为马克思为了防止"思辨唯心主义"或"经验唯心主义"而确立了把"现实"与"思维"区分开来，认为现实及其各个不同方面即现实的具体、现实的过程、现实的整体等是一回事，现实的思维及其各个不同方面即思维的过程、思维的整体、思维的具体等是另一回事，黑格尔认为把现实归结为思维或把现实理解为思维的结果是陷入思辨唯心主义，而那种把对现实的思维归结为现实本身则陷入经验唯心主义。同时，他肯定在"被思维的具体"中认识现实这一研究方法的正确性，认为古典政治经济学就采用了这个方法，只是他们把资本主义生产的条件变成了"一切生产的永恒的条件"，没有看到其历史性或暂时性。

8. 巴里巴尔（Étienne Balibar，1942—　）

巴里巴尔在《马克思的哲学》一书中把马克思新世界观阐释为

---

① ［法］阿尔都塞、埃蒂安·巴里巴尔：《读〈资本论〉》，李其庆译，中央编译出版社2001年版，第74页。

"实践唯物主义"。他肯定《关于费尔巴哈的提纲》"站在新唯物主义或实践唯物主义之中",超越哲学"两大阵营"的传统的对立面,确立了"实践的本体论",随后《德意志意识形态》展示了一个"生产的本体论"。因此,"马克思的理论活动在脱离开某种哲学的形式后,没有引导他走向一个统一的系统","事实上,不管其是以社会运动的世界观形式存在,还是以一个名为马克思的作者的学说或体系的形式存在,马克思主义哲学都不存在"①。他后来还否定了恩格斯关于马克思"两个发现"的说法,认为马克思的原创性"发现"是关于"劳动的二重性"和"剩余价值"学说,这"两个发现"才批判了资本主义的掠夺本性。②

9. 庞蒂(Maurice Merleau - Ponty,1908—1961)

庞蒂在《辩证法的历险》一书中基于辩证法阐明了马克思对待"物质"与"精神"关系的态度,认为马克思所说的"使辩证法重新用脚立地"不是"历史的精神"和"物质"之间一种简单的"角色对调","在马克思那里有一种历史的惰性,而为了完成辩证法,也需要求助于人的创造。所以马克思不会把黑格尔在精神中确立的同一种合理性转移并贯注到物质中"③。

10. 德里达(Jacques Derrida,1930—2004)

德里达在《马克思的幽灵》一书中从结构主义视角阐明马克思的"批判"精神,认为构成马克思主义的一种激进的批判的东西是那种随时进行的"自我批判",这种批判包括自愿接受它自身的变革、价值重估和自我再阐释。他进而把马克思的这种彻底"批判"或"激进化做法"视为对西方文化的价值传统一种"解构",认为这种"解构"活动在刚刚盛行的近十多年的过程中呈现出来的某些特征就是对长期以来的形而上学、逻各斯中心主义、语言主义、音位学主义予以解构,对语言的自律霸权的祛神秘化或祛沉积化。这样的解构活动只有在马克思主义的空间中才可以进行。

11. 安德森(Perry Anderson,1938—　)

安德森在《西方马克思主义探讨》一书中分析了马克思研究哲学或

① [法]埃蒂安·巴里巴尔:《马克思的哲学》,王吉会译,中国人民大学出版社2007年版,第5、2页。
② Étienne Balibar, Les "deux décoverte" de Marx, Deuxième Semester, 2011.
③ [法]梅洛·庞蒂:《辩证法的历险》,杨大春、张尧均译,上海译文出版社2009年版,第32页。

对待"世界观"问题的情形与趋向。他认为马克思本人没有留下经典意义上的系统哲学著作，而其早期的哲学论著只是未出版的手稿，马克思在成熟时期从未再度涉猎纯哲学领域，甚至他后来最重要的方法论著述《〈政治经济学批判〉导言》只是一份未出版的纲领性的片段材料。马克思哲学著作的这种不明朗和不完全的性质被恩格斯后来的著作所弥补。马克思留下了分析资本主义生产方式的系统的经济理论即《资本论》，但没有留下有关资产阶级国家结构的系统的政治理论和有关工人阶级政党为推翻资产阶级国家而进行革命社会主义斗争的战略、战术的政治理论，马克思也从未对历史唯物主义本身作过系统的论述，一句话，马克思不断从哲学转向政治学和经济学并以此作为他的思想的中心部分。相反，正统派（即拉布里奥拉、梅林、考茨基和普列汉诺夫）以不同的方式将历史唯物主义作为有关人和自然的全面理论而加以系统化以替代资产阶级学科，并为工人运动提供其战斗者们易于掌握的世界观，把马克思主义总的哲学内容扩展到马克思所未曾直接触及的领域。此后，西方马克思主义者也"颠倒了马克思本身的发展轨道……不断地从经济学和政治学转回到哲学——放弃了直接涉及成熟马克思所极为关切的问题"[①]。

12. 纳尔斯基（Нарский，И. С.）

纳尔斯基从另一个角度指出了马克思在成熟时期对待哲学的态度：马克思越是把对资本主义的研究提到更高的理论水平，就越有可能对这一问题的研究更深一层。马克思用《资本论》的政治经济学思想代替了他一度在《1844 年经济学哲学手稿》中表述的劳动异化思想并不表明他抛弃了这种思想，而是相反，对早先表述的基本思想给予了深刻的经济学论证，从而有可能把这种思想作为无产阶级革命和科学社会主义的人道主义内容的学说加以发展，加以深化。[②]

13. 詹姆逊（Fredric Jameson，1934—　）

詹姆逊在《晚期资本主义的文化逻辑》一书中从后现代主义视角揭示了晚期资本主义文化的新变化及其对马克思辩证思维模式的否定。他认为，过去的统治阶级的思想价值观等同于资产阶级社会的主导意识形态，社会进入晚期资本主义的今天已经演变成为一个由多方力量所构成

---

① ［英］佩里·安德森：《西方马克思主义探讨》，高铦等译，人民出版社 1981 年版，第 68—69 页。

② 参见苏联科学院哲学研究所《〈资本论〉哲学与现时代》，孙越生、沈真译，吉林人民出版社 1983 年版，第 498 页。

的放任世界，这里只有多元的风格、多元的论述而不见常规和典范，更容纳不了以常规典范为中心骨干的单元体系。晚期资本主义世界是个超越文字的世界，人的生活到了这个阶段已经迈进阅读和书写以后的全新境界了。这种晚期资本主义文化排斥有关本质和现象以及各种思想观念和虚假意认的辩证思维模，排斥从表面进入深层的阅读和解释模式即黑格尔和马克思提出的辩证法，当今的理论对这一深层模式的攻击"最为激烈"①。

14. 罗默（John E. Roemr, 1945—　　）

罗默在《在自由中丧生：马克思主义经济哲学导言》中一是对马克思的历史唯物主义内容本身作了结构分析，提出"生产关系是经济权力的关系"，"经济结构"作为"全部生产关系的总和"是"生产力发展水平的结果"，而生产力发展水平就包括技术知识和生产者技能的发展水平。他认为经济结构与上层建筑之间存在着因果关系，上层建筑是经济结构的必然结果，而法律加强了组成经济结构的那些经济力量，但二者基本的因果关系是从经济结构到法律的上层建筑。他还进一步把历史唯物主义内容归结为这三个命题：（1）生产力趋于发展是不以人们的意志为转移的；（2）在生产力既定条件下，社会的生产关系（或经济结构）由它们组织经济结构的功效来说明；（3）社会的法律和政治上层建筑由它现存经济结构稳定与合法的效果来说明。

二是对历史唯物主义作了经济学上的阐释。他认为，作为统治阶级出现的阶级能取得成功是由于其有更有效地发展生产力的能力，就是说，最能发展生产力的阶级将能为直接生产者提供最高的生活水准，这样，更高的生活水准将像磁铁一样吸引生产者进入它的生产方式，这类似于达尔文主义的进化过程。

三　苏东和俄罗斯学者对马克思新世界观阐释的概述

1. ［苏联］费·瓦·康斯坦丁诺夫（Ф. В. Константинов, 1901—1991）

康斯坦丁诺夫在《马克思与人道主义》中阐述了马克思新世界观的

---

① ［美］詹明信著，张旭东编：《晚期资本主义的文化逻辑——詹明信批评理论文选》，生活·读书·新知三联书店1997年版，第289页。

人道主义"底色"及其与历史唯物主义这一"科学理论"之间的关系。他认为，《1844 年经济学哲学手稿》和《关于费尔巴哈的提纲》一样也是对新世界观的天才概述。这份手稿表明，马克思的学说和他的前辈及老师之间存在着历史上的联系，包括马克思如何批判地克服了他们的观点，开始研究自己的崭新世界观和他对自然、社会及其发展规律和动力以及对人及其本质、对保证个人充分、自由和全面发展的辩证唯物主义观点。马克思这份手稿所论述的人不是抽象的人，而是探讨具体的人——工人在具体的社会关系中的状况。《资本论》也包含了真正的现实的人道主义，第一次把商品交换看成人与人的关系而不仅仅是物与物的关系，撕掉了资本主义社会的拜物教帷幕，《资本论》从头到尾都在反对资本主义经济关系惨无人道的性质。显然，《资本论》发展了《1844 年经济学哲学手稿》中关于劳动异化、人的本质的异化的思想，对异化现象和资本家对工人的奴役做出了科学说明。他认为马克思主义的社会主义意识形态与科学密不可分，同样，马克思主义的社会主义人道主义与科学理论也是密不可分的。他肯定马克思关于人性的理论是正确的，马克思在这个问题上是完全正确的，即马克思的人性理论主张人的天性会随着社会关系的根本改变而改变，会在争取社会主义新世界的斗争过程中发生变化，也就是个人的积极本质在建设新世界的过程中会得到表现，人的一切精神力量、一切能力、禀赋和天才都会得到发挥。只有社会主义和共产主义为个人真正自由全面的发展开辟广阔的天地。

2. ［俄罗斯］捷·依·奥伊泽尔曼（Т. И. Ойзерман，1914—　）

奥伊泽尔曼在《关于马克思主义世界观的思考——与 M. 马尔科维奇院士商榷》中提出"马克思主义史是人道主义世界观的发展"，不过马克思"称自己的观点是现实人道主义，把自己的观点同古典的资产阶级人道主义对立起来"，马克思学说存在"人道主义传统"[①]。要判断马克思对共产主义的态度、判断科学共产主义是马克思的理论，应当求教于成熟马克思主义的著作即《哲学的贫困》和《共产党宣言》。他认为在理解唯物史观中要注重社会规律的实践基础，认为社会规律性并非与人们的意识、意志、实践活动无关，而属于人们社会活动的规律性。社会历史的必然性并不是作为一种自上的命令而与人们社会活动相对立，而是人类活动及其客观化的统一。

---

① ［俄罗斯］奥伊泽尔曼：《关于马克思主义世界观的思考——与 M. 马尔科维奇院士商榷》，潘培新译，《哲学译丛》1990 年第 5 期。

3. ［捷克］卡莱尔·科西克（Karel Kosik，1926—2003）

他在《具体的辩证法》一书中对马克思哲学的实践性作了独特的解读，认为任何哲学的出发点都是人与宇宙的关系。人所做的一切都在延续人在世界中的某种存在方式，都在（有意识地或无意识地）确定人在宇宙中的位置。"实践"是现代唯物主义的一个重要概念，唯物主义哲学中的"实践问题"不能从理论与实践或沉思与活动的关系中得到说明，单单强调理论或沉思的首要性或单单强调实践或活动的首要性无济于事，而强调实践高于理论的首要性则伴随着对理论意义的低估。其实，实践是高于理论的这种首要性是从它的一种特殊的历史形式中产生的。

4. ［南斯拉夫］米哈伊洛·马尔科维奇（Mihailo Markovic，1923—2010）

马尔科维奇在《当代的马克思》一书中分析了当代人对马克思哲学思想阐释的片面性。他认为"马克思主义哲学日益成为更为抽象、无力、保守的原因"在于"以一种固定的、完成了的形式把马克思主义原理同化为某种给定的、强制的、由权威强加的、抽象的、脱离文本的、简化的、庸俗的东西"，"被外在地应用的原理没有活生生的科学生命，不服从规范的批判检验、重新考察和修订的过程，因而成了一种僵化学说的教条"①。

5. ［南斯拉夫］米兰·坎格尔加（Milan Kangrga，1923—2008）

他在《马克思哲学的意义》一文中强调"实践"是马克思新世界观的根本特性，认为马克思主义的起点、基础、立场和视野在于世界有可能变得不同于现在和过去即辩证地否定现有事物是终极事物，而实证主义仍然是对过去和现在之一定的、现存的、实际的基本预设即证明现存事物就是真实事物和可能事物本身。但是，马克思哲学的基本内容是对这个现存世界的根本改变。②

6. ［俄罗斯］亚·谢·齐普科（А. С. Ципко，1941—　　）

他认为，马克思学说的唯物主义来源和唯心主义来源在其世界观中相互冲突，没有融为一体。他认为可以把马克思视为历史观上的唯物论者或唯意志论的反对者或进化论的拥护者，即反对用外在的意志作用影

---

① 衣俊卿、陈树林：《当代学者视野中的马克思主义哲学：东欧和苏联学者卷》下，北京师范大学出版社 2012 年版，第 450 页。

② 参见衣俊卿、陈树林《当代学者视野中的马克思主义哲学：东欧和苏联学者卷》下，北京师范大学出版社 2012 年版，第 504—505、511 页。

响事件的自然进程，因为他明白历史的果实必须等到它熟透以后才能采摘，没有成熟的青苹果谁也不会喜欢。但是，马克思的思想中有德国先验唯心主义成分，其中费希特的"推动力"及其关于富有创造力的自我意识的学说变成了马克思和恩格斯的共产党人的革命思想。①

7. ［俄罗斯］亚·列·尼基福洛夫（А. Л. Никифоров，1940—　）

尼基福洛夫在《哲学不是科学》一文中分析了把马克思主义哲学看成"科学"这一主流观点，主张哲学不是科学而是世界观体系。他提出"真理是无主体的"，"真理的主体际可检验性和普适性，表现了科学的国际性，即各个国家的学者都承认同样的科学成果"，相反，"哲学见解是不可检验的。任何一个哲学主张都不能与事件和经验材料进行对比，从而肯定或推翻它"②，因而"宣布辩证唯物主义是科学真理""肯定马克思主义哲学的科学性"便妨碍了人们对它的学术研究或进一步推进。其次，比较了"世界观"与"科学知识"之间的区别。他认为世界观除了关于世界的种种看法外，还包括对该世界的态度即从某些理想出发对其所作的评价，这种评价甚至在很大程度上决定着这些看法，因而哲学论断兼具描述和评价性质，科学知识则没有评价成分，是纯粹的描述。同时，哲学永远是有个性的，哲学著作会留下那种独一无二的个人印迹，科学知识则无个性，科学通常不保留取得成果的个人的任何痕迹。

8. ［俄罗斯］维·谢·斯焦宾（В. С. Стёпин，1934—　）

斯焦宾在《马克思与现代文明发展趋势》一文中阐明了哲学与世界观的关系，认为哲学是对整个文化的基础进行反思，揭示那种基础性世界观中的基本要素，这些基本要素往往决定人对世界和自己的理解和体验，使人把自己看成世界的一部分。但这些基本要素常常是不明确、不清楚的，哲学把它们变成自己批判分析的对象。哲学不仅仅尝试思考业已形成的现实生活中的基本要素，而且还发明和构造新的基本要素，这些新的基本要素经常只有在社会和文化发展的未来阶段才能成为人类生命活动中一些高度概括的纲领。马克思关于哲学是"文明的精髓""文化的活生生的灵魂"论断实际上深刻揭示了哲学的一个特性即哲学意识构成人们世界观的"基因"。

---

① 参见安启念《当代学者视野中的马克思主义哲学：俄罗斯学者卷》，北京师范大学出版社 2012 年版，第 133—134 页。

② 同上书，第 149 页。

9.［俄罗斯］瓦·米·梅茹耶夫（В. М. Межуев，1933—　　）

梅茹耶夫在《马克思是不是乌托邦主义》一文中指出了马克思不同于在《〈政治经济学批判〉序言》中提出的"社会革命"结论，而在《政治经济学批判》手稿中提出解决社会基本矛盾问题的另一种方式即"科学在其中起决定作用的生产"这么一种新的生产方式。在这种生产方式下，工人的直接劳动被降到最低限度，工人的科学不再是资本家占有的对象，因而"不是革命和剥夺，而是生产发展到'科学'的水平，才能够使公有制不仅成为文化现实，而且成为社会现实"①。

10.［俄罗斯］康·尼·留布金（К. Н. Любутин，1935—　　）

留布金在《关于马克思的哲学》一文中认为人道主义是马克思世界观的主要成分，说"'每个人的一切自由发展是一切人的自由发展的条件'，这就是综合了哲学、政治经济学和政治学并表达了马克思'肯定的人道主义'的实质的论题"②。同时，他明确把马克思的哲学概括为实践唯物主义，认为马克思哲学的基础是把社会生活作为实践所做的解释，这是作为行动的人的存在的哲学。

11.［俄罗斯］弗·列·伊诺泽姆采夫（В. Л. Иноземцев，1968—　　）

伊诺泽姆采夫在《后工业社会与可持续发展问题研究》一书中研究了马克思的社会发展理论，区分了"经济的社会形态"与"社会形态"等概念之间的差异，认为马克思将人类社会的前史都归入"经济时代"，而作为真正体现人类本性的社会——"共产主义"则不属于"经济的社会形态"范畴，而是对历史上的"经济的社会形态"的一种"终结"。

---

① 安启念：《当代学者视野中的马克思主义哲学：俄罗斯学者卷》，北京师范大学出版社2012年版，第222页。
② 同上书，第455页。

第二章 马克思新世界观阐释
成果概述（下）

一 国外其他学者对马克思新世界观阐释的概述

1. 诺格尔（David K. Naugle）

诺格尔在《世界观的历史》一书中一是从宗教史、语言学史、哲学史、自然科学史、社会科学史和神学等领域对"世界观"概念进行跨学科的研究。他认为，"世界观"一词是由康德在其于 1790 年出版的《判断力批判》一书中首创，这个词在 19 世纪的德国成了"哲学"的"近邻"。二是阐述了马克思关于世界观问题的观点，认为是恩格斯而不是马克思关注世界观问题特别是唯物主义世界观，而马克思所关注的是世界观的近亲即意识形态。

2. 霍菲克（W. Andrew Hoffecker）

霍菲克在《世界观的革命——理解西方思想流变》一书中一是提出世界观具有宗教性或"委身"性，认为每个人都委身于他的基本信念，这种对基本信念的委身属于"核心委身"即自愿自觉守护着它们，并用生活的每一方面来表达它们，这种基本信念或核心委身构成世界观的基本部分。宗教从根本上说就是基本信念和核心委身之事，是世界观之事，而所有的世界观都是宗教性的，"所有的人都是宗教性的人"。二是评述了马克思的世界观，认为英国工业革命早期阶段的残酷状况让马克思震惊，他的《资本论》描绘了资本主义救治之方包括取消私有财产、弃绝宗教、允许社团繁荣，但马克思的想法带有乌托邦性。他认为马克思忽视了宗教世界观在维护人类正义过程的特殊作用，说"马克思没有看到，宗教性的委身可以作为一种先知性的声音，发挥反抗人类不公正的作用，而这恰是因为这种声音来自'外部'。上帝话语超然的声音审判着每一个人，而这恰是马克思渴求得到以对文化做批判的工具"①。

3. 罗素（Bertrand Russell，1872—1970）

罗素在《西方哲学史》一书中认为，马克思世界观的价值取向代表雇佣劳动者，马克思"给唯物主义加上新的解释，使它和人类历史有了新的关联"，"根本改变了它的含义"，使唯物主义"比较近乎现在所说的工具主义"②，由于马克思把人对物质利益的追求视为历史的"推进力"，他的"唯物论"实为"经济学"。在对历史发展趋向的解释上，马克思对说服劝导不抱什么希望，而希望通过阶级斗争得到一切。

4. 柏林（Isaiah Berlin，1909—1997）

柏林在《卡尔·马克思：他的生平与环境》一书中一是提出马克思本人从未发表过关于历史唯物主义全面而系统的解说，马克思晚年甚至抱怨他的某些追随者对他的历史唯物主义所做的公式化运用。二是指出马克思在世界观上受黑格尔"巨大模式"的"影响"，而他的后继者都倾向于将这种影响缩减到最小化。三是认为"马克思的宇宙观中的劳动"概念存在含糊不确定性，如马克思有时把劳动等同于自由的创造，这种自由是不受阻碍的人性的最充分表现，是幸福和解放的本质，是人的内部和人与人之间完美无缺的理性和谐，但他在其他时候又把劳动和休闲对立起来，并认为劳动随着阶级战争的消除而降低到最低点，但不能完全被消除。他认为劳动将不再是被剥削的奴隶的劳动，而是自由人根据自己制定并自由采纳的规则来建设他们自己的社会化生活的劳动，但他又认为劳动的形式将仍然滞留在"必然王国"中，等等。

5. 塔克（Robert C. Tucker，1918—　）

塔克在《卡尔·马克思的哲学与神话》一书中一是提出马克思所说的"唯物主义—唯心主义的对立"已经指向人类"历史"领域而非"自然"，马克思的"唯物主义"实指"历史唯物主义"，属于一种"历史的思维模式"，就是把实践的发展过程视为"基准"，而把人类思想过程视为其"反映"。二是提出作为本体论的"唯心主义""唯物主义"概念在马克思的思想中发生了一些变化即"由唯心主义到唯物主义的转变等同于从哲学到科学的转变"，认为马克思实际上用"科学"

---

① ［美］霍菲克：《世界观的革命——理解西方思想流变》，余亮译，中国社会科学出版社2010年版，第312页。

② ［英］罗素：《西方哲学史》下卷，马元德译，商务印书馆1976年版，第336、342、338页。

指明具有真正的生活作为其对象的思考，科学构成世界原本的知识，或者说科学是清楚的、直接的、毫不含糊的现实观点，这才是马克思所谓"唯物主义"的真实意思，"就人或者历史作为思维对象而言，科学的思想意味着唯物主义，即马克思主义的思想，而使之成为科学的只不过是真实的事实"①。

6. 古尔德纳（Alvin Ward Gouldner，1920—1980）

古尔德纳在《两种马克思主义：理论发展中的矛盾和异例》中，一是指出"马克思是一个保留着唯心主义的唯物主义者"，马克思的"实践"概念存在模糊性。他认为马克思有两种不同的实践概念：其一指资本主义条件下的"雇佣劳动"，这种"实践"把异化强加给工人；其二指较自由选择的实践尤其是"政治斗争"。二是提出马克思主义与宗教之间的"相似性"关系，认为马克思主义由于否认上帝而不能被看作一种宗教，由于信仰铁的历史规律又同这种圣物相一致。"科学的马克思主义关于无产阶级是当代苦难中心的论述，表明了它与基督教具有某些相似性——基督教是下层被压迫者的一种宗教，是关于一个受难的上帝的宗教，体现着结束苦难的希望。因此，马克思主义与马克斯·韦伯所说的'救世的宗教'是一致的。"②

7. 舍勒（M. Scheler，1874—1928）

舍勒提出创立世界观的一个重要条件即批判精神或敢于怀疑传统，认为大多数人都是从与生俱来的宗教传统或其他传统中获得他们的世界观，而谁要想从哲学角度建立世界观，谁就必须敢于依靠自身的理性，也就是怀疑所有因袭之见，凡自己不能明察和确证的都予以承认。他提出"哲学始终都是那些有望成为杰出大师的精英的事"③。

8. 蒂利希（Paulus Johannes Tillich，1886—1965）

蒂利希一是分析了马克思的唯物主义的性质。他在《基督教思想史》中认为马克思主义的唯物主义应被称为"历史的或经济的唯物主义"。二是分析了历史唯物主义的特征。他在《政治期望》中认为马克思的历史概念的根本特征在于力图用历史的观点来理解自然而不是用自然的观点来理解历史，马克思对历史的解释是历史的而不是自然主义的。

---

① 吴晓明、张亮：《当代学者视野中的马克思主义哲学：西方学者卷》补卷，北京师范大学出版社2011年版，第189页。

② 同上书，第489页。

③ ［德］舍勒：《哲学与世界观》，曹卫东译，上海人民出版社2003年版，第74页。

9. 波普尔（Karl Popper, 1902—1994）

波普尔提出"马克思的哲学是一种实践的身心二元论"，马克思"非常珍爱精神方面；在他的著作中，甚至不少憎恶和鄙视物质的迹象"，他的"经济的历史唯物主义"不"等同于那种意味着对人的精神生活采取一种蔑视态度的唯物主义"①。在马克思那里，有许多文字几乎很难能够被解释为唯物主义。马克思并不像恩格斯或者列宁那样关心纯哲学的问题，他所感兴趣的问题主要是社会学方面和方法论方面。②

10. 胡克（Sidney Hook, 1902—1989）

胡克在《对卡尔·马克思的理解》一书中一是强调马克思世界观的无产阶级立场，认为马克思的价值立场就是西欧的具有阶级意识的无产阶级的立场，目的是推翻资本主义。二是认为马克思世界观存在着相互联系的三个主要原则即"历史唯物主义""剩余价值论"和"阶级斗争的理论"。其中，马克思的经济学说是把历史唯物主义应用于价值、价格和利润这些"神秘东西"的产物，历史的发展是由阶级活动而不是由死的生产工具或孤立的个人行为来推进的。阶级斗争对于马克思的经济理论来说是必不可少的，因为剩余的社会产品分配从来也不是一件自动的事情，而取决于从事生产的不同诸阶级之间的政治斗争。因而，历史唯物主义和剩余价值的理论的真理性以阶级斗争的存在为条件，"假如能够卓有成效地非难阶级斗争的事实，马克思的整个理论结构就会彻底崩溃"③。三是系统阐释了马克思新世界观文本《关于费尔巴哈的提纲》，突出马克思新世界观的实践性，认为马克思"试图不是去演绎历史，而是去发现历史流动的韵律，那么，他就避免了把一些没有经验上的功能的以及不能由观察人类实际举止的方式加以实证的抽象物，引进来作为说明性原则"④。四是认为马克思本人从未谈到过"自然辩证法"，辩证法在马克思那里主要地表现"历史意识和阶级活动的逻辑"。

11. 罗伯尔 – 让·龙格

龙格揭示了马克思新世界观形成的关键因素或第一位的原因，认为社会主义思想家对马克思的影响不能与无产阶级所给予马克思的决定性

---

① ［英］卡尔·波普尔：《开放社会及其敌人》第2卷，郑一明等译，中国社会科学出版社1999年版，第170、171、172—173页。

② 同上书，第170页。

③ ［美］胡克：《对卡尔·马克思的理解》，徐崇温译，重庆出版社1989年版，第186页。

④ 同上书，第267页。

的影响相提并论，因为马克思在巴黎得到了在德国没有的东西，这就是马克思同开始意识到自己的阶级利益，并且开展革命运动的活跃的无产阶级进行直接而生动的接触，"这犹如打火石一样打出了火花，这个火花就成了还带有黑格尔主义印记的卡尔·马克思根本改造世界观的原因，这种改造使他产生了新的世界观。而无产阶级的阶级斗争是这种世界观的关键"①。

12. 罗蒂（Richard Me Roty，1931—2007）

罗蒂从《共产党宣言》等文本侧面阐明马克思新世界观成为人们的信仰特别是鼓舞无产者乃至人类追求解放、幸福的"精神家园"。他在《后形而上学希望——新实用主义社会、政治和法律哲学》中认为，我们中的大多数人到《新约》和《共产党宣言》中去寻找灵感和勇气。《共产党宣言》激励了大多数现代工会的创立者，他们通过引用它里面的语词把数以百万计的人民团结起来，为反对恶劣的条件和入不敷出的工资而举行罢工，说"要感谢曾经读过《共产党宣言》的工人们的勇气，要感谢他们因此而勇敢地提出分享政治权力的要求。假如他们坐等他们的上级发布基督的善心和博爱，那么他们的子女可能仍然是文盲，仍然处于营养不良的状况之下"②。

13. 弗拉克·菲德勒、奥托·芬格尔

弗拉克·菲德勒、奥托·芬格尔在《辩证唯物主义和历史唯物主义》中认为，世界观不仅包含人们对现实中各个完全不同的领域的认识，还是人的自我意识及人们的利益、奋斗和意愿的精神表现，强调"世界观"的意识形态性，提出"马克思列宁主义世界观……是工人阶级利益的科学体现"③。

14. 希尔贝克（Gunnar Skirbekk，1937—　）和伊耶（Nils Gilje，1947—　）

希尔贝克和伊耶从马克思与斯密、黑格尔、费尔巴哈等学者的比较角度阐明了马克思新世界观的特征，认为黑格尔的让历史"用头来"站立与马克思的允许历史"站在脚上"二者是"亦此亦彼"的关系，

---

① ［法］罗伯尔-让·龙格：《我的外曾祖父卡尔·马克思》，李渚青译，新华出版社1982年版，第77—78页。

② 吴晓明：《当代学者视野中的马克思主义哲学：西方学者卷》上，北京师范大学出版社2008年版，第480页。

③ ［德］弗拉克·菲德勒、奥托·芬格尔等：《辩证唯物主义和历史唯物主义》，郑伊倩、王亚汶、赵晓红、陈嘉映等译，求实出版社1985年版，第2页。

只是黑格尔比马克思更强调文化—思想的因素，而马克思比黑格尔更强调物质的、经济的因素。他们关注到马克思思想中的一个突出观点即马克思对 19 世纪中期资本主义社会中的整个包括资本家雇工在内的人性堕落的愤慨，认为应把马克思的历史唯物论理解为经济和思想彼此影响，并涉及政治—社会因素，但经济在其中的作用是决定性的。①

15. 熊彼特（Joseph A. Schurmpeter，1883—1950）

熊彼特在《资本主义、社会主义与民主》中一是指出了马克思主义世界观的信仰性，认为马克思主义是"一种宗教"，它构想了"体现生活意义的一套最终目标"或使一部分人可以免除罪恶的"救世计划"，属于"允许在人世间建立天堂的宗派"。二是明确指出了正确理解马克思新世界观的"阐释形式"问题，说马克思的"经济史观并非指人们有意识或无意识地、完全地或主要地受经济动机的驱使。相反，非经济动机的作用和机制的解释以及社会现实如何反映在个人精神上的分析是这个理论的重要成分，也是它最有意义的贡献之一。马克思并不认为，宗教、哲学、艺术流派、伦理观念和政治决断可以简化为经济动机。或者无关紧要。他只是试图揭示造成它们、并成为它们兴衰原因的经济条件……马克思在这方面一直受到误解。甚至他的朋友恩格斯，在马克思墓前的演说中，也把这个理论的确切含义解释为个人和团体主要受经济动机的支配，这个解释在某些主要方面是错误的，在其余方面也平凡得可怜"②。他把马克思唯物史观即他所说的"经济史观"归纳为两个命题：第一，生产形式或条件是社会结构的基本决定因素，社会结构产生各种态度、行动和文化，人们在生产过程中所处的地位决定他们对事物的看法与他们的社会活动范围；第二，生产方式本身有它们自己的逻辑即根据内在的必然性而变化并凭它们自己的作用便产生它们的承继者。

16. 萨缪尔森（Paul A. Samuelson，1915—2009）

萨缪尔森在《经济学》中一是认为马克思对资本主义发展趋势的预言如"富者愈富，贫者愈贫"等已被证否，资本主义社会现在不"姓资"而"姓劳"。二是否定马克思劳动价值论，认为在社会主义制度或资本主义制度下都不能单独地按照商品所需要的劳动量来决定商品的价格而不考虑爱好和需求的形式以及稀缺的非劳动的生产要素对价格的影

---

① 参见［挪威］希尔贝克、伊耶《西方哲学史——从古希腊到二十世纪》，童世骏、郁振华、刘进译，上海译文出版社 2004 年版，第 437—438、438 页。

② ［美］熊彼特：《资本主义、社会主义与民主》，吴良健译，商务印书馆 1999 年版，第 52—53 页。

响。三是否定马克思的共产主义理论，说"二十世纪的第三个二十五年的成长经验告诉我们：为政府计划和宏观经济控制所丰富了的市场经济可以比过去时代的资本主义和共产主义发展得更好"①，资本主义社会出现的"新事物"使马克思的"共产主义"理想"变成了神话"。四是肯定"马克思主义的价值很大"，但东欧、亚洲和西方学者对《资本论》之后资本主义社会现实对马克思结论所提出的挑战采取了"托勒密天文学"式态度即"修补条文"，结果他们使用的马克思主义范畴往往把那些真正想理解西方制度的现实运动规律的人的头脑搅昏。

17. 丹尼尔·贝尔（Daniel Bell，1919—2011）

贝尔在《后工业社会的来临——对社会预测的一项探索》中把马克思的历史唯物主义阐释为所谓"中轴"理论，认为"封建主义""资本主义"和"社会主义"这些名词体现了马克思主义的以财产关系为中轴的概念，而他的"前工业社会""工业社会"和"后工业社会"这些名词体现了以生产和使用的各种知识为中轴的概念。其中，中轴体制在资本主义社会里是私人所有制；在后工业社会里则是居于中心地位的理论知识或者说"理论知识"为后工业社会的"中轴"，科学的作用与认识的价值为社会基本结构，并且可以有"社会主义的后工业社会"，也可以有"资本主义的后工业社会"，人们按照"中轴"理论解释社会变化可以避免片面决定论如"经济决定论""技术决定论"。他不同意马克思历史唯物主义关于社会基本矛盾的学说。

18. 罗桑瓦隆（Pierre Rossanvallon）

罗桑瓦隆在《乌托邦资本主义——市场观念史》中认为不能把马克思与黑格尔的关系往往归结为唯心主义与唯物主义的简单对立，"马克思对黑格尔的讨伐应该理解为自由主义的回归"，"马克思的全部哲学实际上都可以理解为一种加深现代个人主义的尝试"②。

19. 福山（Francis Fukuyama，1952—　）

福山在《历史的终结及最后的人》中认为马克思从黑格尔思想体系中借用了很大一部分观点如"人类行为历史性""历史进程是辨证的"和社会形态"有终结可能性"等，但与黑格尔存在着"不同"。比如，在历史终结的具体形式上，黑格尔提出"历史以现代自由国家为终结"

---

① [美]萨缪尔森：《经济学》下册，高鸿业译，商务印书馆1982年版，第124页。
② [法]罗桑瓦隆：《乌托邦资本主义——市场观念史》，杨祖功、晓宾、杨齐译，社会
科学文献出版社2004年版，第212、223页。

从而充当"资产阶级的辩护士",而马克思认为历史终结于真正的普遍阶级（无产阶级）取得胜利,实现全球共产主义;在阶级差别产生的原因上,黑格尔主张最重要的阶级差别并不是由经济原因造成的,而是根据一个人对暴力死亡的态度来决定的,而"只建立在经济学基础上的马克思主义、'现代化理论'或其他所有历史理论,如果不能说明灵魂中建设的步伐和为获得认可而进行的斗争也是历史的主要动力,则肯定不是一套完整的历史学说"①。

二　国内学界对马克思新世界观阐释的概述

陈先达在《走向历史的深处》中认为,马克思"创立唯物史观"不是为了"构造一种历史哲学"而是"为创立无产阶级的经济学和社会主义理论提供了科学的理论和方法"即提供无产阶级的科学世界观,突出马克思新世界观"改变世界"的功能或问题意识,也就是"使哲学摆脱历史的重负,使它真正变为世界观,变为一种科学的世界观","关心社会发展和人类的命运"②。另外,他认为马克思的"科学实践观为新世界观的确立奠定了基础,但还不是新世界观的全部"③。

黄枏森从马克思主义哲学史角度提出马克思"虽然没有提出一个完整的世界观理论体系,但确实有不少世界观的观点",他的"历史唯物主义的世界观根据是什么⋯⋯今人仿效西方马克思主义,喜欢称之为实践唯物主义,我认为这不算什么错误,但比较起来还是以辩证唯物主义为好⋯⋯历史唯物主义或唯物主义历史观的完整称呼应该是辩证唯物主义历史观"④。

俞吾金认为传统的马克思主义哲学研究者通常把世界观理解为关于整体世界的观念,所谈论的"世界"只是自然科学意义上的世界而不是哲学意义上的世界⑤。他还从近现代欧洲哲学史角度考证了"世界

---

① ［美］福山:《历史的终结及最后的人》,黄胜强、许铭原译,中国社会科学出版社2003年版,第233页。

② 陈先达:《哲学中的问题与问题中的哲学》,《中国社会科学》2006年第2期。

③ 陈先达:《正确认识实践唯物主义　牢固树立辩证唯物主义和历史唯物主义世界观》,《马克思主义研究》2011年第8期。

④ 黄枏森:《辩证唯物主义世界观是不是马克思的哲学?》,《高校理论战线》2003年第5期。

⑤ 参见俞吾金《马克思本体论研究中的一些基本概念》,《哲学动态》2001年第10期。

观"一词的不同含义：以康德和维特根斯坦为代表的"世界观"概念"以超验的、范导性的理念或自在之物的方式发挥其作用"，他们所主张的整体世界是指"目前未被认识、今后也永远不可能被认识的对象"，而非"目前未被认识而今后可能被认识的对象"；另一种是以马克思和海德格尔为代表"世界观"概念，这种概念所指称的"世界"在马克思那里是以人的实践活动为媒介的世界，在海德格尔那里则是作为"人之存在"的此在在日常生存活动中与之打交道的"周围世界"，没有"世界观"，只有"周围世界观"或"环境观"①。他主张马克思哲学就是历史唯物主义即"实践—社会生产关系本体论"，斯大林把"马克思列宁主义党的世界观"定为"辩证唯物主义"是正统派"对马克思的本真哲学精神的最系统、最严重的遮蔽"②。

孙正聿认为马克思恩格斯通过以"历史"作为新的解释原则变革唯物主义即创立历史唯物主义而实现了一场"世界观"革命，只有历史唯物主义才是马克思主义的"世界观"。③

王南湜提出"马克思的现代唯物主义作为以实践的方式解决哲学基本问题的学说，是一种实践的唯物主义，而由于实践过程内在地即是一辩证的过程、历史的过程，因而，它同时必然又是辩证的唯物主义、历史的唯物主义……可以把这种哲学规定为实践的、辩证的、历史的唯物主义"④。

林剑在《马克思"新唯物主义"哲学视野中的哲学》中认为马克思新世界观的革命性变革在于以"实践的唯物主义"思维方式去把握与理解人与世界的关系，即"人与世界的关系是在人的实践活动基础上历史性生成的关系"。

赵敦华认为虽然在马克思著作中既有对物质存在的社会性的强调，又有唯物主义的一般论述，但只是前者才表现了马克思哲学的独创性和变革意义。马克思的唯物主义的重心是以物质生产为基础的社会实践，社会实践的理论后果不是存在与思维的对立，而是"环境的改变和人的活动的一致性"，马克思没有也无意要建立一个物质本体论，"马克思

---

① 俞吾金：《哲学是"关于世界观的学问"吗?》，《哲学研究》2013 年第 8 期。

② 参见俞吾金《被遮蔽的马克思》，《学术月刊》2012 年第 5 期。

③ 参见孙正聿《历史的唯物主义与马克思主义的新世界观》，《哲学研究》2007 年第 3 期。

④ 袁贵仁、杨耕：《当代学者视野中的马克思主义哲学：中国学者卷》上，北京师范大学出版社 2012 年版，第 24 页。

的唯物主义是一种能够彻底地解释人的学说"。①

魏小萍提出马克思自始至终关注的是"经济领域的分配公正问题",说"唯物主义观点与唯心主义观点的对立并不是马克思主义哲学与非马克思主义哲学之争的出发点与基本特征"②。

张一兵、姚顺良等认为《关于费尔巴哈的提纲》就是一个新世界观的基本范式、基本要点、逻辑框架的基本文件;解释历史性的具体实践,解释一定历史条件下的物质生产,是马克思最重要的一般原理;马克思在"面对……资本主义社会"的政治经济学批判中最终完善了他的"新世界观"。③

孙承叔认为马克思历史观的真正确立是在剩余价值学说产生以后,是在资本主义运行规律被科学揭示以后,是在马克思现代史观形成以后。在《资本论》创作时期,马克思运用历史唯物主义研究人类历史上最发达的一个社会形态,从而使历史唯物主义无论在形式还是在内容上都获得了前所未有的发展。④

仰海峰认为马克思的历史唯物主义具有双重视野:一是以适用于所有社会的物质生产为基础的历史唯物主义视野,物质生活资料的生产与再生产构成了这种历史唯物主义的前提;二是以历史性为理论规定的历史唯物主义深层视野,这种唯物主义导向资本逻辑批判这一核心主题,揭示资本主义社会的拜物教思维。⑤

高宣扬认为恩格斯在马克思逝世以后垄断了对于马克思思想的诠释权,对马克思思想的发展产生了两方面的影响:一方面,由于恩格斯和马克思长期紧密合作和交流思想,恩格斯确实在许多原则和基本观点方面深刻把握了马克思思想的实质,对于后人更全面地了解马克思思想具有积极意义;另一方面,由于思想修养和文化素质的差异,恩格斯并未能全面准确地把握马克思思想观点的各个方面,使他在诠释马克思理论的过程中将他本人的思想观点同马克思的思想观点相混淆,以至于在某些重大理论问题上曲解了马克思的原意。恩格斯过于崇尚自然科学思考

---

① 赵敦华:《回到思想的本源:中西哲学与马克思哲学的对话》,北京师范大学出版社2006年版,第12页。

② 魏小萍:《如何从马克思和恩格斯的差异中解读马克思主义哲学的核心问题——从一个附加标题说起》,《哲学动态》2009年第3期。

③ 参见张一兵、姚顺良、唐正东:《实践与物质生产——析马克思主义新世界观的本质》,《学术月刊》2006年第7期。

④ 参见孙承叔《〈资本论〉及其手稿的哲学地位》,《哲学动态》2008年第11期。

⑤ 参见仰海峰《政治经济学批判中的历史唯物主义》,《中国社会科学》2010年第1期。

模式、传统经验主义、理性主义的类型化逻辑思考方式，使他在马克思逝世后急于将马克思的复杂而丰富的思想加以体系化和条理化，客观上为后来更加僵化的教条马克思主义的形成创造了条件。由于恩格斯在马克思逝世后享有"国际工人运动"和"国际共产主义运动"的最高领袖的声誉和权威，他对马克思思想观点的诠释的上述两方面影响在很大程度上决定了马克思思想在 20 世纪的发展基调。①

三　对已有成果的分析

（一）马列经典作家

1. 恩格斯

恩格斯一方面对马克思代表作《资本论》及其剩余价值学说在马克思新世界观中的地位作了许多论述，并把它称颂为一种"新世界观"，这可以视为一种广义的"世界观"；另一方面侧重从方法论层面把马克思新世界观阐释为"唯物史观"或"历史唯物主义"或"现代唯物主义"，明确把它阐明为"方法"形态而不再属于旧"哲学"形态即恩格斯所说的"根本不再是哲学"的"形式"，这可以视为一种狭义的"世界观"。换言之，恩格斯在马克思主义哲学史上第一次把马克思经济学——主要是剩余价值学说的成果——阐释为一种"新世界观"系统，并基于世人对其正确理解的需要而侧重从哲学方法论层面予以阐释，将它归结为"唯物史观"或"历史唯物主义"。

2. 列宁

列宁肯定了恩格斯这些观点，并且一方面用"两个划分"和"两个归结"对马克思历史观即恩格斯所阐释的"唯物史观"作了深刻阐明，另一方面又不限于哲学或"方法论"范畴，或者说初步突破恩格斯对马克思新世界观的"唯物主义"归结，把马克思"关于阶级斗争和共产主义新社会创造者无产阶级肩负的世界历史性的革命使命的理论"这样的政治学即科学社会主义理论内容也明确地纳入其中，这是列宁对恩格斯这方面思想观点的一个比较大的调整或变动。当然，列宁在"新世界观"的使用上也存在广义的"世界观"与狭义的"世界观"交替使用的情形。

---

① 参见高宣扬《德国哲学概观》，北京大学出版社 2011 年版，第 228—229 页。

3. 斯大林

斯大林基本上继承了列宁关于马克思新世界观的思想观点，并且把马克思新世界观冠之为"辩证唯物主义"，明确用"辩证唯物主义和历史唯物主义"把它"体系化"。这个"范本"的确烙下了当年的历史"痕迹"——简单化、浅俗化，甚至留下了明显的纰漏，如所谓"马克思谈到物质和思维问题时说道：'不可能把思维同思维着的物质分开。物质是世界上所发生的一切变化的基础。'"这段话中的"不可能把思维同思维着的物质分开。物质是世界上所发生的一切变化的基础"两句实话出自恩格斯的《社会主义从空想到科学的发展》英文版"导言"①，但这个阐释形式毕竟在阐释、传播马克思主义哲学特别是"历史唯物主义"知识方面起了一定的历史作用，而此后的马克思主义经典作家没有哪一位（包括毛泽东）留下这样系统、简明的马克思主义哲学作品。

4. 毛泽东

毛泽东坚持了斯大林的"辩证唯物主义"观点，并通过《实践论》《矛盾论》哲学专著对马克思新世界观中"实践"的观点和辩证否定的观点作了集中而深刻的阐析，对马克思新世界观一些重要观点的阐释、传播作出了历史贡献。但是他没有沿用恩格斯②、列宁、斯大林的"历史唯物主义"概念而采用"历史的唯物主义"③用语，也没有对"历史唯物主义"或马克思历史观作过全面、系统的阐述，除了对新中国成立以后的阶级和阶级斗争现象作过初步的新探索之外，他基本上把人类文明史归结为"阶级斗争"史。

5. 邓小平

邓小平继承了毛泽东哲学思想成果，坚持了恩格斯列宁斯大林的辩证唯物主义、历史唯物主义范畴，对毛泽东在"历史唯物主义"方面留下的课题作了"深入的具体的研究"④，从总体上提出对"马克思主义"即马克思新世界观"过去我们并没有完全搞清楚"这一历史性追问，从方法论侧面对马克思新世界观或恩格斯列宁斯大林的"辩证唯物主义和历史唯物主义"进行概括、提炼，明确提出了"无产阶级世界

---

① 《马克思恩格斯文集》第 3 卷，人民出版社 2009 年版，第 504 页。
② 恩格斯启用"历史唯物主义"一词可参见《马克思恩格斯选集》（中文第 2 版）第 3 卷第 704、705 页和第 4 卷第 692、721 页。
③ 《毛泽东选集》第 4 卷，人民出版社 1991 年版，第 1487 页。
④ 集中体现在《在武昌、深圳、珠海、上海等地的谈话要点》（《邓小平文选》第 3 卷，人民出版社 1994 年版，第 370—383 页）中。

观的基础"概念，并系统制定"党的思想路线"。

显然，这些经典作家在马克思新世界观问题上的阐释或研究各有侧重、各有建树。当然，值得关注的是：恩格斯对新世界观所做的"共产主义世界观"定位，列宁不限于哲学范畴而对这个世界观所做的全面概括，邓小平提出的"无产阶级世界观的基础"概念而对新世界观系统的初步分层。

（二）西方马克思主义者

1. 卢卡奇、葛兰西、柯尔施

卢卡奇在 20 世纪 20 年代前后用"总体观"[①] 指谓马克思的社会生产关系本体论或恩格斯所说的"历史唯物主义"，把它的"首要功能"归结为"行动"而不是"纯粹的科学认识"；认为马克思揭示了资本主义条件下社会存在的本质，即以"纯粹的经济划分"取代"等级制"、现代无产阶级成为"同一的主体—客体，行为的主体"——最有前途的新生阶级。因而，在他看来，"马克思主义的世界观"[②] 代表了资本主义时代一种"阶级意识"或"无产阶级意识"。他在 20 世纪 60 年代从本体论即心物关系角度提出"马克思的天才"，在对人类的生产劳动的分析中创立了"社会存在本体论"。葛兰西关于世界观的论述相对集中。他强调新世界观对旧世界观的批判性与否定性，明确肯定马克思作为新世界观的"创始人"地位，并把马克思所创立的新世界观称为"实践哲学"而不是恩格斯及正统派所命名的"历史唯物主义"或"唯物史观"。他认为这种"实践哲学"不是传统意义上的"唯物主义"或"唯心主义"，但遭到了马克思恩格斯之后的正统派所做的"传统的唯物主义"式"修正"。柯尔施沿用恩格斯的提法把马克思新世界观称为"现代的或辩证的唯物主义世界观"，肯定这种新世界观"首先是历史的和辩证的唯物主义"[③]，强调马克思在世界观问题上的"不妥协性"。

---

① 70 年之后，美国学者莱博维奇说："整体论的观点是马克思世界观的核心。它促使我们去思考事物的内在的联系，使我们认识到从社会的表面现象是不能观察到'资本主义经济体系内复杂的结构'"（［美］迈克尔·A. 莱博维奇：《超越〈资本论〉——马克思的工人阶级政治经济学》，崔修红译，经济科学出版社 2007 年版，第 75—76页）。

② ［匈］杰尔吉·卢卡奇：《历史与阶级意识》，杜章智等译，商务印书馆 1999 年版，第233 页。

③ ［德］卡尔·科尔施：《马克思主义和哲学》，王南湜、荣新海译，重庆出版社 1989 年版，第 38 页。

他批判了当时"正统的马克思主义者"和"资产阶级教授"一个"普遍现象"即无视马克思新世界观与旧哲学之间的扬弃关系，认为列宁有"一个更严重的缺点"即"不仅取消了马克思和恩格斯对黑格尔辩证法的唯物主义的颠倒；而且他把唯物主义和唯心主义的全部争论拖回到从康德到黑格尔的德国唯心主义已经超越了的历史阶段"。西欧这三位同时代学者对马克思新世界观的研究基本上属于对恩格斯及正统派对马克思新世界观"阐释"的再阐释，尽管他们各自也存在视角的差异如卢卡奇的社会生产关系"总体论"、葛兰西的"实践哲学"、柯尔施的"历史的和辩证的唯物主义"，但他们都一致强调马克思新世界观与"传统的唯物主义"之间的质的区别性，并由此展开了对正统派的批判甚至对恩格斯的"责备"。他们在学术上不自觉地举起了不同于正统派的"西方马克思主义"旗号，但基本上限于哲学范畴内探讨马克思新世界观。

2. 马尔库塞、弗洛姆、哈贝马斯

马尔库塞一方面坚持了马克思在《资本论》的经济关系分析的方法，肯定发达工业社会工人物质生活的改善并未消除他们与资本家阶级之间的阶级差别这一本质事实；另一方面分析了《资本论》之后发达工业社会背景下人们的"世界观"新情形，揭示了发达工业社会即现代资本主义社会一种哲学潮流即单向度哲学——肯定性思维。弗洛姆分析了马克思新世界观的特征，并通过劳动异化现象分析了马克思新世界观的实质。哈贝马斯从"历史唯物主义方法"分析了"世界观发展的结构"，用他的"交往行为"理论"补充"历史唯物主义处理社会基本矛盾的"阶级斗争"学说，并认为人类社会"占统治地位的系统"存在着"从经济系统转移到教育和科学系统上去"的新趋向。马尔库塞、弗洛姆、哈贝马斯三位曾是法兰克福学派成员的西方马克思主义者，都没有沿袭前三位如何去提炼马克思的"历史唯物主义"这一阐释形式，而是着力分析、批判资本主义现实，着力应对《资本论》之后马克思新世界观遇到的挑战而做出新论断。

3. 阿尔都塞、巴里巴尔、安德森、罗默

阿尔都塞认为"马克思真正哲学的地方是他的主要著作《资本论》"，"从意识形态向现实的后退……对青年马克思的思想演变起了决定性的作用"。但马克思创立新世界观的过程走的是"远路"而不是"近路"。巴里巴尔把马克思"新唯物主义"或新世界观定位为"实践唯物主义"，"在《关于费尔巴哈的提纲》宣布'实践的本体论'之后，

《德意志意识形态》随即展示了一个'生产的本体论'"①。安德森正确揭示马克思研究哲学或对待"世界观"问题的一个趋向即"不断从哲学转向政治学和经济学，以此作为他的思想的中心部分"，而马克思恩格斯的直接继承人——正统派和之后的"西方马克思主义"者则逆道而行。罗默对马克思的历史唯物主义内容本身作"经济哲学"分析，把"生产关系"归结为"经济权力"，把经济结构与上层建筑之间的相互关系归结为"因果关系"，对历史唯物主义作了经济学上的阐释，提出"作为统治阶级出现的阶级能取得成功是由于其更有效地发展生产力的能力"。

阿尔都塞、巴里巴尔注重马克思文本分析，特别是阿尔都塞提出"马克思真正哲学的地方是他的主要著作《资本论》"的论断与他的《读〈资本论〉》著作；安德森对马克思之后正统派和西方马克思主义对马克思新世界观研究路径所做的批判性检视；罗默对马克思新世界观的阐释形式作"结构分析"，这些都为人们跳出传统哲学思路及恩格斯所做的"唯物史观"或"历史唯物主义"的"归结"、具体研究《资本论》中的马克思新世界观内容，提供了很好的启示或导引。当然，德里达从解构主义角度对马克思新世界观某一侧面的凸显是很到位的。

（三）东欧、苏联和俄罗斯学者

康斯坦丁诺夫分析了《1844 年经济学哲学手稿》与《资本论》之间的关系，认为人道主义是马克思新世界观中一以贯之的"底色"。奥伊泽尔曼突出马克思学说存在"人道主义传统"。科西克认为马克思哲学的中心范畴是"实践"。马尔科维奇认为马克思哲学思想是以实践为核心的人道主义，但当代人对马克思哲学思想的片面阐释造成"马克思主义哲学"越来越"抽象、无力、保守"。齐普科认为马克思新世界观存在"唯物主义来源和唯心主义来源"这么两个"来源"之间的"冲突"。尼基福洛夫主张哲学不是科学而属于世界观体系。斯焦宾主要阐明了哲学与世界观之间的关系。梅茹耶夫突出了马克思在《资本论》手稿中所提出的解决社会基本矛盾问题的另一种方式——"科学在其中起决定作用的生产"。留布金突出"人道主义是马克思世界观的主要成分"。伊诺泽姆采夫主要研究了马克思的社会发展理论。东欧、苏联和

---

① ［法］埃蒂安·巴里巴尔：《马克思的哲学》，王吉会译，中国人民大学出版社 2007 年版，第 28、55 页。

俄罗斯这些学者对马克思新世界观的研究几乎都有"一致点"：一是肯定马克思新世界观存在"人道主义"这么一个一以贯之的"底色"，二是突出马克思新世界观的"实践性"特征。其中，俄罗斯学者还从新的视角研究了马克思新世界观，就如何解决社会基本矛盾问题提出了一些新论点。

（四）国外其他学者

诺格尔主要研究了世界观、马克思新世界观的意识形态性。霍菲克认为世界观具有宗教性或"委身"性，认为马克思在他最有影响的著作《资本论》中所描绘的资本主义救治之方"不仅乌托邦而且十分幼稚"，忽视了宗教世界观在维护人类正义过程的特殊作用。罗素认为马克思世界观的价值取向是代表雇佣劳动者，马克思的唯物论实乃经济学。柏林认为马克思在世界观上受黑格尔"巨大模式"的"影响"，他的后继者都倾向于将黑格尔对马克思的影响"缩减到最小化"。塔克认为马克思所说的"唯物主义—唯心主义的对立"实际上指向人类"历史"领域，他的唯物主义专指"历史唯物主义"。古尔德纳认为"马克思是一个保留着唯心主义的唯物主义者"，马克思有"两种不同的实践概念"即"雇佣劳动"和"较自由选择的实践"。舍勒阐明创立世界观的一个重要条件即批判精神或敢于怀疑传统。蒂利希认为马克思的唯物主义性质属于"历史唯物主义"，在"历史唯物主义"中可以发现马克思主义世界观与基督教一些相似的共同特征。波普尔突出"马克思的哲学是一种实践的身心二元论"。胡克系统阐明了马克思世界观的无产阶级立场性。罗蒂从《共产党宣言》等文本阐明马克思新世界观成为鼓舞无产者乃至人类追求解放、幸福的"精神家园"。希尔贝克、伊耶主要从马克思与黑格尔、费尔巴哈、斯密等学者的比较角度阐明了马克思新世界观多方面的特征。熊彼特主要是明确指出了正确理解马克思新世界观的"阐释形式"问题。萨缪尔森从经济学角度分析了马克思新世界观在《资本论》之后的当代资本主义现实中所遇到的挑战。丹尼尔·贝尔主要是把马克思的历史唯物主义阐释为"中轴"理论，以所谓后工业社会作为中轴的"科学"与"知识"取代马克思的"生产方式"范畴。罗桑瓦隆突出黑格尔哲学思想对马克思新世界观形成的决定性影响。福山主要是分析了马克思与黑格尔在历史观上的差异。这些西方学者对马克思新世界观的研究在微观上做了重要的"细化"或精确化。如诺格尔分析了马克思新世界观的意识形态性；霍菲克揭示了世界观的"委身"性；罗蒂肯定马克思新世界观的信仰性与对工人阶级的解放力量；塔克、古尔德纳、波普尔、罗桑瓦隆对马克思新世界观的"唯物主义"特征做了否定性分析；罗素阐明马克思新世界观"刷新"了"唯物主义"原有含义；希尔贝克、伊耶从历史和辩证法角度对马克思的"经济因素"决定性的辨析同文德尔班所谓"经济决定"论形成鲜明对比；胡克对马克思学说的阶级立场和内在联系等方面作了一些新的阐述；舍勒、龙格对世界观形成因素作了具体入微的揭示；熊彼特明确肯定马克思主义世界观的信仰性，明确指出了正确理解马克思新世界观的阐释形式问题；萨缪尔森、福山侧重于研究《资本论》之后资本主义世界的新变化对马克思新世界观的"挑战"方面。他们的结论不失偏颇，但他们的"关注点"的确指出了本论域存在的问题以及深化这些问题研究的多种视角。

（五）国内学界

陈先达从历史观侧面强调马克思新世界观创立的"无产阶级"宗旨性或问题意识。黄枬森从马克思主义哲学史角度提出马克思"没有提出一个完整的世界观理论体系"，马克思世界观的"根据"是"辩证唯物主义"而非"实践唯物主义"。俞吾金强调经典作家的阐释形式——"辩证唯物主义"或"辩证唯物主义和历史唯物主义"——越来越"遮蔽"了马克思新世界观的本真内容。孙正聿从"马克思主义"整体的角度提出马克思恩格斯的"历史唯物主义"不限于"历史观"范畴而处于"世界观"层面。王南湜从实践范畴出发提出马克思的现代唯物主义是以实践的方式解决哲学基本问题的学说，并作为国内的学者第一次提出马克思主义的"实践""辩证""历史"三者是内在贯通的这一重要学术论断。林剑认为马克思新世界观革命性变革在于创立"实践的唯物主义"思维方式。赵敦华强调马克思没有也无意要建立一个"物质本体论"。魏小萍指出马克思新世界观关注的是经济领域的分配公正问题。张一兵突出马克思新世界观在政治经济学批判中获得了最终完善。孙承叔指出《资本论》及其手稿使历史唯物主义无论是在形式还是在内容上都获得了前所未有的发展。仰海峰提出马克思的历史唯物主义具有双重视野。高宣扬直接从诠释学角度指出了恩格斯对马克思学说阐释的正确、深刻方面与偏颇、混杂方面及其对后人在马克思学说理解方面的积极性影响与消极性影响。

比较来看，陈先达的观点在形式上与"正统派"列宁的观点相近；

但他是以马克思恩格斯的文本为依据的，是针对国外学界在这个问题上的极端论点而提出的。黄枬森的观点即主张广义"辩证唯物主义"才具"世界观"档次，"历史唯物主义"仅限于"历史观"范畴，与斯大林的观点形似；但他是以马克思主义哲学史为依据，是针对西方马克思主义派的"实践唯物主义"而提出的。俞吾金、孙正聿、王南湜在这个问题上的一个共同的论点是都肯定"历史唯物主义"为马克思新世界观，但在表述形式上各有差异：俞为"实践—社会生产关系本体论"，孙为"历史解释原则"，王为"实践或历史的辩证法"，他们都找到了与国外学者（包括"正统派"）直接交锋的话题。林剑的观点把马克思新世界观归结为"实践唯物主义"，并以之为"普照的光"去解释"辩证唯物主义""历史唯物主义"，话语形式上与西方马克思主义派葛兰西"实践哲学"、巴里巴尔的"实践唯物主义"近似。赵敦华、魏小萍分别基于西方哲学史、马克思恩格斯文本提出不能以"唯物主义"模式解读马克思新世界观，与恩格斯以来的正统派思路相异，与西方马克思主义派相近。孙承叔等主要以经典作家的"阐释形式"即"历史唯物主义"范式论证了《资本论》及其手稿的哲学思想，张一兵提出"政治经济学批判最终完善"马克思新世界观，仰海峰提出"资本逻辑批判"并非"历史唯物主义的简单延伸"，高宣扬基于其长期的国外学术经历明确指出恩格斯对马克思新世界观阐释形式与马克思新世界观原创内容之间的异同问题。这些学术观点的确从某个侧面指明了马克思新世界观研究的新范式与新方向。

第二部分

新世界观初创

第三章 马克思新世界观缘于"唯物唯心"问题

既然"每一个时代的哲学作为分工的一个特定的领域，都具有由它的先驱传给它而它便由此出发的特定的思想材料作为前提"①，并且"在世界上划出一个时代的……条件"之一是"继承一份巨大的遗产"②，那么，研究马克思新世界观阐释形式问题就得从马克思新世界观据以"出发"的"前提"即马克思之前的"思想材料"或马克思所"继承"的"遗产"入手。由于"梳理"部分已述及列宁、葛兰西、舍勒、龙格等从不同侧面对马克思新世界观产生的主客观原因的分析，本章从阐析马克思创立新世界观在哲学史上的直接缘故——欧洲哲学史中的"唯物唯心"困境入手。

一 欧洲哲学史中的"唯物唯心"问题辨析

欧洲哲学有一个"爱智"的传统，即哲学家们凭自己的头脑去追问世界本原的"本体论情结"。古希腊第一位哲学家米利都学派创始人泰勒士（Thales）就提出了世界的本原问题，宣称地浮在水上，把水看成本原。其后，该学派阿那克西曼德（Anaximandros）认为"一切都生自无限者，一切都灭于无限者"，而"无限者没有本原"。那么，"无限者"是什么呢？他的同伴阿那克西米尼（Anaximenes）把这个作为宇宙"基质"的"无限者"断定为"气"。毕达哥拉斯（Pythagoras）把万物的本原归于"数"（事物量的规定性）即"一"；赫拉克利特（Herak-

---

① 《马克思恩格斯选集》第 4 卷，人民出版社 1995 年版，第 703—704 页。

② 爱克曼辑录：《歌德谈话录》，朱光潜译，人民文学出版社 1978 年版，第 42 页。

leitos）把世界一切存在物归源于"活火"，"一切"都遵循着"道"
（"逻各斯"）。爱利亚学派巴门尼德（Parmenides）提出了"存在者存
在"（即存在者是"完全的、不动的、无止境的"）命题，后来留基伯
（Leukippos）、德谟克利特（Demokritos）分别提出宇宙万物是由"原
素""原子"的运动或"涡旋"而产生的，伊壁鸠鲁也明确肯定"原
子"的运动性。这些关于宇宙万物的本质的看法或观点都属于哲学本体
论。其中，所谓"水""气""火"说属于"直观"的本体论，那些所
谓"数""存在者""无限者""原子"说则带有一定程度的抽象性，它
们都可归入后来所谓的"唯物主义"范畴，而把它们说成"唯心主义"
则不靠谱。同样，在本体论上，柏拉图（Platon，BC 427—BC 347）提
出了理念论："众多的事物之所以存在，是靠'分有'与它同名的理
念"，"美的东西是美使它美的""大使大的东西大"，并提出了认识论
上的灵魂回忆说。① "理念"论如果完全是指向自然界万事万物，那就
是"唯心主义"的。但柏拉图"理念论"与苏格拉底的伦理学主题是
一致的，也就是指涉人类社会生活领域，因而就不能笼统地判之为"唯
心主义"范畴。因为"社会"或人类"历史"中的事情有"理念"成
分。"回忆"说的确具"唯心主义"或神秘主义性质，但人类认识过程
或学习过程又离不开既有的或前人的观念、知识作铺垫。亚里士多德
（Aristoteles，BC384—BC322）明确规定"哲学家属于研究全部实体的
本性的人"，哲学研究的目标是"掌握一样东西的'为什么'（即根本
原因）"，提出"自然变化"的"四因"说。② 把自然界万事万物的变
化原因归结为"四因"的确包含着浓厚的"唯心主义"成分。因为自
然界万事万物是不存在"目的因"或独立于其外的什么"动力因"，特
别是当他提出"第三实体"即"永恒的、不动的实体"——神——的
概念时，就具有明显的"神创论"色彩。但是，如果他把"四因"说
用于解释"人类社会"或"历史"现象则有合理性，因为人类或个人
参与"社会"或"历史"的活动是有目的的。

在希腊哲学衰落中兴起的基督教哲学提出"道与神同在，万物是凭
着他造的""道成肉身"。③ 这是一种典型的神创论。基督教哲学家奥古
斯丁（Aurelius Augustius，354—430）将基督教神学观点系统化或哲学

---

① 参见《西方哲学原著选读》上卷，商务印书馆1981年版，第72、73、81—82页。
② 同上书，第121、133、137页。
③ 参见《新约全书·约翰福音》第1章1—18，《圣经》（研用本），第1262页。

化。他说："宇宙间除了上帝以外，没有任何存在者不是由上帝那里得到存在；上帝是三位一体的——'父'、由父而生的'子'和从父出来的'圣灵'，这圣灵就是父与子之灵。"① 中世纪的安瑟尔谟（Anselmus，1033—1109）进而提出对上帝绝对信仰即"除非我信仰了，我决不会理解"，对上帝的存在作了著名的"本体论证明"：一种不可设想的无与伦比的伟大的东西，它就不能仅仅在心中存在，因为，即使它仅仅在心中存在，但是它还可能被设想为也在实际上存在，那就更伟大了，某一个不可设想的无与伦比的伟大的东西，既存在于心中，也存在于现实中。阿奎那（Thomas Aquinas，1225—1274）在这个理性与信仰的关系问题上走得更远。他说神学的原理不是从其他科学来的，而是凭启示直接从上帝来的。所以，它不是把其他科学作为它的上级长官而依赖，而是把它们看成它的下级和奴仆来使用。他在"上帝存在的五个证明"中提出世上"第一推动者就是上帝""最初动力因，大家都称为上帝"。②

到了近代，欧洲进入了马克思所说的"哲学的英雄时代"。近代第一位哲学家笛卡尔（René Descartes，1596—1650）在本体论上肯定"上帝"是宇宙唯一实体这一前提下提出"心灵"和"物体"是彼此独立存在的实体，这一"心物"二元论实际上架空了上帝的实体地位，拉开了与神创论之间的距离。但"心物"二元论有悖于人类社会现象中的身心关系。后来拉美特利（Julien La Mettrie，1709—1751）提出"人体是一架会自己发动自己的机器""人是一株能游行的植物"③，这些观点把笛卡尔哲学二元论中的机械唯物主义倾向推向极端了。尽管这种唯物主义解释了人类及其意识的"自然"前提，却由于没有看到人类社会现象的特殊性与复杂性而在"社会"领域明显地走向了马克思恩格斯在《德意志意识形态》中所说的"唯心主义历史观"。而斯宾诺莎（Baruch/Benedictus de Spinoza，1632—1677）则在笛卡尔本体论思想基础上把"实体""神""自然"视为可以互相替换的概念即持泛神论，并对那些"神造万物是为了人，而神造人又是为了要人崇拜神"等这类自然目的论予以理性的"考验"或"考察"。与此同时，莱布尼茨（Gottfried Wilhelm Leibniz，1646—1716）用"单子"论反驳当时各

---

① 《西方哲学原著选读》上卷，商务印书馆1981年版，第219页。
② 同上书，第263页。
③ 《西方哲学原著选读》下卷，商务印书馆1982年版，第107、109页。

种实体观，多方面阐明了世界的本质，说"单子就是自然的真正原子……事物的原素""每一个单子必须与任何一个别的单子不同""形体也遵循它自身的规律"① 等，在人类奔向无神论途中又铺下了一个"石块"。

在追问观念的"存在"原因这一本体论问题上，贝克莱（George Berkeley，1685—1753）认为观念的"存在就是被感知，它们不可能在心灵或感知它们的能思维的东西以外有任何存在"②。如果这是针对自然界里的万事万物而说的，那就是赤裸裸的"唯心主义"或所谓"主观唯心主义"；如果是针对人类社会里事物说的，那就有一定的合理性，因为就人类社会现象而言，不仅"一个观念的存在，就在于被感知"，而且"观念"形成本身就是通过人的"感知"即"心灵"或"精神"制作出来的，这与本体论上的"唯物唯心"问题无涉。狄德罗当年之所以感到贝克莱这个论点"最难驳倒"，就在于他没有系统地悟到人类社会现象与自然现象之间的质的区别性。休谟（David Hume，1711—1776）则从追问"知识"必然性、普遍性角度表达了他对本体论的态度。他说："实体观念如果确实存在，它必然是从反省印象得来的。但是反省印象归结为情感和情绪；两者之中没有一个能够表象实体。因此，我们的实体观念，只是一些特殊性质的集合体的观念，而当我们谈论实体或关于实体进行推理时，我们也没有其他的意义可言。"③ 这就否认了"实体"作为知识对象的可能性。他认为"神学既然企图证明神的存在和灵魂不死，那么它的论证一部分是有关特殊的事实，一部分是有关一般的事实。当这些论证为经验所支持的时候，它是有其理性方面的基础的，但是，它的最好而最可靠的基础，则是信仰和神的启示"④。这就把"心灵""上帝"存在的必然性、普遍性问题请出了理性知识领域而搁置于"信仰"领域。他甚至主张将神学的和经院哲学的书"投到烈火中去"。同样，作为法国启蒙学者的先驱贝尔（Pierre Bayle，1647—1706）早就对上帝存在、灵魂不死等教义表示怀疑。他认为"三位一体奥义"与"一个个体、一个本性、一个身分是没有区别的""一个人的身体与一个理性灵魂结合为一"这种逻辑关系是相矛盾的，用理性方法揭露宗教的荒谬性。他勇敢地提出"对上帝的畏惧和

① 《西方哲学原著选读》下卷，商务印书馆1982年版，第477、478、490页。
② 《西方哲学原著选读》上卷，商务印书馆1981年版，第503页。
③ 《十六—十八世纪西欧各国哲学》，商务印书馆1975年版，第585—586页。
④ 同上书，第669—670页。

爱慕并不是人们行动的唯一动力",主张把"对上帝的畏惧和爱慕并非永远是人们行动的最积极的原动力"列入"道德箴言"。①

康德（Immanuel Kant，1724—1804）基于休谟对传统形而上学中"因果连结概念"之是否具有普遍必然性的"质问"提出"理智的（先天）法则不是理智从自然界得来的，而是理智给自然界规定的"②，并发起了一场知识论上的"哥白尼革命"："吾人之一切知识必须与对象一致，此为往之所假定者。但借概念，先天的关于对象有所建立以图扩大吾人关于对象之知识之一切企图，在此种假定上，终于颠覆。故吾人必须尝试，假定为对象必须与吾人之知识一致，是否在玄学上较有所成就。此种假定实与所愿欲者充分相合，即先天的具有关于对象之知识（在对象未授与吾人以前，关于对象有所规定）应属可能之事是也。""理性左执原理、右执实验，为欲受教于自然，故必接近自然。但理性之受教于自然，非如学生之受教于教师，一切唯垂听教师之所欲言者，乃如受任之法官，强迫证人答复彼自身所构成之问题。"③ 这种先验哲学充分高扬了在中世纪受贬抑而在近代勃兴的科学精神和理性力量。但是他又发现，作为人类认识能力的"知性""理性"是"有限"的，理性所企图达到的三个"理念"——"灵魂""世界""上帝"是"超验"的东西，人类认识能力达不到这种境界。当理性在其本性的驱迫下用知性范畴去把握"灵魂"理念时会陷入谬误推理；用知性范畴去把握"世界"理念时会陷入"二律背反"（主要是自由与必然之间的背反）；用知性范畴去证明"上帝"的存在时是不可能的。他认为上帝理念只是一种"设想"。康德这般在策略上采取妥协方式，既为人类认识能力划界又为上帝信仰划一块地盘的做法为人类解决"唯物唯心"问题跨越了一大步。

费希特（Johann Gottlieb Fichte，1762—1814）从康德先验哲学出发建立了他的知识学或能动性学说，提出"自我设定它自己"，自我"设定一个非我与自我相对立"，"自我在自我之中设定一个可分割的非我与可分割的自我相对立"。就知识论或人类意识的能动性及其作用于外部世界的趋向而言，这的确反映了人类社会现象之精神性或人为性侧面。而把这些当作宇宙万物的"运动规则"就是十足的有神论或彻底

---

①　《西方哲学原著选读》下卷，商务印书馆1982年版，第10页。

②　同上书，第287页。

③　[德] 康德：《纯粹理性批判》，蓝公武译，商务印书馆1960年版，第12、11页。

的唯心主义。当他在《论幸福生活或宗教学说》中明确肯定上帝的存在，就表明了他的哲学的有神论性质。正是在这个层面，后来的谢林（Fridrich Wilbelm Joseph Scheling，1775—1854）宗教哲学、黑格尔（Georg Wilhelm Fridrich Hegel，1770—1831）"绝对观念"都陷入了有神论。在谢林《神学与宗教》中，"上帝"取代"绝对"变成了人格化上帝，上帝是一切存在的"原本质存在""原根据""本原的渴望"；在黑格尔《历史哲学》中，"理性"成了"世界的主宰""宇宙的实体""宇宙的无限的权力"，"精神世界便是实体世界"，"不仅把真实的东西或真理理解和表述为实体，而且同样理解和表述为主体"。①

费尔巴哈（Ludwig Feurbach，1804—1872）作为德国古典哲学"结束"者的杰出贡献仅仅在于他第一个一针见血地戳穿了这个哲学尤其是黑格尔哲学的一个总"破绽"：斯宾诺莎的实体、康德和费希特的"自我"、谢林的绝对同一性、黑格尔的绝对精神均属于"被思想的或被想象的本质"而非"真正最实在的存在"②，是将主观的活动当作神的自我活动，"从意志和理智里面推出自然，总之，从精神里面推出自然"③。与之相对，费尔巴哈把"社会""历史"现象"还原"为"自然"：观察自然，观察人吧！在这里你们可以看到哲学的秘密。④ 人本来并不把自己与自然分开，因此也不把自然与自己分开；所以他把一个自然对象在他自己身上所激起的那些感觉直接看成了对象本身的一些性状。那些有益的、好的感觉和情绪由自然的好的、有益的东西引起；那些坏的、有害的感觉，像冷、热、饿、痛、病等，由一个恶的东西，或者至少由坏心、恶意、愤怒等状态下的自然引起。因此，人们不由自主地、不知不觉地将自然本质弄成了一个心情的本质，弄成了一个主观的亦即人的本质。无怪乎人也就直率地、故意地把自然弄成一个宗教的、祈祷的对象，亦即弄成一个可以凭人的心情、人的祈请和侍奉而决定的对象了。⑤ 他主张建立一个以"人"为最高"原则"的"新哲学"。虽然他在本体

---

① ［德］黑格尔：《精神现象学》上卷，贺麟、王玖兴译，商务印书馆 1979 年版，第 10 页。
② ［德］费尔巴哈：《费尔巴哈哲学著作选集》下卷，荣震华等译，商务印书馆 1984 年版，第 14 页。
③ 同上书，第 447 页。
④ ［德］费尔巴哈：《费尔巴哈哲学著作选集》上卷，荣震华等译，商务印书馆 1984 年版，第 115 页。
⑤ 参见 ［德］费尔巴哈《宗教的本质》，王太庆译，商务印书馆 2010 年版，第 27—28 页。

论上正确地看出了并非上帝（神）创造了人类而是人类创造了上帝（宗教异化现象），但他不明白作为社会历史领域的人类创造上帝这个幻象或精神偶像之社会历史缘由。

二　马克思对欧洲哲学史上"唯物唯心"局限的洞见

四十多年后，恩格斯在"费尔巴哈论"中对欧洲哲学的"唯物唯心"问题给予了这样的总结：思维对存在、精神对自然界的关系问题是全部哲学的最高问题，这个问题发源于蒙昧时代的狭隘而愚昧的观念。它只是在欧洲人从基督教中世纪的长期冬眠中觉醒以后才被十分清楚地提了出来，获得了它的完全的意义。思维对存在的地位问题在中世纪的经院哲学中以尖锐的形式针对着教会提了出来：世界是神创造的呢，还是从来就有的？哲学家依照他们如何回答这个问题而分成了两大阵营。凡是断定精神对自然界来说是本原，从而归根结底以某种方式承认创世说的人组成唯心主义阵营；凡是认为自然界是本原则属于唯物主义的各种学派。除此之外，唯心主义和唯物主义这两个用语本来没有任何别的意思，它们在这里也不能在别的意义上被使用；否则，就会在思维上或观念上造成许多混乱。恩格斯在这里明白无误地指证的"唯物唯心"问题或唯物主义唯心主义问题（本义）是针对创世说的"神创"论发出的哲学追问，并无其他的疑义或其他的用意。在这个问题上，费尔巴哈作为哲学史上唯物主义杰出代表对"唯心论"作了这样深刻的归结："唯心主义不是别的，就是理性的或理性化了的有神论。"① 而贝克莱作为哲学史上唯心主义典型对"唯物论"作了这样狠毒的归结，"物质的实体从来就是'无神论者'的至友"②。既然如此，再"给它们加上别的意义"，必定会"造成混乱"。

换句话说，作为"唯物主义"命题的本义——把世界的本原归结为物质、主张物质第一性意识第二性，还是作为"唯心主义"命题的本义——把世界的本原归结为精神、主张意识第一性物质第二性，仅仅是针对"自然界"万事万物的"神创说"的一种质疑或追问，与人类社

---

① ［德］费尔巴哈：《费尔巴哈哲学著作选集》上卷，荣震华等译，商务印书馆1984年版，第144页。
② 《西方哲学原著选读》上卷，商务印书馆1981年版，第516页。

会或"属人世界"万事万物即人类社会"历史"是姓"心"（"唯心"）还是姓"物"（"唯物"）风马牛不相及。所以，恩格斯在同一篇著作第二部分就"唯物唯心"命题作了"ABC"式讲解，并且在该著作第三部分具体论述了人类"社会发展史"与"自然发展史"的"根本不相同"点：在自然界中，全是没有意识的、盲目的动力，这些动力彼此发生作用，一般规律就表现在这些动力的相互作用之中，在所发生的任何事情包括无数表面的偶然性、可以证实这些偶然性内部的规律性的最终结果中都没有任何事情是作为预期的自觉的目的而发生的；在社会历史领域内，进行活动的全是具有意识的、经过思虑或凭激情行动的、追求某种目的的人，任何事情的发生都带着自觉的意图或预期的目的。恩格斯基于人类"社会界"与"自然界"之间的这种"区别点"批判了"旧唯物主义在历史领域内"的错误"并不在于承认精神的动力，而在于不从这些动力进一步追溯到它的动因"，相反，唯心主义"特别是黑格尔所代表的历史哲学，认为历史人物的表面动机和真实动机决不是历史事变的最终原因，认为这些动机后面还有应当加以探究的别的动力；但是它不在历史本身中寻找这种动力，反而从外面，从哲学的意识形态把这种动力输入历史"[1]。也许文德尔班（Wilhelm Windelband，1848—1915）从"哲学"一词含义的历史演变侧面对人类对"自然现象"与"历史现象"（即社会现象）之间的"分野"觉醒过程说得更简明："开始，自然科学问题几乎是引起哲学兴趣的唯一对象，后来很长一段时间，自然科学问题又包括在哲学范围之内，直到现代才同哲学分离。另一方面，大多数哲学体系一直不把历史当作对象，只在较晚一些时期，历史才作为哲学研究的对象。"[2] 这就是说，哲学史上多数哲学家包括黑格尔、费尔巴哈在内都没有把这个后来进入哲学视野的"历史"现象与远古便本能地进入哲学视野的"自然"现象自觉地、系统地区别开来。

所以，在铸造新世界观的起始阶段，恩格斯和马克思同为马克思主义的创始人，在《神圣家族》中不是笼统地批判人类哲学思想史中的"唯物唯心"问题，而是抓住了布鲁诺·鲍威尔（Bruno Bauer，1809—1882）、埃德嘉·鲍威尔（Edgar Bauer，1820—1882）及其追随者的历史观"原本"——黑格尔历史观予以分析批判，认为黑格尔的历史观只

---

① 《马克思恩格斯选集》第4卷，人民出版社1995年版，第248—249页。
② ［德］文德尔班：《哲学史教程》上卷，罗达仁译，商务印书馆1987年版，第12页。

是关于精神和物质、上帝和世界相对立的基督教德意志教条的思辨表现。这种对立在社会历史领域表现为代表积极精神的少数杰出人物与代表精神空虚的群众之间的对立。黑格尔历史观的前提是抽象的或绝对的精神，人类的历史在他那里变成了抽象的东西的历史即人类的彼岸精神（对象化）的历史，把有血有肉的人变成无人身的自我意识而不是把自我意识变成有血有肉的人的自我意识。

同时，他们批判了以往的"唯物主义"不通"人性"，不懂"社会"现象区别于"自然"现象的特殊性这一错误，认为由培根（Francis Bacon，1561—1626）始创的唯物主义后来遭到"片面"的"发展"——"敌视人""抑制自己的情欲""当一个禁欲主义者"，结果"并未看到或把握精神活动的最本质特征，未看到概念的一般性"①。

马克思在《关于费尔巴哈的提纲》第一条对"从前的一切唯物主义的主要缺点"的"指摘"或批判正是在于他洞见到：以费尔巴哈为代表的唯物主义者们迷失于对"属人世界"万事万物之"人为性"即"感性的人的活动""实践"与"自然界"万事万物之自在性或自生自灭性之间的差别，也就是迷失于"历史"（"社会"）与"自然"之间的质的差别——"只是从客体的或者直观的形式去理解"人类"社会"或"历史"，以至于朴素地以"自然"去推断"社会"或"历史"，以为"自然里面有的，上帝里面也有"，"那存在于人以外的实体，一个客观的实体，世界，自然，本来就是这个神……神的存在，或者毋宁说对神的存在的信仰，只是以自然的存在为基础"②，这就不能真正理解人类"实践"或"感性的活动"尤其是其"否定性"意义③，而非迷失于"自然界"是"神创"论还是无神论这样的唯物唯心问题。

哲学史上的先验唯心论者（康德无疑属于这个先验唯心论代表）或"神秘主义"者（黑格尔无疑属于这个"神秘主义"代表）与"从前的一切唯物主义"者一样不能真正"知道现实的、感性的活动本身"，

---

① 袁贵仁、杨耕：《当代学者视野中的马克思主义哲学：中国学者卷》上，北京师范大学出版社 2012 年版，第 6 页。

② ［德］费尔巴哈：《费尔巴哈哲学著作选集》下卷，荣震华等译，商务印书馆 1984 年版，第 127、442 页。

③ 王南湜指出，"近代的唯物主义都是建立在经验论基础上的……设定了一个超越的自然作为感觉的原因。把其原则贯彻到底，主体变成了纯粹的感觉反应器，毫无主动性可言，毫无一般性可言。这便在实际上取消了思维的作用"（袁贵仁、杨耕：《当代学者视野中的马克思主义哲学：中国学者卷》上，北京师范大学出版社 2012 年版，第 7 页）。

因为他们除了"抽象地"理解"属人世界"——"社会"——之外，关键在于以人类"社会"（的精神或理性）去独断地推断"自然"，把人类的精神或理性断定为"自然"的"自因"。如康德提出人为自然"立法"；黑格尔提出"理性"是"世界的主宰""宇宙的实体"，结果他神秘地把"世界上过去发生的一切和现在还在发生的一切"变成了"他自己的思维中发生的一切"，把世界的历史变成"他自己的哲学的历史"①。

　　正是鉴于历史上一切"唯物主义""唯心主义"都对"历史"或"社会"现象作了"抽象"理解，马克思在《提纲》中自始至终强调这个"社会"或"人类社会"或"社会的人类"或"社会生活"即"属人世界"万事万物之实践性：如果没有"理解"这个实践性，就不能正确"研究"这个"属人世界"的"感性客体"；如果"离开"这个实践性，就不能"证明自己思维的真理性，即自己思维的现实性和力量，自己思维的此岸性"，相反黑格尔"把理论引向神秘主义的神秘的东西，都能在人的实践中及对这个实践的理解中得到合理的解决"；如果不能"合理地理解"这个实践性，就把"社会"分割为"两部分"（"其中一部分凌驾于社会之上"的天才）；如果没有"理解"这个实践性并"在实践中使之革命化"，就不能找到解决宗教问题的真正途径；如果没有"理解"这个实践性，就不能真正认识"人的本质"问题；如果没有"理解"这个实践性，就只能像费尔巴哈那样被动地"直观"人们所在的"属人世界"；最后，正是由于对待实践性的方式存在这么多的"没有"或"离开"或"不能"，历史上的"哲学家们只是用不同的方式解释世界"，而找不到由"解释世界"通向"改变世界"的门径。由此，马克思把自己所标立的"新唯物主义""立脚"于那个渗透了"实践"性或"历史性"的"人类社会"或"社会的人类"，也就是说，"马克思哲学"的方向或关注的"问题"不再是赓续历史上的"哲学家们"那个迷失于"历史"（"社会"）与"自然"之"分"的"唯物唯心"这样的传统哲学主题，而是如何正确认识（"解释"）并"改变"这个"人类社会"或"社会的人类"即"市民社会"这样的新问题，是"现实的问题"或"该时代的迫切问题"，是关乎"公开的、无所顾忌的、支配一切个人的时代之声"或"最实际的呼声"②。

　　① 《马克思恩格斯文集》第 1 卷，人民出版社 2009 年版，第 602 页。
　　② 《马克思恩格斯全集》第 1 卷，人民出版社 1995 年版，第 203 页。

"马克思的全部理论，就是运用最彻底、最完整、最周密、内容最丰富的发展论去考察现代资本主义"①，"马克思的主要兴趣是整个社会，特别是社会变革的过程"，"他终生以赴的科学目标"是"揭示现代社会的经济运动规律"②。还是马克思对此表达得形象："哲学在用双脚立地以前，先是用头脑立于世界的；而人类的其他许多领域在想到究竟是'头脑'也属于这个世界，还是这个世界是头脑的世界以前，早就用双脚扎根大地，并用双手采摘世界的果实了。"③

这样，就"社会"或"历史"领域本身而言，在逻辑上便不存在"唯物"还是"唯心"二者必居其一的现象，而是存在"亦物亦心"现象，或以"心"为主以"物"为辅现象，或以"物"为主以"心"为辅现象，而"自然界"则处于实践对象（或可能的实践对象）位置。因为人类实践或者说通过人类实践——用马克思《提纲》的话说即"感性活动"或"对象性活动"——实现了人类与自然界之间、主观与客观之间或"心"与"物"之间的联为一体或融为一体。对"属人世界"或人类社会范畴来说，"任何一个人都生活在自然与社会的'二位一体'的现存世界中，面临的是社会的自然和自然的社会，或者说，是'历史的自然'和'自然的历史'。实践则是社会与自然相互作用、相互渗透的中介，是社会的自然和自然的社会形成的基础"④。所谓"对象、物、物体是在我们之外、不依赖于我们而存在着的，我们的感觉是外部世界的映像……唯物主义自觉地把这个结论作为自己认识论的基础"⑤ 这一结论完全适用于自然界，但不能笼统地套用于人类社会的所有历史现象。

同样，马克思在《德意志意识形态》中也不是从"唯物唯心"语境去批判费尔巴哈的一般"哲学"错误，而是从《关于费尔巴哈的提纲》第10条所说的"人类社会或社会的人类"角度或《德意志意识形态》提出的"对人类历史发展的考察"角度批判他的"历史"错误：当费尔巴哈是一个唯物主义者的时候，历史在他的视野之外；当他去探讨历史的时候，他不是一个唯物主义者。在他那里，唯物主义和历史是

---

① 《列宁专题文集·论马克思主义》，人民出版社 2009 年版，第 255 页。
② ［美］斯维齐：《资本主义发展论》，陈观烈、秦亚男译，商务印书馆 1997 年版，第 31 页。
③ 《马克思恩格斯全集》第 1 卷，人民出版社 1995 年版，第 220 页。
④ 杨耕：《马克思主义历史观研究》，北京师范大学出版社 2012 年版，第 19 页。
⑤ 《列宁选集》第 2 卷，人民出版社 1995 年版，第 78 页。

彼此完全脱离的。马克思后来在《资本论》中明确提出"人类史是我们自己创造的，而自然史不是我们自己创造的"，他关注的是"属人世界"或"人化自然"界里的理论与实践的关系问题，提出"实践胜于一切理论""一步实际运动比一打纲领更重要"，而非一般的"唯物唯心"问题或"思维与存在"之间关系的哲学问题。就马克思明于"历史"与"自然"或"社会历史领域"与"自然界"之分，而黑格尔、费尔巴哈等哲学前辈则不明于此而言，只有马克思和恩格斯才在哲学领域开始了恩格斯在"费尔巴哈论"中所说的真正意义或科学意义上的"关于社会的科学"构建工作。

显然，马克思尽管在《提纲》中使用了"新唯物主义"一词，其立意或"立脚点"却不能望文生义地被理解为一般"唯物主义"。因为马克思对"唯物主义"的待遇并不怎么"随和"，说"那种排除历史过程的、抽象的自然科学的唯物主义的缺点，每当它的代表越出自己的专业范围时，就在他们的抽象的和唯心主义的观念中立刻显露出来"①。他曾经对那些滥用"唯物主义"概念的人予以"挖苦"，认为那种唯物主义实际上是"庸人的唯物主义"。相反，马克思曾经有过唯心主义"情结"："深怀令人坚信不疑的、光明灿烂的唯心主义，唯有唯心主义才知道那能唤起世界上一切英才的真理……唯心主义不是幻想，而是真理。"② 这样理解，当然不能误认为马克思不顾唯物主义基本原则之常识而超越心物对立、主客二分。不要说马克思这样的大思想家、哲学家不会犯这类的"常识"错误，就连偏好"文化"或"文明"力量的美国著名政治学学者亨廷顿也没有忘记：物质的成功带来了对文化的伸张，硬实力衍生出软实力。③

---

① 《马克思恩格斯文集》第5卷，人民出版社2009年版，第429页注。
② 《马克思恩格斯全集》第1卷，人民出版社1995年版，第9页。
③ ［美］塞缪尔·亨廷顿：《文明的冲突与世界秩序的重建》，周琪等译，新华出版社2010年版，第89页。

第四章 马克思新世界观雏形

一 马克思使用"新世界观"概念的文本状况

马克思新世界观酝酿于 19 世纪 40 年代初。

1842 年 7 月，他在《〈科隆日报〉第 179 号的社论》中第一次提到"世界观"一词。他在该文中对"世界观"与"哲学"之间的关系作了大量的分析或论述：

其一，他认为"哲学"是求"真"的而不是务"实"的，是有关全人类的大"真理"而不是个别人的鸡毛蒜皮，"世界观"则是"特殊的"。

其二，他分析了哲学的不同类型或特征：第一是传统哲学与现代哲学之间的区别。马克思认为传统哲学主要是"德国哲学"即德国古典哲学"爱好宁静孤寂""追求体系的完美""喜欢冷静的自我审视"，结果在外行看来像个"谁也不懂得他在念叨什么"的"巫师"；相反，现代哲学是"那种用工人的双手建筑铁路的精神"，是"自己时代的精神上的精华"，"同自己时代的现实世界接触并相互作用"，"不再是同其他体系相对的特定体系，而变成面对世界的一般哲学，变成当代世界的哲学。各种外部表现证明，哲学正获得这样的意义，哲学正变成文化的活的灵魂，哲学正在世界化，而世界正在哲学化……哲学已进入沙龙、教士的书房、报纸的编辑室和朝廷的候见厅，进入时代的爱与憎"①；第二是哲学与宗教之间的区别。他认为哲学属于"人世的智慧"，它"阐明人权"，"要求国家是合乎人性的国家"；而宗教属于"来世的智慧"，"向人们许诺天堂""求助于感情"。马克思在《〈科隆日报〉第

---

① 《马克思恩格斯全集》第 1 卷，人民出版社 1995 年版，第 220 页。

179 号的社论》中虽然没有直接提及"新世界观"词汇，但他明确提出了"当代世界的哲学"命题，这正是他后来所论证的"新世界观"本身。

《〈科隆日报〉第 179 号的社论》这段关于"世界观"与"哲学"之间关系的论述极为珍贵——不仅汲取了黑格尔有关哲学的观点，而且奠定了他关于世界观或现代哲学的基本点，就是世界观或现代哲学不同于传统哲学包括近代哲学的地方在于强调它们与现实世界、现实生活特别是人民的命运之间的直接联系，世界观或现代哲学必须代表人民的声音、时代趋向，而不是"谁也不懂得他在念叨什么"的哲学家个人私语、"追求体系的完美"，也不是"来世的智慧"，"向人们许诺天堂"的宗教。后来他的《〈黑格尔法哲学批判〉导言》关于哲学与现实、哲学与无产阶级之间关系的哲学观，恩格斯在 19 世纪七八十年代关于"现代唯物主义""世界观"的思想均是建立在这个基础上的。

马克思第一次指涉"新世界观"这个概念是在 1842 年 11 月。他在卢格的信中说，"少发些不着边际的空论，少唱些高调，少来些自我欣赏，多说些明确的意见，多注意一些具体的现实，多提供一些实际的知识。我说，我认为在偶然写写的剧评之类的东西里塞进一些共产主义和社会主义的信条，即新的世界观，我认为是不适当的，甚至是不道德的。如果真要讨论共产主义，那就要用另一种完全不同的方式，更切实地加以讨论"①。马克思在这里虽然强调了他做事（"办报"）的态度和方式，但明确地将"新的世界观"定位为"共产主义和社会主义的信条"，也就是说，马克思所要创立的"新世界观"研究对象是"讨论""共产主义和社会主义的信条"即关于共产主义或社会主义的理论问题或原则精神，而非一般的"宇宙观"。

不到一年，马克思在给卢格的信中这样指出：虽然对于"从何处来"这个问题没有什么疑问，但是对于"往何处去"这个问题却很模糊。不仅在各种改革家中普遍出现混乱，而且他们每一个人都不得不承认自己对未来应该怎样没有确切的看法。然而，新思潮的优点恰恰在于我们不想教条式地预期未来，只是想通过批判旧世界发现新世界。以前，哲学家们把一切谜底都放在自己的书桌里，愚昧的凡俗世界只需张开嘴等着绝对科学这只烤乳鸽掉进来就得了。而现在哲学已经世俗化了，最令人信服的证明就是：哲学意识本身不但从外部而且从内部来说

———————————

① 《马克思恩格斯文集》第 10 卷，人民出版社 2009 年版，第 3 页。

都卷入了斗争的漩涡。如果我们的任务不是构想未来并使它适合于任何时候，我们便会明确地知道，我们现在应该做些什么，这就是要对现存的一切进行无情的批判，这种无情的批判既不怕自己所做的结论，也不怕同现有各种势力发生冲突。又说：什么也阻挡不了我们把政治的批判、明确的政治立场或实际斗争作为我们的批判的出发点，并把批判和实际斗争看作同一件事情。在这种情况下，我们不是教条式地以新原理面向世界说"真理在这里，下跪吧！"，我们是从世界的原理中为世界阐发新原理。我们并不向世界说"停止战斗吧，它们都是愚蠢之举"，我们要向世界喊出真正的战斗口号。我们只向世界指明它究竟为什么而斗争；而意识则是世界必须具备的东西，不管世界愿意与否。① 马克思在这里从方法论或思维方式阐明了新世界观的重要指向：既不要教条式地推断未来，也不要空想主义式地宣布一些适合将来任何时候的一劳永逸的决定，而要"通过批判旧世界发现新世界"，并且这种"批判"是把思想、理论批判同"政治批判"或"实际斗争"结合起来或者说"把批判和实际斗争看做同一件事情"。因而马克思所要创立的新世界观不仅在方法论上属于理性或科学范畴，而且在实践范畴上属于瞄向旧世界的"宣战书"，属于"政治行为"或"意识形态"范畴。

　　在同一年即 1843 年，马克思在《黑格尔法哲学批判》中明确提出了"新世界观"一词，说黑格尔"那一套非批判性的、神秘主义的做法，按照新世界观去解释旧世界观，由于这种做法，旧世界观成了某种不幸的中间物，它的形式不符合意义，意义也不符合形式，而且既不是形式获得自己的意义并具有真正的形式，也不是意义获得形式并成为真正的意义。这种非批判性，这种神秘主义，既构成了现代国家制度（主要是等级制度）的一个谜，也构成了黑格尔哲学、主要是他的法哲学和宗教哲学的奥秘"②。

　　两年之后，马克思（和恩格斯）在《德意志意识形态》中指出："由于费尔巴哈揭露了宗教世界是世俗世界的幻想（世俗世界在费尔巴哈那里仍然不过是些词句），在德国理论家面前就自然而然产生了一个费尔巴哈所没有回答的问题：人们是怎样把这些幻想'塞进自己头脑'的？这个问题甚至为德国理论家开辟了通向唯物主义世界观的道路，这种世界观没有前提是绝对不行的，它根据经验去研究现实的物质前提，

---

① 参见《马克思恩格斯文集》第 10 卷，人民出版社 2009 年版，第 7、9 页。
② 《马克思恩格斯全集》第 3 卷，人民出版社 2002 年版，第 104 页。

因而最先是真正批判的世界观。这一道路已在'德法年鉴'中，即在'黑格尔法哲学批判导言'和'论犹太人问题'这两篇文章中指出了。"① 这是马克思和恩格斯第一次正面即从"哲学"范畴"亮"出了"唯物主义世界观"牌子。但这里所谓"唯物主义"并没有"唯物唯心"意义，而是意在追问为什么既然"宗教世界是世俗世界的幻想"却要"把这些幻想'塞进自己头脑'"这类专属于社会历史的"怪象"或社会现实问题。这个"唯物主义世界观"是"根据经验去研究现实的物质前提"的"真正批判的世界观"。当然，以黑格尔为代表的先验论者把这个社会历史问题"变成了从语言降到生活中的问题"②。

马克思早期使用"新世界观"概念的文本状况显示：马克思为了"彻底揭露旧世界，并积极建立新世界"③，在青年时代对创立一个不同于"武器的批判"的"批判的武器"或新思想系统便非常自觉且自信。就其当年这种自觉自信程度而言，几乎打破了人们所谓"从唯心主义到唯物主义、由革命民主主义到共产主义的思想转变"过程所不可避免的由量变到质变的"常规"。

当然，直到《德意志意识形态》写作三十三年之后，马克思（和恩格斯）在给培培尔等人的通告信中才完全"亮"出了这个新世界观的"真实身份"——无产阶级世界观，说"如果其他阶级出身的这种人参加无产阶级运动，那么首先就要要求他们不要把资产阶级、小资产阶级等等的偏见的任何残余带进来，而要无条件地掌握无产阶级世界观。可是，正像已经证明的那样，这些先生满脑子都是资产阶级的和小资产阶级的观念……至于我们，那么，根据我们的全部经历，摆在我们面前的只有一条路。将近40年来，我们一贯强调阶级斗争，认为它是历史的直接动力，特别是一贯强调资产阶级和无产阶级之间的阶级斗争，认为它是现代社会变革的巨大杠杆；所以我们决不能和那些想把这个阶级斗争从运动中勾销的人们一道走。在创立国际时，我们明确地制定了一个战斗口号：工人阶级的解放应当是工人阶级自己的事情。所以，我们不能和那些公开说什么工人太没有教养，不能自己解放自己，因而应当由仁爱的大小资产者从上面来解放的人们一道走"④。马克思在这里从无产阶级意识形态范畴把他创立的新世界观十分确切地称谓为

① 《马克思恩格斯全集》第3卷，人民出版社1960年版，第261页。
② 同上书，第525页。
③ 《马克思恩格斯全集》第47卷，人民出版社2004年版，第63页。
④ 《马克思恩格斯选集》第3卷，人民出版社1995年版，第685页。

"无产阶级世界观",这个新世界观的一个核心观点是把"阶级斗争"视为"历史的直接动力",尤其是把无产阶级同资产阶级之间的阶级斗争视为"现代社会变革的巨大杠杆"。

二 马克思新世界观在《资本论》之前的初步阐发

在《资本论》第一卷发表之前,马克思为创立他自己的世界观作了巨量的准备工作,从不同侧面或不同视角逼近或初步阐发他在《资本论》中所创立的新世界观。

(一) 新世界观与无产阶级之间的关系

马克思在《〈黑格尔法哲学〉批判》中针对当时封建贵族把持着国家政权、普鲁士专制的德国"实际生活缺乏精神活力、精神生活也没有实际内容"的现状发问"德国解放的实际可能性到底在哪里呢?"他认为,德国解放的实际可能性在于形成"一个并非市民社会阶级的市民社会阶级",在于形成"一个若不从其他一切社会领域解放出来从而解放其他一切社会领域就不能解放自己的领域",这个社会解体过程的结果是分娩出"无产阶级这个特殊等级"。马克思在《1844 年经济学哲学手稿》中进一步阐明了这个"无产阶级"之所以寄托着"德国解放的实际可能性"的经济根源。这就是工人生产的财富越多,他的产品的力量和数量越大,他就越贫穷。工人创造的商品越多,他就越变成廉价的商品,他所创造的物的世界的增值与自身的贬值成正比,这样的世界对无产阶级是不公道的。因此,他要创立一种新的世界观。用他自己的话说,就是"哲学把无产阶级当作自己的物质武器,同样,无产阶级也把哲学当作自己的精神武器"[1],并把这个"哲学"比作"德国解放"的"头脑",把"无产阶级"比作这个哲学或新世界观的"心脏":如果"哲学不消灭无产阶级,就不能成为现实;无产阶级不把哲学变成现实,就不可能消灭自身"[2]。与同时代的思想成果相比,马克思所要创立的新哲学形态或新世界观的原创性、革命性就在于:既把觉悟起来的现代工业"无产阶级"视作实现新世界观的"物质武器",又把它视为新世

---

① 《马克思恩格斯文集》第 1 卷,人民出版社 2009 年版,第 17 页。
② 同上书,第 18 页。

界观的核心目标。换言之，新世界观把现代工业"无产阶级"既当作未来新社会赖以实现的"实践因素"①，又把现代工业"无产阶级"的解放当作未来新社会的目的本身。当然，这个新世界观或"精神武器"究竟是什么，对这个时期的马克思来说还是非常"抽象"的。

（二）对宗教世界的态度

在马克思新世界观系统里本不存在什么"信仰世界"，但存在一个"理想世界"或"精神世界"。马克思在《论犹太人问题》中批判了鲍威尔把犹太人问题的解决诉诸"要求犹太人放弃犹太教""宗教在政治上的废除"这一"把犹太人的解放问题变成了纯粹的宗教问题"的肤浅或片面性，认为"宗教的定在"是一种有缺陷的定在，这种"定在"的根源只能到国家自身的本质中去寻找。宗教已经不是世俗局限性的原因而只是它的现象，主张用自由公民的世俗约束来说明宗教约束，一旦消除了世俗限制就能消除宗教局限性，不把世俗问题归结为神学问题，而要把神学问题归结为世俗问题，只是人们在相当长的时期以来一直"用迷信来说明历史"。应该用历史来说明迷信，把人作为特殊宗教的信徒同自己的公民身份、作为共同体成员的他人所发生的冲突归结为政治国家和市民社会之间的世俗分裂。他提出"宗教里的苦难既是现实的苦难的表现，又是对这种现实的苦难的抗议"，因而"对宗教的批判最后归结为……这样的绝对命令：必须推翻那些使人成为被侮辱、被奴役、被遗弃和被蔑视的东西的一切关系"②。由此不难看出，马克思新世界观对宗教世界的解剖超越前人的地方在于"把神学问题化为世俗问题""用历史来说明迷信"，以及对宗教的批判最后归结为"必须推翻那些使人成为被侮辱、被奴役、被遗弃和被蔑视的东西的一切关系"。

（三）关于主观和客观之间的关系

马克思对新世界观的确作过"哲学"式表述。他在《1844年经济学哲学手稿》中指出：主观主义和客观主义、唯灵主义和唯物主义、活动和受动只是在社会状态中才失去它们彼此间的对立，并从而失去它们作为这样的对立面的存在；而理论的对立本身的解决只有通过实践方式、借助于人的实践力量才是可能的；因而这种对立的解决绝不只是认

---

① 《马克思恩格斯文集》第10卷，人民出版社2009年版，第14页。
② 《马克思恩格斯文集》第1卷，人民出版社2009年版，第4、11页。

识的任务，而是一个现实生活的任务，以往的哲学未能解决这个任务正因为它把这仅仅看作理论的任务。工业的历史和工业的已经产生的对象性的存在，是一本打开了的关于人的本质力量的书。又说：自然科学通过工业日益在实践上进入人的生活，改造人的生活，并为人的解放作准备，尽管它不得不直接地使非人化充分发展。工业是自然界对人或者说自然科学对人的一种现实的历史关系。因此，如果把工业看成人的本质力量的公开的展示，那么，人的自然的本质也就可以理解了；因而自然科学将失去它的抽象物质的或者唯心主义的方向而将成为人的科学的基础。① 马克思在这里阐明了自己对唯物唯心问题的新见解：在人类社会历史领域，由于"实践方式"或"实践力量"或"工业的历史和工业的已经产生的对象性的存在"，"主观"与"客观"或"心灵"与"物质"融合为一"体"或合成同一"物"，尤其是"工业"作品直接成了"人的本质力量的公开的展示"或者说"一本打开了的关于人的本质力量的书"，"心灵"与"物质"或"主观"因素与"客观"因素"在社会状态中"就必定"失去它们彼此间的对立，并从而失去它们作为这样的对立面的存在"的根据，即使它们之间出现"对立"也必定通过"实践方式"或"实践力量"获得解决。既然如此，再去追问这些社会"工业品"或"作品"是"唯物"还是"唯心"就成了个伪问题。历史上的哲学或传统哲学没能解决"理论的对立"问题在于没有"看到""社会状态中"的"实践方式""实践力量"。因此，马克思进一步提出：人和自然界的实在性已经变成实际的、可以通过感觉直观的事实，关于某种异己的存在物、关于凌驾于自然界和人之上的存在物的问题在实践上已经成为不可能的了，因而无神论即作为对这种非实在性的否定已不再有任何现实必要；社会主义同样也不再需要这样的中介，它是从把人和自然界看作本质这种理论上和实践上的感性意识开始的，是人的不再以宗教的扬弃为中介的积极的自我意识；共产主义是作为否定的否定的肯定②。马克思在这里从黑格尔思辨哲学的角度把代表他的新世界观理想目标——"共产主义"社会视为社会历史发展的必然趋向。

在《关于费尔巴哈的提纲》中，马克思则用纯哲学范畴把自己的新世界观同"旧哲学"包括"从前的一切唯物主义"和"唯心主义"公

---

① 参见《马克思恩格斯全集》第 3 卷，人民出版社 2002 年版，第 306、307 页。
② 同上书，第 310—311 页。

开摊牌，指出它们的主要缺点是对对象、现实、感性只是从客体的或者直观的形式去理解，不是把它们当作人的感性活动、当作实践去理解，不是从主体方面去理解，如费尔巴哈想要研究跟思想客体确实不同的感性客体却不知道把人的活动本身理解为客观的对象性活动。而唯心主义由于"抽象地"发展人的"能动的方面"（理性力量）即总体上限于抽象地论述全部社会历史的所谓一般的"社会本质"问题、抽象地论述全人类即所谓一般的"人的本质"问题以构造"体系哲学"，同样也没有实现对现实的感性活动的真正具体的洞悉。

（四）共产主义与人性之间的关系

马克思在《1844 年经济学哲学手稿》中依凭欧洲哲学中的人性论思想资源来表达自己的新世界观。他认为，共产主义是对私有财产或被异化了的人性的一种积极扬弃，是对人的本质的真正占有或全面占有，因而共产主义属于"合乎人性的人的复归"，说"这种共产主义，作为完成了的自然主义＝人道主义，而作为完成了的人道主义＝自然主义，它是人和自然界之间、人和人之间的矛盾的真正解决，是存在和本质、对象化和自我确证、自由和必然、个体和类之间的斗争的真正解决。它是历史之谜的解答"①。这样，在共产主义生产方式下，被积极扬弃的所谓"私有财产"直接呈现为一个人为他人的存在与这个他人为这个人的存在，劳动的材料或作为主体的人都既是生产运动的结果，又是运动的出发点。因此，正像社会本身生产作为社会的人一样，人也生产社会。同时，自然界成为人与人之间联系的纽带，成为人的现实的生活要素。于是，马克思把这种共产主义理解为"人同自然界的完成了的本质的统一""自然界的真正复活""人的实现了的自然主义和自然界的实现了的人道主义"，并进一步把"世界历史"归结为"人通过人的劳动而诞生的过程"，把"自然界"看成在人的劳动生产活动作用下的"生成过程"。

（五）关于社会历史现象或历史规律

面对"社会"或面对"历史"，马克思不仅肯定历史现象的人为性，说"人们自己创造自己的历史"，并且强调历史现象的继承性，说历史并不是"随心所欲地创造"、在人们自己"选定的条件下创造，而

---

① 《马克思恩格斯全集》第 3 卷，人民出版社 2002 年版，第 297 页。

是在直接碰到的、既定的、从过去承继下来的条件下创造"①（过程）。同时，马克思揭示了人类历史的残酷性，说"至今一切社会的历史都是阶级斗争的历史"②。他在历史著作《路易·波拿巴的雾月十八日》中深刻分析了"小农"这一特定历史现象：小农人数众多，他们的生活条件相同，但是彼此间并没有发生多种多样的关系。他们的生产方式不是使他们互相交往，而是使他们互相隔离。每一个农户差不多都是自给自足的，都是直接生产自己的大部分消费品，因而他们取得生活资料多半是靠与自然交换，而不是靠与社会交往。由于各个小农彼此间只存在地域的联系，由于他们利益的同一性并不使他们彼此间形成任何的共同关系、任何的全国性的联系、任何一种政治组织，所以他们之间就没有形成一个彼此发生关系的阶级。因此，他们不能以自己的名义来保护自己的阶级利益，他们不能代表自己，一定要别人来代表他们。他们的代表一定要同时是他们的主宰，是高高站在他们上面的权威，是不受限制的政府权力。所以，小农的政治影响表现为行政权力支配社会。

　　马克思在《共产党宣言》中初步揭示了作为横跨人类近现代时空的典型社会形态——资本主义社会这样的基本历史事实：抹去了一切向来受人尊崇和令人敬畏的职业的神圣光环，把医生、律师、教士、诗人和学者变成了可以出钱招雇的雇佣劳动者；生产的不断变革，一切社会状况不停地动荡，永远的不安定和变动，一切固定的僵化的关系以及与之相适应的素被尊崇的观念和见解都被消除了，一切新形成的关系等不到固定下来就陈旧了，一切等级的和固定的东西都烟消云散了，一切神圣的东西都被亵渎了。他在历史著作《1848年至1850年的法兰西阶级斗争》中针对当时各种"空论的社会主义"敏锐地提出"革命的社会主义"将会出现的一个"历史现象"即必须实行"无产阶级的阶级专政，这种专政是达到消灭一切阶级差别，达到消灭和这些生产关系相适应的社会关系，改变一切由这些社会关系产生出来的一切观念的必然的过渡阶段"③。他在《致约·魏德迈》中进一步把他关于阶级社会的历史规律思想概括为阶级的发展与一定历史阶段相联系、阶级斗争必然导致无产阶级专政、无产阶级专政属于达到消灭一切阶级和进入无阶级社会的过渡。

---

① 《马克思恩格斯选集》第1卷，人民出版社1995年版，第585页。
② 同上书，第272页。
③ 同上书，第461—462页。

马克思在《雇佣劳动与资本》《哲学的贫困》中从经济学角度揭示了人类社会历史的基本史实或基本规律：人们在生产中影响自然界的同时也相互影响；他们只有以一定的生产方式共同活动和相互交换其活动才能进行生产活动；为了进行生产，人们相互之间便发生一定的社会联系，由此构成"社会"，构成一个处于一定历史发展阶段上的社会即具有独特性质的社会。并且，"随着新生产力的获得，人们改变自己的生产方式，随着生产方式即谋生的方式的改变，人们也就会改变自己的一切社会关系。手推磨产生的是封建主为首的社会，蒸汽磨产生的是工业资本家为首的社会"，一言以蔽之，"人们生产力的一切变化必然引起他们的生产关系的变化"①，这是马克思新世界观所揭示的人类历史现象背后的最基本规律。

（六）"共产主义幽灵"或"共产党人的理论原理"

马克思在《共产党宣言》中集中而鲜明地宣示了自己的新世界观：一个幽灵，共产主义幽灵，在欧洲游荡；共产主义已经被欧洲的一切势力公认为一种势力；现在是共产党人向全世界公开说明自己的观点、自己的目的、自己的意图并且拿党的自己的宣言来反驳关于共产主义幽灵的神话的时候。他肯定"现代资产阶级本身是一个长期发展过程的产物，是生产和交换方式的一系列变革的产物"，"在历史上曾经起过非常革命的作用"。但是"随着大工业的发展，资产阶级赖以生产和占有产品的基础本身也就从它的脚底下被挖掉了。它首先生产的是它自身的掘墓人。资产阶级的灭亡和无产阶级的胜利同样是不可避免的"②。他提出"只有无产阶级是真正革命的阶级"。因为过去一切阶级在争得统治之后总是使整个社会服从于它们发财致富的条件，并以此来巩固自己已经获得的生活地位，而无产者只有废除现有的占有方式才能获得社会的生产力，它并没有什么自己的私有财产加以保护而必须摧毁用以保护和保障私有财产的一切。过去的一切运动都是少数人的运动或者为少数人谋利益的运动，而无产阶级的运动则是绝大多数人的、为绝大多数人谋利益的运动，并且消灭阶级对立存在的条件，消灭一切阶级本身的存在条件。他进而在《共产党宣言》中宣示了他的新世界观的最终目标，即"代替那存在着阶级和阶级对立的资产阶级旧社会的，将是这样一个

---

① 《马克思恩格斯选集》第 1 卷，人民出版社 1995 年版，第 142、152 页。
② 同上书，第 274、284 页。

联合体，每个人的自由发展为一切人自由发展的条件"，向全世界无产者发出呼吁："让统治阶级在共产主义革命面前发抖吧。无产者在这个革命中失去的只是自己的锁链。他们获得的将是整个世界。全世界无产者，联合起来！"这些论断不仅指出了新世界观的终极目标——建立用以代替阶级压迫的旧社会的新"联合体"，而且初步提出了实现这一目标的政治步骤是阶级"联合"。

（七）观察社会或历史的方法

马克思新世界观原初是直接以分析"社会"、分析"历史"的"方法"形式问世的，或者说新世界观的原初形态表现为一种如何认识"社会"或"历史"现象的思维方式。

马克思在《哲学的贫困》中提出了他观察历史的一个方法："研究每个世纪中人们的现实的、世俗的历史……就是把这些人既当成剧作者又当成剧中人物"，如此，就在社会历史领域"回到真正的出发点"。[①]

十年之后，他在《〈政治经济学批判〉导言》（以下简称为《导言》）中从正面以"政治经济学的方法"形式提出"人体解剖对于猴体解剖是一把钥匙"的论断，进而提出了"资产阶级经济为古代经济等等提供了钥匙"这一著名的研究人类历史的方法。他认为在一切社会形式中都有一种一定的生产决定其他一切生产的地位和影响，因而它的关系也决定着其他一切关系的地位和影响。这是一种普照的光，它掩盖了一切其他色彩，改变了它们的特点。这是一种特殊的以太，它决定着它里面显露出来的一切存在的比重。并且，他进而挑明"资本"作为一种独立的生产方式在现代社会处于"普照的光"位置。所有这些方法，都是马克思新世界观洞见"社会"现象或"历史"现象的"窍门"或"秘方"。

在《导言》发表四个月之后，马克思在《〈政治经济学批判〉序言》中则从"理解""判断""考察"人类社会或历史的"方法论"侧面公开"表述"了这个新世界观内容。

> 我的研究得出这样一个结果：法的关系正像国家的形式一样，既不能从它们本身来理解，也不能从所谓人类精神的一般发展来理解，相反，它们根源于物质的生活关系，这种物质的生活关系的总

---

① 《马克思恩格斯选集》第1卷，人民出版社1995年版，第147页。

和，黑格尔按照18世纪的英国人和法国人的先例，概括为"市民社会"，而对市民社会的解剖应该到政治经济学中去寻求……我所得到的、并且一经得到就用于指导我的研究工作的总的结果，可以简要地表述如下：人们在自己生活的社会生产中发生一定的、必然的、不以他们的意志为转移的关系，即同他们的物质生产力的一定发展阶段相适合的生产关系。这些生产关系的总和构成社会的经济结构，即有法律的和政治的上层建筑竖立其上并有一定的社会意识形式与之相适应的现实基础。物质生活的生产方式制约着整个社会生活、政治生活和精神生活的过程。不是人们的意识决定人们的存在，相反，是人们的社会存在决定人们的意识。社会的物质生产力发展到一定阶段，便同它们一直在其中运动的现存生产关系或财产关系（这只是生产关系的法律用语）发生矛盾。于是这些关系便由生产力的发展形式变成生产力的桎梏。那时社会革命的时代就到来了。随着经济基础的变更，全部庞大的上层建筑也或慢或快地发生变革。在考察这些变革时，必须时刻把下面两者区别开来：一种是生产的经济条件方面所发生的物质的、可以用自然科学的精确性指明的变革，一种是人们借以意识到这个冲突并力求把它克服的那些法律的、政治的、宗教的、艺术的或哲学的，简言之，意识形态的形式。我们判断一个人不能以他对自己的看法为根据，同样，我们判断这样一个变革时代也不能以它的意识为根据；相反，这个意识必须从物质生活的矛盾中，从社会生产力和生产关系之间的现存冲突中去解释。无论哪一个社会形态，在它所能容纳的全部生产力发挥出来以前，是决不会灭亡的；而新的更高的生产关系，在它的物质存在条件在旧社会的胎胞里成熟以前，是决不会出现的。所以人类始终只提出自己能够解决的任务，因为只要仔细考察就可以发现，任务本身，只有在解决它的物质条件已经存在或者至少是在生成过程中的时候，才会产生。①

马克思在《序言》中表述的这个观察人类社会历史的方法的逻辑层次可以这样分析：观察"法的关系"这类政治现象"既不能从它们本身来理解，也不能从所谓人类精神的一般发展来理解，相反，它们根源于物质的生活关系"，而对"物质的生活关系"的"解剖应该到政治经

---

① 《马克思恩格斯选集》第2卷，人民出版社1995年版，第32—33页。

济学中去寻求"；观察社会现象就要抓住社会基本结构即经济结构、政治结构和意识形态结构，其中"物质生活的生产方式制约着整个社会生活、政治生活和精神生活的过程""人们的社会存在决定人们的意识"；观察"变革时代"或社会变化"必须"依据该社会"现存生产关系或财产关系"同该社会"物质生产力"所发生的"矛盾"即它们"由生产力的发展形式变成生产力的桎梏"，而社会形态或生产关系更替的最终决定性因素是"生产力"因素；判断变革时代不能以它的意识（形式）为根据，倒是这个意识必须从物质生活的矛盾中，从社会生产力和生产关系之间的现存冲突中去解释。这里，所谓"不能以它的意识为根据"中的"意识"并非"唯物唯心"意义上的"意识"现象或"精神"现象，而是指该社会的"意识形态"即既包括统治阶级的价值观念，也包括他们对社会的粉饰或主观品评即"对自己的看法"，新世界观不仅反对以此作为判断历史或社会的依据，反而主张依据客观的或作为完成形态的"物质生活的矛盾"现象、"社会生产力和生产关系之间的现存冲突"去甄别或批判那些"意识"或"看法"本身。显然，这与是持"唯物主义"标准还是持"唯心主义"标准无涉。

马克思在《序言》中不仅给出了他自己观察历史的这些"秘诀"，并且给出了新世界观的具体所指，就是那已经过去了的亚细亚生产方式、古代生产方式、封建生产方式以及现代资产阶级生产方式可以被看作社会经济形态演进的几个历史时代，其中资产阶级生产关系（生产方式）是社会生产过程的最后一个对抗形式，但资产阶级社会的胎胞里所发展的生产力提供着解决这种对抗的物质条件，即为共产主义这一新社会（新生产方式）准备了物质条件。

第三部分

新世界观载体及其核心

第五章　《资本论》及其蕴含的新世界观核心

　　尽管马克思在《资本论》之前对新世界观作了多方面的研究与著述，但仅相当于一架新桥的"引桥"部分，只有《资本论》的成功创作及其手稿的写作才属于这个新世界观的"正桥"结构。马克思新世界观之所以被恩格斯等马克思主义经典作家定位为一个新型的思想系统或精神体系，一个重要的依据在于它是以马克思所构建的关于现代社会的一个系统而巨型的资本理论体系——政治经济学——为"载体"，而不是依托什么抽象思辨或逻辑演绎，也不是依托什么文化史或思想史，更不是什么零敲碎打或小打小闹，这个"载体"在整个思想史上都是罕见的。

　　《资本论》"浸透了马克思长达 40 余年的思考和探索"①、耗尽马克思一生心血，是"马克思的奠基性著作，马克思主义经济、社会政治和哲学知识的百科全书"②，是整个马克思主义的"首都"，无疑也是马克思新世界观的"首都"。恩格斯在谈到《资本论》第一卷时指出：这是马克思的主要著作，这部著作叙述了他的经济学观点和社会主义观点的基础以及他对现存社会、资本主义生产方式及其后果进行的批判的基本轮廓③。列宁认为，"只有马克思的经济理论，才阐明了无产阶级在整个资本主义制度中的真正地位"，"使马克思的理论得到最深刻、最全面、最详尽证明和运用的是他的经济学说"④。《资本论》是马克思系统地、整体地"通过批判旧世界发现新世界"的一部世界观杰作，是一

---

①　聂锦芳：《〈资本论〉再研究》，《光明日报》2008 年 4 月 29 日。
②　苏联科学院哲学研究所：《〈资本论〉哲学与现时代》，孙越生、沈真译，吉林人民出版社 1983 年版，第 507 页。
③　《马克思恩格斯选集》第 3 卷，人民出版社 1995 年版，第 333 页。
④　《列宁选集》第 2 卷，人民出版社 1995 年版，第 314、428 页。

部以"批判的武器"形式专门对资本主义①世界施行"总批判"——"评述资本主义制度"②的精神杰作，与马克思的"武器的批判"——重建和组织"国际工人协会"这一"工人阶级的战斗组织"相媲美。可以说，不到《资本论》中去"看"马克思新世界观，就没有进入马克思新世界观的"首都"，更不可能把握其中的"心脏"。的确，"对《资本论》表示惊讶的人多，读它的人少，对它表示钦佩的人多，能理

---

① 波普尔说，"资本主义"这个术语过于含糊，以致不能被用作一个确定的历史时期的名称。"资本主义"术语起初是在蔑视的意义上被使用的，通常指"有利于不劳动者获得巨额利润的体系"。然而，它同时也在一种中性的科学的意义上被使用，但却具有几种不同的含义。在马克思看来，只要一切生产资料的积累可以被命名为"资本"，我们甚至就可以说，"资本主义"在一定意义上是与"工业主义"等同的。在这一意义上，我们可以很正确地把共产主义社会描述为"国家资本主义"。波普尔建议用"无约束的资本主义"的名称去指马克思分析和命名的"资本主义"时期，以干预主义的名称去指我们自身的时期。"干预主义"的名称确实能够涵盖我们时代社会工程的三种类型：俄国的集体主义的干预主义、瑞典等一些"小民主国家"和美国新政中的民主的干预主义，以及军事化经济中的法西斯主义方法。马克思所说的"资本主义"——无约束的资本主义——在 20 世纪已经彻底"消亡"（［英］卡尔·波普尔：《开放社会及其敌人》第 2 卷，郑一明等译，中国社会科学出版社 1999 年版，第 223 页注②）。重田澄男指出：1850 年前后开始得到使用的资本主义（kapitalismus）概念，一开始只不过被当作"资本"（Kapital）概念或者"资本家"（kapitalist）概念的同义词来运用。直到在马克思那里，这个概念才获得了一种抽象的意义，但是还没有形成最终的术语形式。在表达现代社会中的生产方式的独特历史形态时，马克思阐发了"资本主义生产方式"（kapitalistische produktionsweise）这一术语，马克思凭借这一术语能够清楚地阐明"现代社会的经济运动规律"。随后，谢夫莱、霍布森和桑巴特等人以马克思开创的结构性阐述——"资本主义生产方式"概念为基础，各自提出了对这一概念的定义。由此他们深化了"资本主义"这一术语的含义，他们不再把这一术语直接当作某种特定的生产方式的表达。确切地说，他们把"资本主义"理解为现代社会的总体经济制度，这一总体经济制度受到一定的关键原因的制约，而每一个这样的关键原因又都会塑造出另外的一些关键原因（［日］重田澄男：《"资本主义"概念的起源和传播》，卫华译，《国外理论动态》2011 年第 2 期）。丹尼尔·贝尔说，资本主义是这样一个社会经济系统：它同建立在成本核算基础上的商品生产挂钩，依靠资本的持续积累来扩大再投资。然而，这种独特的新式运转模式牵涉着一套独特文化和一种品格构造。在文化上，它的特征是自我实现，即把个人从传统束缚和归属纽带（家庭或血统）中解脱出来，以便他按照主观意愿"造就"自我（［美］丹尼尔·贝尔：《资本主义文化矛盾》，赵一凡、蒲隆、任晓晋译，重庆出版社 1989 年版，第 25 页）。康芒斯说：资本主义不是一种单独的或者静态的概念。它是一种进化的概念，包括三个历史的阶段——商业资本主义、工业资本主义、金融资本主义（［美］康芒斯：《制度经济学》下册，于树生译，商务印书馆 1962 年版，第 439 页）。

② 《马克思恩格斯全集》第 18 卷，人民出版社 1964 年版，第 100 页。

解它的人少"①。

一　《资本论》写作计划及公开出版的异动过程分析

从马克思本人的著述看，他多次谈到《资本论》的写作计划。1857 年 8 月中旬，马克思第一次在关于《1857—1858 年经济学手稿》的"导言"中说到他的经济学著作的写作安排：第一是属于一切社会形式的"一般的抽象的规定"，第二是形成资产阶级社会内部结构并且成为基本阶级的依据的"范畴"包括"资本""雇佣劳动""土地所有制"及其"三大社会阶级"等，第三是"资产阶级社会在国家形式上的概括"包括"非生产"阶级、税、国债、共同信用、人口、殖民地、向外国移民，第四是"生产的国际关系"包括国际分工、国际交换、输出和输入、汇率，第五是"世界市场和危机"。可以说，他的"政治经济学批判"原计划包括五篇，其中第一、第二篇即后来出版的《资本论》三卷。

1858 年 2 月 22 日，马克思在《致斐·拉萨尔》中第二次谈到他的整个著述及《资本论》的撰写计划：（1）资本；（2）地产；（3）雇佣劳动；（4）国家；（5）国际贸易；（6）世界市场；另外还包括对其他经济学家进行批判，但政治经济学和社会主义的批判和历史应当作为另一部著作。这表明，马克思"政治经济学批判"著作计划分六个分册出版，其中第一分册包括价值、货币、资本一般即现在出版的《资本论》三卷；除了"政治经济学批判"著作之外，马克思的全部著述还包括"政治经济学和社会主义的批判和历史"（后来的"政治经济学说史""科学社会主义"就分别属于其中的部分）和"经济范畴或经济关系的发展的简短历史概述"。这样，进入"不惑"之年的马克思没有在他的全部著述计划里安排专门的"哲学"著述。

1858 年 4 月 2 日，马克思在《致恩格斯》中第三次谈到他整个著述及《资本论》的撰写计划即资本、地产、雇佣劳动、国家、国际贸易、世界市场，这与《致斐·拉萨尔》中的写作计划没有差别。

1859 年 2 月，马克思在《致约·魏德迈》中第四次谈到他的《政

---

① ［德］梅林：《德国社会民主党史》第 3 卷，生活·读书·新知三联书店 1965 年版，第 293 页。

治经济学批判》撰写计划：把他的全部政治经济学分为六册，其中第一册是"资本"并分成四篇。第一篇为资本一般共分三章包括"商品""货币或简单流通""资本"。这一次与上次内容计划相同，只是在"第一册"的内容安排上用"商品"取代了上次安排中的"价值"。

1866 年 10 月，马克思在《致库格曼》中第一次直接谈到他的《资本论》撰写安排。他计划把《资本论》分成三卷四册，其中第一卷包括头两册即"资本的生产过程""资本的流通过程"，第二卷即第三册资本"总过程的各种形式"，第三卷即第四册"理论史"。马克思在这里计划把"资本的生产过程""资本的流通过程"合为"第一卷"，把资本"总过程的各种形式""编作第二卷"，把《资本论》的理论史部分"编作第三卷"即后来经考茨基编辑为"《资本论》第四卷"——《剩余价值理论》三册于 1905—1910 年出版。

1867 年 4 月，马克思在《致齐·迈耶尔》中第二次直接谈到《资本论》撰写计划，说"第一卷包括第一册：《资本的生产过程》。这无疑是向资产者（包括土地所有者在内）脑袋发射的最厉害的炮弹"[1]。"书名是：《资本论。政治经济学批判》……第一卷包括《资本的生产过程》。除了一般理论上的阐述，我还根据从来没有被利用过的官方材料非常详尽地叙述了英国农业和工业无产阶级最近 20 年的状况，以及爱尔兰的状况。您从一开始就会了解，我只不过是把所有这一切当做令人信服的证据。我希望整部著作能够在明年这个时候出版。第二卷是理论部分的续篇和结尾，第三卷是十七世纪中叶以来的政治经济学理论史。"[2] 这里与《致库格曼》有所不同：除了《资本论》第三卷的安排没有变动之外，其他两卷出现了变动：马克思把"资本的生产过程"单列为一卷即当年出版的《资本论》第一卷，把"资本的流通过程"与资本"总过程的各种形式"并为一卷即《资本论》"第二卷"，也就是相当于经恩格斯编辑于 1885 年 5 月和 1894 年 10 月出版的《资本论》第二、三卷。这种"变动"表明，马克思突出"资本的生产过程"，即剩余价值的性质与起源问题这一"向资产者脑袋发射的最厉害的炮弹"。这正是马克思新世界观的"心脏"部位。

显然，恩格斯在马克思谢世后编辑出版的《资本论》第二、三卷和经考茨基编辑出版的《资本论》第四卷与马克思生前对整个《资本论》

---

① 《马克思恩格斯全集》第 31 卷下册，人民出版社 1972 年版，第 542—543 页。
② 《马克思恩格斯文集》第 10 卷，人民出版社 2009 年版，第 253—254 页。

的撰写安排发生了变动，这个"变动"表明：马克思资本学说或新世界观的原始创作过程不仅呈现了马克思对它的原创功劳，并且留下了新世界观的合作者、后续者对它的不可磨灭的历史贡献，尽管他们之间在这个巨大的创作过程中发生了一定程度的异动。

二 超越"经济人"利己心的人性归结，历史分析商品世界

资本家是依凭其钱袋的胖鼓而挣得屁股下的政权宝座的，资本主义社会形态是通过资本或金钱的不断输出叩开世界历史的大门而居于世界近现代史中心的。斯密（Adam Smith，1723—1790）作为古典资本主义的代言人，在《国民财富的性质和原因的研究》中第一次系统地阐述了这个世界的经济学根据。

他在《国民财富的性质和原因的研究》中正确地把人们天赋上的差异归根于职业分工或后天的造化，认为人们天赋才能的差异实际上并不像我们所感觉的那么大。在多数场合，人们壮年阶段在不同职业上表现出来的极不相同的才能与其说是分工的原因，倒不如说是分工的结果或源于后天的习惯、风俗与教育。正是"分工"造成了人类"互通有无、物物交换和互相交易的倾向"，而这种"倾向"是"为人类所共有，亦为人类所特有，在其他各种动物中是找不到的"①。他把这种"为人类所特有"的"倾向"归源于人类同胞的"利己心"或"利己的打算"。他认为，就像小犬要得食便向母犬百般献媚、家狗要得食便做出种种娇态以唤起食桌上主人的注意一样，人类同胞有时也采取这种手段，只是一个人采取这种手段以博得几个人的好感。人类在文明社会中随时有取得多数人的协作和援助的必要，但仅仅依赖他人的恩惠是行不通的。"我们每天所需的食料和饮料，不是出自屠夫、酿酒家或烙面师的恩惠，而是出于他们自利的打算。我们不说唤起他们利他心的话，而说唤起他们利己心的话。我们不说自己有需要，而说对他们有利。"②他在《道德情操论》中进一步对这种"利己心"予以"抽象"成一种"天理"，

① ［英］斯密：《国民财富的性质和原因的研究》上卷，郭大力、王亚南译，商务印书馆1972年版，第15、13页。
② 同上书，第13—14页。

即"每个人生来首先和主要关心自己；而且，因为他比任何其他人都更适合关心自己，所以他如果这样做的话是恰当和正确的。因此每个人更加深切地关心同自己直接有关的、而不是对任何其他人有关的事情"①。他的精神导师休谟对此说得更直白："人类因为天性是自私的，或者说只赋有一种有限的慷慨，所以人们不容易被诱导了去为陌生人的利益作出任何行为，除非他们想要得到某种交互的利益，而且这种利益只有通过自己作出有利于别人的行为才有希望可以得到的。"② 之后的马歇尔则把斯密所假定的这种拥有"利己心"的人明确概括为"经济人"即"所谓经济人就是他不受道德的影响，而是机械地和利己地孜孜为利"③，科斯认为"西方经济学在很大程度上是研究私有制的"④。

斯密认定人类职业"分工"不仅造成"交易"倾向，并且促成商品社会。他认为一个人自己劳动的生产物在分工条件下只能满足自己需要的极小部分，其余大部分需要必须通过他所消费不了的剩余产物去交换自己所需要的别人劳动生产物的剩余部分来满足。这样，一切人都要依赖交换而生活，一切人在一定程度上都是生意人，整个社会也成为商业社会。商品"交易"过程自然形成交易"法则"，而这些"法则"又"决定所谓商品相对价值或交换价值"。他认为商品的价值有两种——"使用价值"即表示特定物品的效用和"交换价值"即表示由于占有某物而取得的对他种货物的购买力。

斯密认为衡量一切商品交换价值的"真实尺度"是"劳动"，"劳动是第一性价格，是最初用以购买一切货物的代价。世间一切财富，原来都是用劳动购买而不是用金银购买的。所以，对于占有财富并愿用以交换一些新产品的人来说，它的价值，恰恰等于它使他们能够购买或支配的劳动量"⑤。并且对于那种需要非凡的技巧和智能的劳动生产物应该给予较高的价值即超过他劳动时间所应得的价值，对于那些有技能的人的生产物给予较高的价值，对于特别艰苦的工作和特别熟练的劳动也

① ［英］斯密：《道德情操论》，蒋自强、钦北愚、朱钟棣、沈凯璋译，商务印书馆1997年版，第101—102页。
② ［英］休谟：《人性论》下册，关文运译，商务印书馆1980年版，第559—560页。
③ ［英］马歇尔：《经济学原理》上卷，朱志泰译，商务印书馆1964年版，第11—12页。
④ 高小勇、汪丁丁：《专访诺贝尔经济学奖得主——大师论衡中国经济与经济学》，朝华出版社2005年版，第55页。
⑤ ［英］斯密：《国民财富的性质和原因的研究》上卷，郭大力、王亚南译，商务印书馆1972年版，第26页。

要在劳动工资上予以体现，这样对劳动按质论价才有利于社会的文明进步。

他认为商品价值（即"交换价值"）或国民收入有三个"来源"，也就是构成一国全部劳动年产物的一切商品价格由"劳动工资""土地地租""资本利润"三个部分构成，社会上一切其他收入都最终来源于这些工资、地租、利润中的某一个，并且任何人的收入只要来自自己的资源，那他的收入就一定来自他的劳动或资本或土地，来自劳动的收入即"工资"，来自运用资本的收入即"利润"，来自资本不自用而转借他人获得的收入即"利息"。李嘉图（David Ricardo，1772—1823）则提出"价值"（即"交换价值"）有"两个泉源"，一个是获取具有效用的商品所必需的"劳动量"，另一个是这种商品的"稀少性"，甚至"有些商品的价值，单只由它们的稀少性决定。劳动不能增加它们的数量，所以它们的价值不能由于供给增加而降低。属于这一类的物品，有罕见的雕像和图画，稀有的书籍和古钱，以及只能在数量极为有限的特殊土壤上种植的葡萄所酿制的特殊葡萄酒等。它们的价值与原来生产时所必需的劳动量全然无关，而只随着希望得到它们的人的不断变动的财富和嗜好一同变动"①。

显然，整个古典经济学关于商品价值的概念实际上被混同于"交换价值"概念而没有真正严格意义上的"价值"概念。正如约翰·穆勒（John Stuart Mill，1806—1873）所指出的，"价值一词在没有附加语的情况下使用时，在政治经济学上，通常指交换价值。或者按照亚当·斯密及其后继者的说法，指可交换的价值"②。

马克思在《资本论》及其手稿中扬弃了斯密、李嘉图等古典经济学家的世界观，不是像他们那样把商品主人的利己行为归结为人类的本能"倾向"或"利己心"，而是像物理家为了测量物体的磁力需要排除地球的引力一样，把这些所谓的本能"倾向"或"利己心"做了经济学上的排除，将商品主人的利己行为归结为商品和商品生产的内在矛盾性；不是像他们那样把资本主义商品经济行为抽象化或永恒化，而是"考察"它的逻辑起点和历史形式。

《资本论》开首就肯定"资本主义"社会表现为"庞大的商品堆

①　［英］彼罗·斯拉法：《〈李嘉图著作和通信〉集·第一卷·政治经济学及赋税原理》，郭大力、王亚南译，商务印书馆 2009 年版，第 6 页。
②　［英］约翰·穆勒：《政治经济学原理》上卷，赵荣潜、桑炳彦、朱泱、胡企林译，商务印书馆 1997 年版，第 492 页。

积"，单个商品表现为其社会"元素"即"财富要素"，正如马克思在《政治经济学批判》中所指出的，"人们彼此间的世界主义的关系最初不过是他们作为商品所有者的关系。商品就其本身来说是超越一切宗教、政治、民族和语言的限制的"①。因而，要深刻认识"资本主义世界"首先就必须聚焦于这个世界的母本——"商品世界"。马克思在《资本论》里正是从劳动产品在现代社会所表现的最简单的社会形式即"商品"出发，而不是从传统经济学中流行的概念或"价值"概念出发。那么，如何剖析"商品"现象呢？

马克思继承了斯密、李嘉图等人的经济理论成果，肯定商品的"二因素"，但他用"价值"概念取代了古典经济学家们的"交换价值"概念，并对商品这一因素予以了一番新的剖析。一方面，他揭示出商品价值"质"的规定性或称之为"同一的幽灵般的对象性"。就是说，商品价值作为其"质"的规定性属于无差别的人类劳动的单纯凝结或撇开各种具体形式之后的人类劳动力耗费的单纯凝结，它属于人类社会实体的"结晶"。马克思在 1858 年 4 月 2 日《致恩格斯》信中挑明"价值本身除了劳动本身没有别的任何'物质'"。他在《经济学手稿（1857—1858 年）》中明确断定商品的价值属于"商品的社会关系""商品的经济上的质"，《资本论》第一卷第二版注对商品的"价值"因素做了这样的补充：当加利阿尼说价值是人和人之间的一种关系时，他还应当补充一句：这是被物的外壳掩盖着的关系。

另一方面，他提出了商品价值"量"的规定性即"平均必要劳动时间"或"社会必要劳动时间"，《经济学手稿（1857—1858 年）》提出"一切商品（包括劳动）的价值（实际交换价值），决定于它们的生产费用，换句话说，决定于制造它们所需要的劳动时间。价格就是这种用货币来表现的商品交换价值"②。

通过商品"二因素"特别是价值量的分析，马克思揭示了商品生产的价值规律。一是价值的生产或确定即商品价值量由生产该商品的劳动时间决定，准确地说由生产该商品的社会必要劳动时间决定，因而商品价值量与物化在商品中的劳动量成正比，与生产商品的劳动生产力成反比；二是价值的交换即几个含有等量劳动或在同样劳动时间内所生产的商品价值量相同，一种商品同其他任何一种商品在价值上的比例就是前

---

① 《马克思恩格斯全集》第 13 卷，人民出版社 1962 年版，第 142 页。
② 《马克思恩格斯全集》第 30 卷，人民出版社 1995 年版，第 84—85 页。

者的生产必要劳动时间同后者的生产必要劳动时间之间的比例；三是价值的实现即商品的价格受供求关系影响而围绕价值上下波动。就是说，随着价值量转化为价格，商品的价值与价格之间的关系表现为商品与它之外的货币之间的交换比例，这种交换比例可以表现商品的价值量，也可以大于或小于该商品的价值量，商品一般就是按大于或小于它的价值量让渡的。价格和价值量之间在量上这种偏离或价格围绕着价值这个轴心发生波动的可能性包含在价格形式本身之中。这个（一般的）价值规律是商品经济的基本规律。

马克思进一步分析了商品"二因素"的成因即生产商品的劳动"二重性"。《资本论》在《政治经济学批判》关于"生产交换价值的劳动是抽象一般的和相同的劳动，而生产使用价值的劳动是具体的和特殊的劳动"① 的结论基础上进一步阐明：一切劳动作为人类劳动力在生理学意义上的耗费或者说相同的抽象人类劳动这个属性来说形成商品价值，另一方面作为人类劳动力在特殊的有一定目的的形式上的耗费或者说具体的有用劳动这个属性生产使用价值。

马克思在分析商品世界过程中并没有到此为止，而是"对早先的历史生产方式"作"历史考察"，进一步追溯商品"二因素"、商品生产劳动的"二重性"的深刻原因。

他从"价值形式或交换价值"入手详细地分析了人类商品交换和商品生产如何从"简单的、个别的或偶然的价值形式"到"总和的或扩大的价值形式""一般价值形式"和"货币形式"的演进过程。通过这样的"资产阶级学从来没有打算做"的"琐碎"分析，马克思发现了现代资本主义商品经济或"货币形式"起源于人类文明之初的最简单价值形式或商品经济即"物物交换"，提出简单的商品形式是货币形式的"胚胎"，"商品生产的生产关系"属于"历史上一定的社会生产方式"，只是"在资本主义生产的基础上，商品生产才表现为生产的标准的、占统治地位的性质"②，"鲁滨逊孤岛""欧洲昏暗的中世纪"和（未来的）"自由人联合体"都不存在商品交换或商品生产。所以，"资本关系只有在社会的经济发展即社会生产关系和社会生产力发展的一定的历史阶段上才能出现。它从一开始就表现为历史上一定的经济关系，

---

① 《马克思恩格斯全集》第 13 卷，人民出版社 1962 年版，第 24 页。
② 《马克思恩格斯文集》第 6 卷，人民出版社 2009 年版，第 40 页。

表现为属于经济发展即社会生产的一定的历史时期的关系"①。这就阐明资本主义生产方式起始于以"货币形式"为符号的商品经济，从而破除了资产阶级经济学把资本主义生产方式"天然"化、"永恒"化的迷信。

由于劳动产品被打上商品烙印、商品以其物的形式掩盖了私人劳动的社会性质以及私人劳动者之间的社会关系，马克思基于"价值形式"的这种"琐碎"分析进一步"深挖"商品生产者的劳动产品"采取商品形式"（即具有"二因素"）、商品生产劳动具有"二重性"的社会原因。

一是商品生产主体是"私人生产者"。"以交换价值和货币为媒介的交换，诚然以生产者互相间的全面依赖为前提，但同时又以生产者的私人利益完全隔离和社会分工为前提"②，"他们必须彼此承认对方是私有者"③。因而商品形式和它借以得到表现的劳动产品的价值关系同这种劳动产品的物理性质及由此产生的物的关系完全无关，而只是由人们自己的社会关系造成的，商品世界的拜物教性质正是来源于生产商品的劳动所特有的商品生产者之间的社会关系或社会性质。正是这种特有的"社会关系"或"社会性质"即生产者的私人性或生产劳动的私人性使普通的物品成为商品，因为这种普通物品是彼此独立进行的私人劳动的产品，这类各个私人劳动的总和构成社会总劳动，但由于这些私人生产者只有通过交换他们的劳动产品才发生彼此之间的社会接触，因而，他们的私人劳动的特殊的社会性质只能借助这种劳动产品的交换媒介才表现出来。这样，私人劳动的社会关系在生产者面前直接呈现出来的形式不是他们之间的"社会关系"而是他们之间的物的关系或物之间的关系。

二是商品生产者的私人劳动内含着"私人劳动"与"社会劳动"之间的又对立又统一关系。劳动产品出现有用物和价值物的分裂发生一定的历史时期即商品交换已经普遍、为交换而生产、物的价值性质被人们普遍认同这么一个特定背景。在这样的社会环境下，各个生产者的私人劳动才获得了二重的社会性质：生产者的私人劳动只有作为某种有用劳动来满足一定的社会需要才能证明其作为总劳动组成部分、属于社会

---

① 《马克思恩格斯全集》第 32 卷，人民出版社 1998 年版，第 42 页。
② 《马克思恩格斯文集》第 8 卷，人民出版社 2009 年版，第 52 页。
③ 《马克思恩格斯文集》第 5 卷，人民出版社 2009 年版，第 103 页。

分工体系的部分，同时，各个特殊的有用的私人劳动只有能同任何另一种有用的私人劳动交换并等价，这些私人劳动才能满足各个生产者本人的自身需要，而各个完全不同的劳动之所以相等是因为这些劳动的具体差别被抽象掉而作为人类劳动力的耗费即抽象劳动使之可以相互比较。当然，私人生产者对他们私人劳动的这种二重的社会性质的意识只是本能地体现在实际交易过程，只有马克思这样的思想家或科学家才把这些奥妙系统地表述出来。

马克思在《资本论》手稿中还从商品交换或流通的角度论述了私人劳动与社会劳动或使用价值与价值（交换价值）之间的对立统一关系。商品流通属于这样一种社会活动，商品生产者的产品成为交换价值（货币）即社会产品，而社会产品又成为自己的产品。虽然一方生产的商品具有使用价值，但不是他直接消费的对象而是直接的交换价值的载体，只有当它在货币上取得一般社会产品的形式而实现在另一方不同质的劳动的具体形式上，它才能成为自己的生活资料。于是，一方只有为社会生产才是为自己生产，而社会的每个成员作为另一方在其他领域中为我劳动。"交换的主体生产各种不同的商品，以适应各种不同的需要；如果说每个人依赖于一切人的生产，那么一切人也依赖于每个人的生产，他们由此而互相补充；因此，单个人的产品，按照个人占有的价值的大小，通过流通过程而成为参加社会总生产的手段。"① 商品生产者的这种"私人劳动"与"社会劳动"之间的又对立又统一关系用伦理学的语言来表达，就是每个人为另一个人服务其目的是为自己服务，每一个人都把另一个人当作自己的手段互相利用，每个人是手段同时又是目的，而且只有成为手段才能达到自己的目的，只有把自己当作自我目的才能成为手段。

这样，斯密所谓商品世界的"交易"来源于人们的本能倾向，而这种本能倾向又来源于人们的"利己心"的"经济人"假设这样的人性抽象，就被马克思的商品生产劳动的二重性理论超越了。恩格斯对马克思这一理论贡献做了这样的评价："经济学研究的不是物，而是人和人之间的关系，归根到底是阶级和阶级之间的关系；可是这些关系总是同物结合着，并且作为物出现。诚然，这个或那个经济学家在个别场合也曾觉察到这种联系，而马克思第一次揭示出这种联系对于整个经济学的意义，从而使最难的问题变得如此简单明了，甚至资产阶级经济学家现

---

① 《马克思恩格斯全集》第31卷，人民出版社1998年版，第353页。

在也能理解了。"①

三　揭示剩余价值的性质和起源，论证资本主义
社会产业无产阶级对社会财富的绝对贡献

　　马克思通过对"商品世界"这一层面的分析，系统阐明了商品经济规律主要是价值规律，这是出于解剖"资本世界"的经济元素即资本的细胞，寻觅"资本世界"的逻辑起点，用马克思的话说是先对资本主义社会做"猴体解剖"，以创立一个对资本主义本身做"人体解剖"的参照系或比较物。那么，资本世界不同于商品世界的"秘密"或真相有些什么呢？

　　马克思之前就有学者探索过资本世界的秘密问题。斯密把"雇主的利润"归原于"劳动者对原材料增加的价值"，认为资本一经在个别人手中积聚起来便把资本投在劳动者身上让他们劳作，资本家通过劳动生产物的售卖或劳动对原材料增加的价值而获得利润。这种利润分为两个部分，一部分是支付劳动者的工资，另一部分是支付雇主的利润以酬报他那垫付原材料和工资的全部资本。他还提出"生产性劳动"概念，说"雇用许多工人，是致富的方法，维持许多家仆，是致贫的途径"②。同时，他又认为以地租为生、以工资为生和以利润为生这三种人构成文明社会的三个"基本阶级"，国民财富的来源是"三分天下"。

　　李嘉图则在《政治经济学及赋税原理》中提出商品价值与生产商品劳动量之间成"比例"关系，工人"工资"与资本"利润"之间成"反比例"关系，认为一切工业制造品的价格涨落都与生产所必需的劳动量的增减成比例，商品的全部价值只分成两部分即资本利润与劳动工资，在谷物和工业制造品按照同一价格出售的条件下，这两部分之间成反比关系。约·威尔逊在以笔名莫·马利昂发表的《国民困难的原因及其解决办法》中则明确把资本家的利润归源于工人的剩余劳动："无论资本家得到的份额有多大，他总是只能占有工人的剩余劳动"，"如果没有剩余劳动，就不可能有剩余产品，因此就没有资本"③，"支付给资

---

　　①　《马克思恩格斯文集》第2卷，人民出版社2009年版，第604页。
　　②　［英］斯密：《国民财富的性质和原因的研究》上卷，郭大力、王亚南译，商务印书馆1972年版，第304页。
　　③　《马克思恩格斯全集》第32卷，人民出版社1998年版，第230页。

本家的利息，无论是采取地租、借贷利息的性质，还是采取企业利润的性质，都是用别人的劳动来支付的"①。然而，尽管这些经济学家研究了地租、利润等剩余价值的具体形式，但"从来没有超出通常关于利润和地租的概念，从来没有把产品中这个无酬部分，就其总和即当作一个整体来研究过，因此，也从来没有对它的起源和性质，对制约着它的价值的以后分配的那些规律有一个清楚的理解"②。

马克思在他们的基础上以高度的理论分析力和抽象力详细地、系统地阐述了剩余价值的性质与起源，和盘托出了资本世界的真相。

在寻觅资本世界的奥秘过程中，马克思依凭他在商品世界中阐明的商品经济规律即价值规律的普遍性和必然性追问：拿某个国家的所有资本家和他们在一年内所进行的买和卖的总和来说，虽然某一个人可能欺骗了另一个人而从流通中取得了比他投入的价值更大的价值，但是，流通中的资本价值总额不会因这一活动而有丝毫增加，整个资本家阶级作为一个阶级不可能因为一个人得到了另一个人所失去的东西而发财致富，使他们的总资本增大。整个阶级是不能自己欺骗自己的。流通中的资本的总额不可能因资本的个别组成部分在其所有者中间进行不同的分配而增大。那么，整个资本家阶级的"发财致富"发生在哪里呢？马克思根据商品价值规律的等价交换法则在经济学逻辑上推定，这一现象不会直接发生在交换者之间的价值量博弈过程中，而只能从这种商品的使用价值本身即在这种商品的使用中产生。要从商品的使用上取得价值，我们的货币所有者就必须在流通领域内即在市场上发现这样一种商品，它的使用价值本身具有成为价值源泉的特殊属性，因此，它的实际使用本身就是劳动的对象化，从而是价值的创造，货币所有者在市场上找到了这种特殊商品——"劳动能力或劳动力"即"自由的工人"③。马克思在这里分析资本获取利润的原因不同于前人的地方在于他的世所罕见的"抽象力"：不是从资本获利的派生形态如利润、利息、地租等而是从其"一般形态"即绝对形式——"剩余价值"入手，判定商品"流通领域"只是提供或准备了剩余价值产生的前提条件（即"自由的工人"）而不是剩余价值产生的"原始出处"。"剩余价值的出生地是生产领域，不是流通领域。"④

① 《马克思恩格斯全集》第26卷第3册，人民出版社1974年版，第262页。
② 《马克思恩格斯文集》第5卷，人民出版社2009年版，第33页。
③ 同上书，第194—195、197页。
④ 参见《马克思恩格斯文集》第6卷，人民出版社2009年版，第399页。

那么，剩余价值是如何产生的呢？马克思依凭他那高度的逻辑思辨力澄清了前人在这个问题上的谜团或雾水，如"使用价值""交换价值""货币"和"价值"之间关系，"固定资本"和"流动资本"之间关系，"地租、利润、利息"与"剩余价值"之间关系的模糊认识，廓清了"劳动的价值"等似是而非的概念，创立了一系列崭新概念如"抽象劳动与具体劳动""可变资本与不变资本""劳动力价值"等，在科学上还原了剩余价值生产的逻辑过程：（交换中的）劳动力的价值和劳动力在劳动过程中的价值增殖，是两个不同的量，资本家购买劳动力时，正是看中了这个价值差额。劳动力这个具有决定意义的商品具有独特的使用价值，这就是它不仅是自身价值的源泉，并且是大于它自身的价值——资本增殖的源泉，这就是资本家希望劳动力提供的独特的服务。"劳动力发挥作用的结果，不仅再生产出劳动力自身的价值，而且生产出一个超额价值。这个剩余价值就是产品价值超过消耗掉的产品形成要素即生产资料和劳动力的价值而形成的余额"，并且工人"把新价值加到劳动对象上和把旧价值保存在产品中，是工人在同一时间内达到的两种完全不同的结果（虽然工人在同一时间内只劳动一次），因此很明显，这种结果的二重性只能用他的劳动本身的二重性来解释。在同一时间内，劳动就一种属性来说必然创造价值，就另一种属性来说必然保存或转移价值"①。由于"工资"作为资本家的预付资本在生产过程中改变自己的价值，就是再生产劳动力价值（"工资"）的等价物和一个超过这个等价物的余额——剩余价值，并且由于这个剩余价值本身是可以变化的，马克思把这部分资本称为"可变资本"；由于作为生产资料的那部分资本在生产过程中并不改变自己的价值量，马克思把它称为"不变资本"。他进而把作为可变资本的价值增殖或剩余价值量称为"剩余价值率"即工人受雇主的剥削率，把工人在生产劳动力日价值的工作日部分称为"必要劳动时间"，把在这部分时间内耗费的劳动称为"必要劳动"，把工人超出必要劳动界限的做工时间称为"剩余劳动时间"，把这段时间内耗费的劳动称为"剩余劳动"。

通过对"剩余价值"或"剩余劳动时间"或"剩余劳动"这样鞭辟入里的科学分析，马克思得出了两个重要结论：一是作为劳动过程和价值形成过程的统一，资本主导下的这种生产过程构成商品生产过程；作为劳动过程和价值增殖过程的统一，资本主导下的这种生产过程构成

---

① 《马克思恩格斯文集》第 5 卷，人民出版社 2009 年版，第 242、232 页。

资本主义生产过程，即商品生产的资本主义形式，也就是把资本主义生产或"商品生产的资本主义形式"与一般商品生产或简单商品生产区别开来；二是"使各种经济的社会形态例如奴隶社会和雇佣劳动的社会区别开来的，只是从直接生产者身上，劳动者身上，榨取这种剩余劳动的形式"①，正是剩余价值的不同榨取形式把资本主义社会这个典型的阶级社会与历史上的其他阶级社会区分开来。马克思在《资本论》第一卷第八章"工作日"、第二十四章"所谓原始积累"中对这个"雇佣劳动的社会"即"资本世界"予以了尖锐而无情的抨击：

> 　　资本只有一种生活本能，这就是增殖自身，获取剩余价值，用自己的不变部分即生产资料吮吸尽可能多的剩余劳动。资本是死劳动，它像吸血鬼一样，只有吮吸活劳动才有生命，吮吸的活劳动越多，它的生命就越旺盛。
>
> 　　资本由于无限度地盲目追逐剩余劳动，像狼一般地贪求剩余劳动，不仅突破了工作日的道德极限，而且突破了工作日的纯粹身体的极限。
>
> 　　生产剩余价值或榨取剩余劳动，是资本主义生产的特定内容和目的。
>
> 　　资本害怕没有利润或利润太少，就像自然界害怕真空一样。一旦有适当的利润，资本就胆大起来。如果有10%的利润，它就保证到处被使用；有20%的利润，它就活跃起来；有50%的利润，它就铤而走险；为了100%的利润，它就敢践踏一切人间法律；有300%的利润，它就敢犯任何罪行，甚至冒绞首的危险。如果动乱和纷争能带来利润，它就会鼓励动乱和纷争。

为了彻底摸清资本世界的本质，马克思还从社会历史的角度即社会经济、政治和文化（主要是生产力、生产关系方面）进一步追溯了剩余价值的起源即"资本原始积累"，查其"祖宗"。

斯密在资本的起源即"资本原始积累"问题上的观点在西方是很有代表性的。他说："资本增加，由于节俭；资本减少，由于奢侈与妄为。一个人节省了多少收入，就增加了多少资本。这个增多的资本，他可以亲自投下来雇用更多的生产性劳动者，亦可以有利息地借给别人，使其

---

① 《马克思恩格斯文集》第5卷，人民出版社2009年版，第251页。

能雇用更多的生产性劳动者。个人的资本,既然只能由节省每年收入或每年利得而增加,由个人构成的社会的资本,亦只能由这个方法增加。"① 这种"解释"仅仅"描述"了资本积累过程中的某些细节或历史时段或场合或单个资本家个别情形,但没有触及事情的"根"与"源"。马克思在《资本论》及其手稿中没有重复这类"儿童故事"或"田园诗",而是对资本的起源或作为一种生产关系代表——剩余价值起源问题做了历史大手笔的批判分析。

——从社会历史中的经济结构或生产关系入手。马克思认为货币和商品并非一出现便是资本,它们只有在一定的历史条件即既能买到劳动的客观条件又能用货币从已经自由的工人那里换到活劳动这种情况下才转变成为资本。资本主义生产的前提是在流通中、在市场上找到只有出卖自己的劳动能力才能生存的自由工人或劳动力卖者,因而作为一种独立的生产方式的资本关系从一开始形成就意味着它只有在社会的经济发展即社会生产关系和社会生产力发展的一定的历史阶段上才能出现,"从一开始就表现为历史上一定的经济关系,表现为属于经济发展即社会生产的一定的历史时期的关系"②。资本的这种经济关系形成过程具体表现为由个人的分散的生产资料转变为社会集中的生产资料,由多数人的小财产转变为少数人的大财产。因此,资本原始积累的实质在于直接生产者的被剥夺或以自己劳动为基础的私有制的解体而代之以雇佣劳动为基础的私有制。如英国的农地自《圈地法》颁布之后被大量圈占,累计圈占的面积在1800—1810年达到700万英亩,英国成了"雇佣工人耕种土地,以租地农民经营为主的大地主国家"③。

——从科技或生产力因素入手。马克思认为东方的三大发明——火药、指南针、印刷术从科技或生产力侧面预告了资产阶级社会的到来,其中火药把中世纪的骑士阶层炸得粉碎,指南针为资本打开世界市场或海外扩张奠定了技术基础。同时,大工业广泛采用机器生产为资本主义农业提供了牢固的基础,彻底地剥夺了小农,使农业和农村家庭手工业完全分离,使工业资本征服整个国内市场,从而使资本主义生产方式普遍化。

---

① [英]斯密:《国民财富的性质和原因的研究》上卷,郭大力、王亚南译,商务印书馆1972年版,第310页。

② 《马克思恩格斯全集》第32卷,人民出版社1998年版,第42页。

③ [日]山口重克:《市场经济:历史·思想·现在》,张季风等译,社会科学文献出版社2007年版,第46页。

——从社会的文化教育或国家暴力因素入手。马克思认为，工人自愿地出卖自己的劳动力离不开一定的文化环境。在资本主义生产的进展中，工人阶级日益发展，他们由于教育、传统、习惯而承认这种生产方式是理所当然的自然规律，发达的资本主义生产过程的组织粉碎一切反抗资本的形式。新兴的资产阶级为了把工资强制地限制在有利于赚钱的界限内，为了延长工作日并使工人本身处于正常程度的从属状态而运用了国家权力，这是原始积累的一个重要因素。他说，殖民制度、国债制度、现代税收制度和保护关税制度在英国"以最残酷的暴力为基础，例如殖民制度就是这样。但所有这些方法都利用国家权力，也就是利用集中的、有组织的社会暴力，来大力促进从封建生产方式向资本主义生产方式的转变过程，缩短过渡时间。暴力是每一个孕育着新社会的旧社会的助产婆。暴力本身就是一种经济力"①。

马克思在《资本论》第一卷中进而对这个资本主义世界做出了这样的归结：资本来到世间，从头到脚，每个毛孔都滴着血和肮脏的东西。挪威裔美国经济学家索尔斯坦·凡勃伦（Thorstein Bunde Veblen，1857—1929）也把"资本主义"归结为"一个海盗抢掠的高级系统"②。皮凯蒂（Thomas Piketty，1971—　）在《21世纪资本论》中认定全球社会不平等的根源仍然在于"资本所有权的高度集中"，"r > g 意味着过去的财富积累比产出和工资增长得要快。这个不等式表达了一个基本的逻辑矛盾。企业家不可避免地渐渐变为食利者，越来越强势地支配那些除了劳动能力以外一无所有的人"③。可见，资本的原始积累过程并非一首田园诗而是布满了血雨腥风。当然，"马克思是就英国原始积累的主要倾向和趋势而言的，没有反映其中有勤劳致富的一面"④。

这样，在剩余价值的性质与起源即资本起源上，马克思就在经济学逻辑上没有回旋余地地把剩余价值仅仅归源于雇佣工人工作日里的剩余劳动时间或剩余劳动。他在《资本论》第一卷中提出工人是财富的"人身源泉"，在《资本论》第三卷中提出"剩余价值的唯一源泉是活劳动"。林肯（Abraham Lincoln，1809—1865）也说："资本只是劳动的

---

① 《马克思恩格斯文集》第5卷，人民出版社2009年版，第861页。
② ［挪威］埃里克·S. 赖纳特：《富国为什么富　穷国为什么穷》，杨虎涛、陈国涛等译，中国人民大学出版社2010年版，第10页。
③ ［法］托马斯·皮凯蒂：《21世纪资本论》，巴曙松等译，中信出版社2014年版，第589—590页。
④ 胡培兆：《经济学本质论——三论三别》，经济科学出版社2006年版，第179页。

成果，假使不先有劳动，就不可能有资本。劳动是资本的前辈，应该受到更多得多的尊重。"① 后来恩格斯也说"工人阶级是生产全部价值的唯一阶级"②，列宁也说"全人类的首要的生产力就是工人、劳动者"③。

相反，资本的其他组成部分不构成剩余价值的独立来源。马克思认为资本或者说货币在不使用活劳动的情况下并不直接创造任何剩余价值或发生资本增殖功能。作为生产资料——机器体系这样的固定资本一方面本身就是劳动产品，是物化形式上的一定的劳动量，另一方面只是"提高剩余劳动对必要劳动的比例"的物质条件，本身并不会自行增殖。就农业方面而言，虽然剩余劳动量随劳动的自然条件如土壤肥沃程度而变化，但最肥沃的土壤并非最适于资本主义生产方式的生长。因为资本主义生产方式是以人对自然的支配为前提的。所以，在历史上，资本的故乡不在草木繁茂的热带而在温带。他在《资本论》第三卷论述"超额利润转化为地租"中认为，自然力并不是超额利润的直接源泉而只是其一种自然基础或者说特别高的劳动生产力的自然基础。

马克思也注意到了科技因素在剩余价值创造过程中的作用。他认为现实财富的创造在大工业的发展的条件下较少地取决于劳动时间和已耗费的劳动量而较多地取决于在劳动时间内所运用的科技因素，取决于整个社会一般的科学水平和技术进步或者说取决于科学在生产上的应用程度。"机器创造价值，不是因为它代替［活］劳动，而只是因为它是增加剩余劳动的手段，并且只有剩余劳动——一般地说，就是劳动——才是借助于机器创造出来的剩余价值的尺度和实体。"④ "像不变资本的任何其他组成部分一样，机器不创造价值，但它把自身的价值转移到由它的服务所生产的产品上。"⑤

然而，在如何理解资本世界的财富来源问题上，一些学者公开地蔑视或反驳马克思这一新世界观核心逻辑，或者说绞尽脑汁地要摘除这颗"心脏"。哈贝马斯说："自十九世纪最后二十五年以来，在先进的资本主义的国家中……科学研究与技术之间的相互依赖关系日益密切，使科学变成了名列第一位的生产力"，"技术和科学便成了头等的生产力，马克思的劳动价值学说的应用前提便从此告吹了。要计算科学研究中的

① ［美］林肯：《林肯选集》，朱曾汶译，商务印书馆 1983 年版，第 175 页。
② 《马克思恩格斯选集》第 1 卷，人民出版社 1995 年版，第 329 页。
③ 《列宁选集》第 3 卷，人民出版社 1995 年版，第 821 页。
④ 《马克思恩格斯全集》第 31 卷，人民出版社 1998 年版，第 170—171 页。
⑤ 《马克思恩格斯文集》第 5 卷，人民出版社 2009 年版，第 444 页。

资金投资总额以及在不合格的（简单的）劳动力的价值基础上的发展，再也没有什么重要的意义了，因为科学技术的进步业已成了一个独立的剩余价值的来源，它同马克思原先只知道考察的那一种剩余价值的来源是没有关系的：直接从事生产者的劳动力越来越变得不重要了"[1]。萨缪尔森（Paul A. Samuelson，1915—2009）在《经济学》中肯定一些经济学家"把利润这一概念同技术水平的不断提高和风险的承担联系了起来""把利润看作技术革新者或企业家的收益"的观点，认为"利润是事业心和技术革新的报酬"[2]，"一小群拥有'资本'的节俭或幸运的资本家现在可以收取一笔剩余——一笔利润、利息率、或如马克思所说，一笔剩余价值"[3]。丹尼尔·贝尔（Daniel Bell，1919—2011）在《后工业社会》中说："在电子计算机时代，技术起着决定作用"，"过去是劳动创造价值，现在是知识，技术创造价值。"[4] 奈斯比特（John Naisbitt，1929— ）在《大趋势》中说："在信息经济中，价值的增加不是靠劳动而是靠知识。在工业经济初期诞生的马克思的'劳动价值理论'，必须为新的知识价值理论所取代。在信息社会中，价值的增加是靠知识，知识是一种不同于马克思所想的劳动"，"我们需要创立一种知识价值理论来代替马克思过时的劳动价值理论"[5]。托夫勒（Alvin Toffler，1928— ）在《预测与前提》中说："马克思讲过'劳动价值说'，我们现在可以另编一套'资讯价值说'。这样说的意思是，拿传统的'劳动三要素'来看，土地、劳动、资本，都是有限的……当前的情况是：资讯已经成为绝顶关键的因素"，因而"不能借助马克思主义去了解高科技世界的现实情况。今天，用马克思主义诊断高科技社会的内部结构，就像在有了电子显微镜的时代，还在使用放大镜"[6]。西罗塔（НаТОрий МоиМсееВиЧ СироТа）在《新马克思主义：一种改革的尝试》一文中说："在信息科学和生产变为科学的运用的时代，在因为技

① ［德］哈贝马斯：《作为"意识形态"的技术和科学》，赵鑫珊译，《哲学译丛》1978年第6期，第26、27页。

② ［美］萨缪尔森：《经济学》中册，高鸿业译，商务印书馆1981年版，第336、339、338页。

③ ［美］萨缪尔森：《经济学》下册，高鸿业译，商务印书馆1982年版，第319页。

④ 参见《世界经济导报》1981年4月27日。

⑤ ［美］奈斯比特：《大趋势——改变我们生活的十个新趋向》，孙道章、路林沙、王金余、赵英琪译，新华出版社1984年版，第21页。

⑥ ［美］托夫勒：《预测与前提》，林杰斌、陈奇麟译，业强出版社1988年版，第23、207页。

术革新而在市场方面风尚迅速变化的时代，'劳动价值论'显然已经站不住脚了。"① 这些似是而非的观点一方面在于这些学者不愿意承认雇佣工人阶级对于剩余价值的绝对贡献②，对于资本主义社会所拥有的财富的绝对贡献；另一方面在于他们没有正确理解马克思关于剩余价值学说的逻辑——马克思虽然肯定剩余价值仅仅源于工人的剩余劳动或剩余劳动时间，但承认机器或科学技术在创造剩余价值过程中的"手段"作用，只是前者是"源"或"实体"，后者是"流"或"手段"，也就是说，后者的存在与前者并不是排斥的关系，因为雇佣工人的劳动包含着科技的因素。

正是基于工人的剩余劳动所创造的剩余价值构成资本积累的唯一来源这一核心逻辑，马克思进一步肯定了产业工人阶级对资本主义社会文明的绝对贡献，把资本主义社会所创造的财富归源于雇佣工人所创造的剩余价值及其积累。他在《经济学手稿（1857—1858年）》中认为工人直接劳动时间的量或已耗费的劳动量是财富生产的决定因素。由于价值存在于使用价值中，剩余价值存在于剩余产品中，剩余劳动存在于剩余生产中，由工人在剩余劳动或剩余劳动时间生产的剩余价值的存在是一切不直接参加物质生产的阶级存在的基础。"剩余劳动时间是劳动群众超出再生产他们自己的劳动能力、他们本身的存在所需要的量即超出必要劳动而劳动的时间，这一表现为剩余价值的剩余劳动时间，同时物化为剩余产品，并且这种剩余产品是除劳动阶级外的一切阶级存在的物质基础，是社会整个上层建筑存在的物质基础"，"剩余劳动是工人的劳动即单个人在他必不可少的需要的界限以外所完成的劳动，事实上是为社会的劳动，虽然这个剩余劳动在这里首先被资本家以社会的名义占为己有了……这种剩余劳动一方面是社会的自由时间的基础，从而另一方面是整个社会发展和全部文化的物质基础"。③

鉴于雇佣工人阶级与雇主资本家阶级之间在剩余价值的创造与剩余价值成果享有上的反差，马克思在《资本论》第一卷中告诫全世界

① 引自安启念《当代学者视野中的马克思主义哲学：俄罗斯学者卷》，北京师范大学出版社2012年版，第329页。

② "马克思主义经济学揭露了剥削，而新古典经济学则掩盖剥削，并把它作为当然的规则。那么，就不难得知，剥削者倾向于哪一种经济学，而对另一种，则是感到不安，甚至宣称它已经消亡。"（［美］迈克尔·A.莱博维奇：《超越〈资本论〉——马克思的工人阶级政治经济学》，崔修红译，经济科学出版社2007年版，第3页）

③ 《马克思恩格斯全集》第32卷，人民出版社1998年版，第215、220—221页。

无产者：即便吃穿好一些，待遇高一些，特有财产多一些，也不会消除奴隶的从属关系和对他们的剥削，同样，也不会消除雇佣工人的从属关系和对他们的剥削。由于资本积累而提高的劳动价格，不过表明雇佣工人为自己铸造的金锁链已经够长够重，容许把它略微放松一点。在关于这一问题的争论中，被忽略的是资本主义生产的具有代表性的特征，就是购买劳动力不是为了用它的服务或它的产品来满足买者的个人需要，买者的目的是生产商品，使其中包含的劳动比他支付了报酬的劳动多，使预付资本增殖。生产剩余价值或赚钱才是资本这一生产方式的绝对规律。劳动力只有在它会把生产资料当作资本来保存，把自身的价值当作资本再生产出来，并且以无酬劳动提供追加资本的源泉的情况下，才能够卖出去。而工资的增大至多也不过说明工人必须提供的无酬劳动量的减少。这种减少永远也不会达到威胁制度本身的程度。显然，在谁享有剩余价值果实（或初次分配）的问题上，资本家与雇佣工人分属于两个不同的命运共同体：资本家阶级共同地无偿占有剩余价值，而雇佣工人共同地被无偿剥夺。就是因为深知雇佣工人阶级在资本世界所受的不公待遇，马克思才毅然决然地把他的新世界观即"理解全部资本主义生产的钥匙"交给那个知道怎样使用它的人即工人阶级。

也许正是由于整个《资本论》阐明了剩余价值学说这颗"向资产者脑袋发射的最厉害的炮弹"，或者说《资本论》及其手稿全部篇幅包藏着马克思新世界观这颗"心脏"，恩格斯、梅林恰如其分地肯定《资本论》是"工人阶级的圣经"，"自地球上有资本家和工人以来，没有一本书像我们面前这本书那样，对工人具有如此重要的意义"①，是"社会主义的圣经""共产主义的圣经"②。

当然，《资本论》虽然把构成整个资本主义社会物质文明和上层建筑的绝对物质基础的剩余价值在经济学逻辑上归结为雇佣工人在剩余劳动时间所创造的，并揭露了资本在制造剩余价值的社会条件和对剩余价值的榨取过程中的原罪，但马克思并没有把资本简单地归结为"剥削"，而是深刻分析了其"神秘性"。这方面的内容将在第八章资本部分中详细阐述。

---

① 《马克思恩格斯文集》第 3 卷，人民出版社 2009 年版，第 79 页。

② 《马克思恩格斯文集》第 5 卷，人民出版社 2009 年版，第 900、901 页。

第六章　《资本论》对早期资本世界异化现象的分析

　　《资本论》不仅通过科学的剩余价值学说构筑了马克思新世界观的"心脏"即核心，并且以此为基点批判性地分析了早期资本世界存在的各种矛盾性现象即异化现象。

一　黑格尔"异化"概念的哲学含义

　　作为一个哲学范畴，异化的德文为 Entfremdung，英文为 Alienation，是指"某物通过自己的活动而与某种曾属于它的他物相分离，以至于这个他物成为自足的并与本来拥有它的某物相对立的一种状态"①。黑格尔第一次从哲学上对这个概念做了阐述。他说："上帝……这个理念如果内中缺乏否定物的严肃、痛苦、容忍和劳作，它就沦为一种虔诚，甚至于沦为一种无味的举动。这种神性的生活就其自在而言确实是纯粹的自身同一性和统一性，它并没有严肃地对待他物和异化，以及这种异化的克服问题。"② 因此，他把"异化"即发生于人的意识里的"自我"与作为自我的客观对象的"实体"之间的"否定性"视为事物的"灵魂"即"推动者"，说"自我意识只有当它异化其自身时，也才是一种什么东西，才有实在性；通过它的自身异化，它就使自己成为普遍性的东西，而它的这个普遍性即是它的效准和现实性"，但是"自我意识的

　　① 《西方哲学英汉对照辞典》，人民出版社2001年版，第35页。
　　② ［德］黑格尔：《精神现象学》上卷，贺麟、王玖兴译，商务印书馆1979年版，第11页。

作品"——"坚硬的现实世界""对自我意识来说是异己的陌生的现实,这种陌生的现实有其独特的存在,并且自我意识在其中认识不出自己"。① 黑格尔的异化思想从人类"意识"演变这个侧面表达了一条深刻的历史辩证法:一方面,历史的"推动者"是"否定性"或"异化",只有通过"自身异化"才能"使自己成为普遍性的东西"即具有"现实性";另一方面,"异化"或"否定"过程包含着"严肃、痛苦、容忍和劳作",作为"异化"结果的"现实世界"在一定的历史条件下对主体有"陌生"性或疏远性。显然,黑格尔的"异化"概念有别于马克思主义哲学教科书里的"矛盾"概念或对立统一思想。

马克思在《资本论》及其手稿里扬弃了黑格尔的异化思想。这不仅体现在马克思批判、否定资本主义辩护士的政治经济学说,发现资本世界"恶"的一面——资本家无偿占有或榨取雇佣工人所创造的剩余价值以及在资本原始积累阶段的野蛮与掠夺,而且体现在马克思揭示资本主义世界的诸多异化现象。马尔库塞说得好,"资本主义社会成问题的不仅仅是经济的事实和对象,而且是整个人的存在和'人的现实'。对马克思来说,这一事实正是无产阶级革命的根本理由"②。

二　资本与劳动者之间的分化现象

实际上,作为资产阶级政治经济学经典的《国民财富的性质和原因的研究》就是论证资本主义社会(个人)自私自利的合理性或"经济人""善"的一面。斯密在该书中认为各个人都不断地努力为他自己所能支配的资本找到最有利的用途,他这样做所考虑的是他自身的利益而不是社会的利益,但他如此对自身利益的追求自然会引导他选定最有利于社会的用途。因为把资本用来支持产业的人以牟取利润为唯一目的,他必定总会努力使他用其资本所支持的产业的生产物能具有最大价值,结果最终增大了社会总收益。"确实,他通常既不打算促进公共的利益,也不知道他自己是在什么程度上促进那种利益……在这场合,像在其他许多场合一样,他受着一只看不见的手的指导,去尽力达到一个并非他

---

① ［德］黑格尔:《精神现象学》下卷,贺麟、王玖兴译,商务印书馆 1979 年版,第42、38 页。

② 吴晓明:《当代学者视野中的马克思主义哲学:西方学者卷》下,北京师范大学出版社 2008 年版,第 255 页。

本意想要达到的目的。也并不因为事非出于本意，就对社会有害。他追求自己的利益，往往使他能比在真正出于本意的情况下更有效地促进社会的利益。"① 这就是公开地宣扬资本主义社会"经济人"自利的经济行为或"私有制"的合理性、"合社会"性（合社会公利最大化）即利己＝利人。

相反，《资本论》及其手稿则阐明了早期资本主义社会自利自私的私有制所带来的异化现象或"恶"的一面即资本主义生产方式使劳动条件和劳动产品具有与工人相"异化的形态"。他说："文明的一切进步，或者换句话说，社会生产力的一切增长，也可以说劳动本身的生产力的任何增长……都不会使工人致富，而只会使资本致富，也就是只会使支配劳动的权力更加增大，只会使资本的生产力增长……文明的进步只会增大支配劳动的客体的权力"②，"在资本主义制度内部，一切提高社会劳动生产力的方法都是靠牺牲工人个人来实现的；一切发展生产的手段都变成统治和剥削生产者的手段，都使工人畸形发展，成为局部的人，把工人贬低为机器的附属品，使工人受劳动的折磨，从而使劳动失去内容，并且随着科学作为独立的力量被并入劳动过程而使劳动过程的智力与工人相异化；这些手段使工人的劳动条件变得恶劣，使工人在劳动过程中屈服于最卑鄙的可恶的专制，把工人的生活时间变成劳动时间……因此，在一极是财富的积累，同时在另一极，即在把自己的产品作为资本来生产的阶级方面，是贫困、劳动折磨、受奴役、无知、粗野和道德堕落的积累"③。于是，人在资本主义生产中像人在宗教中受他自己头脑的产物支配一样受他自己双手制造的物品支配，并且这种"异化"的资本主义生产比其他任何一种生产方式都更折磨人、浪费人的智慧和神经。

康芒斯（John R. Commons，1862—1945）则从另一个角度指出了斯密"看不见的手"的"抽象"破绽并对斯密"看不见的手"给予了较为合理的解释，说："假使他采用休谟的'稀少'原则作为解释，代替那流行的自然神教的恩惠和丰裕的原则……他一定会发现，互利不是一种天赋的本性，而是一种历史发展的产物，是集体行动实际从利益冲突中创造利益的相互关系的产物。他一定会发现，不是有一只看不见的

---

① ［英］斯密：《国民财富的性质和原因的研究》下卷，郭大力、王亚南译，商务印书馆 1974 年版，第 27 页。
② 《马克思恩格斯全集》第 30 卷，人民出版社 1995 年版，第 267 页。
③ 《马克思恩格斯文集》第 5 卷，人民出版社 2009 年版，第 743—744 页。

手在引导个人的利己心走向共同的福利，而是那看得见的普通法庭的手在采取当时和当地的良好习惯，使一些顽强不驯的个人必须遵守，符合休谟所谓'共同效用'。"① 道格拉斯·多德（Douglas Dowd）也对斯密的"看不见的手"的"抽象"做了批评，认为斯密所期望的通过工业化为大多数普通人带来永久的进步远未实现，斯密没能预见到数代工人在资本主义利己心的障碍被悉数消除后经受着生活水平的下降遭遇，也没预见到工业化造成作为"个人自利转化为社会福利"的市场机制——"看不见的手"消失。②

斯密在《国民财富的性质和原因的研究》中充分阐明了资本主义社会自由竞争或自由放任政策这一"丛林法则"的合理性。他在该书中认为个人的利害关系与情欲自然会引导人们依据最适合于全社会利害关系的比例把社会的资本分配到不同的部门。实行开放门户并允许自由贸易的都市与国家不仅不会因此而灭亡，反而因此致富。相反，任何一种学说若违反自然趋势，如特别鼓励特定产业而把社会上很大一部分的资本投入这种产业，或者特别限制特定产业而强迫一部分原来要投在这种产业上的资本离开这种产业，那都和它所要促进的大目的背道而驰，只能阻碍而不是促进社会走向富强，只能减少而不能增加其土地和劳动的年产物的价值。③ 他主张彻底废除一切特惠或限制的制度，每一个人在他不违反正义的法律时应听任其完全自由，让他采用自己的方法，追求自己的利益，以其劳动、资本与任何其他人相竞争，完全解除君主们监督私人产业、指导私人产业，使之最适合于社会利益的义务。"按照自然自由的制度，君主只有三个应尽的义务——这三个义务虽很重要，但都是一般人所能理解的。第一，保护社会，使其不受其他独立社会的侵犯。第二，尽可能保护社会上各个人，使其不受社会上任何其他人的侵害或压迫，这就是说，要设立严正的司法机关。第三，建设并维持某些公共事业及某些公共设施（其建设与维持绝不是为着任何个人或任何少数人的利益），这种事业与设施，在由大社会经营时，其利润常能补偿

① ［美］康芒斯：《制度经济学》上册，于树生译，商务印书馆1962年版，第195—196页。
② 参见［美］多德《资本主义经济学批评史》，熊婴、陶李译，江苏人民出版社2008年版，第41页。
③ 参见［英］斯密《国民财富的性质和原因的研究》下卷，郭大力、王亚南译，商务印书馆1974年版，第252—253页。

所费而有余，但若由个人或少数人经营，就决不能补偿所费。"①

马克思在《资本论》及其手稿中没有继续斯密这类抽象的一面之"辞"。他一方面对自由竞争或自由放任政策及其积极意义予以历史的界定。他在《经济学手稿（1857—1858年）》中认为竞争在历史上起初表现为把国内行会强制、国家调节和国内关税等取消，进而在世界市场上把闭关自守、禁止性关税或保护关税废除，否定前资本主义生产方式所存在的种种界限和限制，竞争的这一面曾被重农学派完全正确地称为"自由放任"。然而有一种倾向，把竞争看作摆脱了束缚的、仅仅受自身利益制约的个人之间的冲突，看作自由的个人之间的相互排斥和吸引，看作自由的个性在生产和交换领域内的绝对存在形式。马克思肯定自由竞争是资本生产过程的最适当形式，"竞争斗争是通过使商品便宜来进行的。在其他条件不变时，商品的便宜取决于劳动生产率，而劳动生产率又取决于生产规模"②，于是直接带来了整个社会"劳动生产率"的提高。

另一方面揭示了自由竞争或自由放任政策在资本主义条件下出现的"异化"或社会分化现象。马克思认为资本主义生产方式下的自由竞争的结果并不是任何个人都得到"自由"，而是资本获得自由发展或自由扩张。因为随着一个资本家打倒许多资本家或者说少数资本家对多数资本家的剥夺，由此带来生产规模不断扩大，科学日益被自觉地应用于技术方面，土地日益被有计划地利用，劳动资料日益转化为只能共同使用的劳动资料，生产资料在社会生产过程中日益集约与节省，但同时带来了贫困、压迫、奴役、退化和剥削的程度不断加深。生产力的发展带来了工人阶级剩余劳动时间的增加，而不是减少物质生产的一般劳动时间，资本主义生产就是这样在对立中运动着。在资本主义社会，文明的一切进步或社会生产力增长包括科学、发明、劳动的分工和结合、交通工具的改善、世界市场的开辟、机器等所产生的结果，都只会使资本的生产力增长，使支配劳动的权力更加增大，从而只会使资本致富而不会使工人致富。其结果是，资本发展成为一种强制关系，迫使工人阶级超出自身生活需要的狭隘范围而从事更多的劳动，它在作为别人辛勤劳动的制造者同时，成了剩余劳动的榨取者和劳动力的剥削者。所以，恩格

---

① [英]斯密：《国民财富的性质和原因的研究》下卷，郭大力、王亚南译，商务印书馆1974年版，第253页。
② 《马克思恩格斯文集》第5卷，人民出版社2009年版，第722页。

斯后来在《反杜林论》中认为资产阶级经济学关于资本和劳动的利益一致、关于自由竞争必将带来普遍协调和全民幸福的学说完全是撒谎。

《资本论》在逻辑上推断：随着资本竞争带来资本集中或积聚即资本的垄断，其必然结局是社会的严重分化或贫富两极分化。所以，"资本既不是生产力发展的绝对形式，也不是与生产力发展绝对一致的财富形式"①。

与此同时，《资本论》还明确地谴责了早期资本主义的自由放任政策带来的海外扩张、殖民地兴建所犯下的"原罪"，就是资本家在殖民地"用暴力清除以自己的劳动为基础的生产方式和占有方式""剥夺人民群众的土地"，像美洲金银产地的发现，土著居民的被剿灭、被奴役和被埋葬于矿井，对东印度开始进行的征服和掠夺②，非洲变成商业性地猎获黑人的场所等，都暴露了这种资本主义的"自由放任"政策或资本主义生产方式之英国模式的残酷面。

三 人性的异化现象

生产关系或人与人之间的社会关系最直接、最感性的直观形态是人类个体的具体"人性"及其演化。用黑格尔的话说，"人的真正存在就是他的行为"③；用马克思的话说，"在某种意义上，人很像商品"④，"人的本质是人的真正的社会联系……每一个单个人的本质，是他自己的活动，他自己的生活，他自己的享受，他自己的财富"⑤，"个人怎样表现自己的生活，他们自己就是怎样。因此，他们是什么样的，这同他们的生产是一致的——既和他们生产什么一致，又和他们怎样生产一致"⑥；用列宁的话说，"经济发展的跳跃性，生产方式的急剧改革及生

---

① 《马克思恩格斯全集》第30卷，人民出版社1995年版，第396页。
② 杨小凯指出："英国对各殖民地的治理以自治为主。基本上，英国让各殖民地成立议会自治，各殖民地拥有各自的宪法并有自主的税收权利。只有当英国本身遭遇战事，英国才会通过各殖民地均有代表的英国国会，以决议的方式要求各殖民地缴特别税捐来支应战费。"（《杨小凯谈经济》，中国社会科学出版社2004年版，第77页）
③ ［德］黑格尔：《精神现象学》上卷，贺麟、王玖兴译，商务印书馆1979年版，第213页。
④ 《马克思恩格斯文集》第5卷，人民出版社2009年版，第67页注⑱。
⑤ 《马克思恩格斯全集》第42卷，人民出版社1979年版，第24页。
⑥ 《马克思恩格斯选集》第1卷，人民出版社1995年版，第67—68页。

产的高度集中，人身依附与宗法关系的一切形式的崩溃，人口的流动，大工业中心的影响等等，——这一切不能不引起生产者性格的深刻改变"①。从这些哲学家、思想家关于人性的论断不难看出，"人性"或"人的本质"其实是人类社会的生产方式的一种显示形式或一个侧面。一定历史条件下的生产关系与生产力之间出现异化必然导致一定历史条件下人性的异化现象。马克思在《资本论》及手稿中从这个侧面分析了资本主义社会的异化现象。

其一，马克思充分肯定了资本主义生产方式对铸造、培育理想的人性所起的历史性作用。他认为全面发展的个人不是自然而然的现象，而是历史的产物，实现个人的全面发展离不开人的能力一定程度的发展与全面性，而这些必须以建立在交换价值为目的的商品生产的全面实现即资本主义生产为前提，因为这种生产虽然产生了个人同自己和同别人的普遍异化，但正是这个过程锻造了个人关系和个人能力的普遍性、全面性。

当然，这些并非资本的"本意"或直接"产品"，但资本尽量多地创造剩余劳动、把必要劳动减少到最低限度的客观效果"为个人生产力的充分发展""为社会生产力的充分发展"创造大量可以自由支配的时间。另一方面，资本主义生产方式的全球化趋向所造成的人类交往的普遍性或国际性也为人的全面发展与解放创设了直接环境与条件，因为"每一个单个人的解放的程度是与历史完全转变为世界历史的程度一致的"②，在这种普遍交往的条件下，单个人摆脱种种民族局限或地域局限而同整个世界的生产发生实际联系，从而获得利用全球的全面生产的能力。马克思在《经济学手稿（1857—1858 年）》中认为，生产力的普遍发展、交往的普遍性或世界市场这些客观条件提供了个人全面发展的可能性，而个人从这个基础出发的实际发展是对这一发展的限制的不断消灭，通过认识那些发展中的"限制"而越过某种长期以来奉为"神圣"的"界限"，把他自己的历史作为过程来理解，把对自然界的认识当作对他自己的现实躯体即实践力量来认识。③ 这样，资本违背自己的意志成了为社会可以自由支配的时间创造条件的工具，使整个社会的（必要）劳动时间不断下降至最低限度，从而为全体社会成员本身的发

---

① 《列宁专题文集·论资本主义》，人民出版社 2009 年版，第 42—43 页。
② 《马克思恩格斯选集》第 1 卷，人民出版社 1995 年版，第 89 页。
③ 参见《马克思恩格斯文集》第 8 卷，人民出版社 2009 年版，第 171—172 页。

展腾出了自由发展的时间。

其二，从雇工与资本家双方阐明了资本主义生产发展过程对人性"进化"的推动作用。就工人而言，大工业的发展要求用那种适应于不断变动的劳动需求而可以随意支配的人员去代替处于后备状态的贫穷工人，用那种把不同社会职能当作互相交替的活动方式的全面发展的个人去代替只是承担一种社会局部职能的简单生产者。资本主义生产方式或现代社会"逼"着生产者非具备全面发展的能力与素质不可。就资本家而言，"他自己是一个讲求实际的人，对于业务范围之外所说的话，虽然并不总是深思熟虑，但对于业务范围之内所做的事，他始终是一清二楚的"①。资本家只有作为人格化的资本即履行生产资本的职能才有其历史价值，才有其历史存在权，他自身的暂时必然性才融入整个资本主义生产方式的暂时必然性中。因而，他为了追求交换价值和交换价值的增殖而肆无忌惮地"驱使劳动超过自己自然需要的界限，来为发展丰富的个性创造出物质要素，这种个性无论在生产上和消费上都是全面的，因而个性的劳动也不再表现为劳动，而表现为活动本身的充分发展"②。资本家只有具备使资本不断增值的能力才能作为资本家而存在。

其三，批判了资本对个性自由的限制。马克思认为资本既具有无限度地提高生产力的趋势，又在相当程度上使主要生产力即劳动者本身片面化、畸形化发展，压抑了他们多方面的生产才能与才气。因而，资本主义生产方式在这方面实际上是历史上对人性摧残得最厉害的一种形式。后来列宁在《国家与革命》中一针见血地把"资本主义社会的民主制度"归结为"极少数人享受民主，富人享受民主"。

其四，勾画了整个人类历史的人性演进的纵向轮廓。马克思认为整个人类的人性演进的第一阶段表现为个人对其生存的共同体的一种浓厚的依附关系，人的生产能力只是在狭窄的范围内和孤立的地点上发展；人性演进的第二阶段表现为以物的依赖性为基础的人的独立性，出现了普遍的社会物质交换、全面的关系、多方面的需求以及全面的能力的体系；人性演进的第三个阶段是建立在个人全面发展和在他们共同的社会生产能力成为他们的社会财富这一基础上的自由个性。

---

① 《马克思恩格斯文集》第 5 卷，人民出版社 2009 年版，第 225 页。
② 《马克思恩格斯文集》第 8 卷，人民出版社 2009 年版，第 69 页。

四　文化上的异化现象

在资本主义文化或价值观念里，似乎资本主义世界是"天赋人权的真正乐园"，"自由、平等、博爱"是这个世界占统治地位的意识形态。《独立宣言》提出"我们认为这些真理是不言而喻的：人人生而平等，他们都从他们的'造物主'那边被赋予了某些不可转让的权利，其中包括生命权、自由权和追求幸福的权利"，《人权宣言》提出"在权利方面，人生来是而且始终是自由平等的。因此，公民的荣誉只能建立在公共事业的基础上""一切政治结合的目的都在于保护人的天赋的不可侵犯的权利；这些权利是：自由、财产、安全及反抗压迫"①。这些"自由、平等、博爱"概念作为资产阶级革命的旗号在反封建专制与宗教神权中起过非常革命的作用，在资产阶级占统治地位的时期也起过非常进步的作用。

马克思的确肯定了资本主义的经济制度特别是雇佣劳动制对于确立这些现代文明理念的历史性贡献。他认为商品经济的交换形式确立了商品交换主体之间的全面平等，而交换的内容即用以交换的个人材料和物质材料确立了他们的自由，因而以交换价值为目的的商品经济不仅使平等和自由在交换中获得尊重，而且构成这些平等、自由观念的现实的经济基础。作为纯粹观念的"平等""自由"观念实际上表达了以交换价值为目的的商品经济的理想境界；"平等""自由"作为在法律的、政治的、社会的关系上发展了的东西则属于以交换价值为目的的商品经济的"刚性"表达而已。古代社会虽然出现了"平等""自由"观念，但它们所反映的不是以交换价值为目的的商品经济，因为作为现代意义上的平等和自由所要求的生产关系在古代世界或中世纪还没有实现，那个历史阶段在生产关系方面实行直接的强制劳动。相反，现代社会或资本主义社会的劳动形式不采取这种"强制劳动"形式。列宁也肯定马克思这些关于资本主义社会文明进步性的思想，说"资本主义和封建主义相比，是在'自由''平等''民主''文明'的道路上向前迈进了具有世界历史意义的一步"②。

---

① 王德禄、蒋世和：《人权宣言》，求实出版社 1989 年版，第 9、14 页。
② 《列宁专题文集·论资本主义》，人民出版社 2009 年版，第 248 页。

　　但是，马克思没有沿袭斯密、黑格尔等西方官方学者"凡是现实的都是合理的"这一正统文化范式，而是直面自 19 世纪以来的"现代社会"的残酷现实与斯密在《国富论》中阐述的"看不见的手"——市场机制理论所预定的"和谐社会"之间的反差，秉持"在对现存事物的肯定的理解中同时包含对现存事物的否定的理解""对每一种既成的形式都是从不断的运动中，因而也是从它的暂时性方面去理解"的现代性批判风格。他发现那些文化符号在资本主义世界实际上存在异化现象：资本主义社会人与人之间的生产关系在这个社会形变为生产过程各特殊要素之间的物与物的关系，结果这种生产关系被呈现为"神秘化""主客体的颠倒"。"由于这种被歪曲的关系，必然在生产过程本身中产生出相应的被歪曲的观念，颠倒了的意识……"① "工人以货币形式，以一般财富形式得到了等价物，他在这个交换中就是作为平等者与资本家相对立，像任何其他交换者一样；至少从外表上看是如此。事实上这种平等已经被破坏了，因为这种表面上的简单交换是以如下事实为前提的：他是作为工人同资本家发生关系，是作为处在与交换价值不同的独特形式中的使用价值，是同作为价值而设定的价值相对立；也就是说，他已经处在某种另外的在经济上具有不同规定的关系中——在使用价值的性质，商品的特殊使用价值本身都是无关紧要的那种交换关系之外。"② 然而，"平等""自由"——简单流通领域或商品交换领域的文化符号一旦进入这个社会的生产领域便显出了其真相：资本与劳动之间实际上具有不平等、不自由的性质即资本居于"强势"位置，马克思把这种真实状况形容为一个"昂首前行"而另一个"尾随于后"，一个"笑容满面，雄心勃勃"而另一个"战战兢兢，畏缩不前，像在市场上出卖了自己的皮一样"。于是，"自由"地、"平等"地剥削劳动力成了"资本的首要的人权"。所以，恩格斯在《反杜林论》中提出无产阶级对平等的要求是"从对资产阶级平等要求的反应中产生"的，他把无产阶级的"平等"归结为"消灭阶级"即社会分配不公的经济条件，而回避或超出这个范围的平等要求必然要流于"荒谬"。列宁在《在全俄社会教育第一次代表大会上的讲话》中提出"自由如果不服从于劳动摆脱压迫的利益，那就是骗人的东西"，无产阶级的"自由"首先意味着劳动者在经济上拥有或享受自己的自由劳动时间或剩余劳动成果。

---

① 《马克思恩格斯全集》第 32 卷，人民出版社 1998 年版，第 413 页。
② 《马克思恩格斯全集》第 30 卷，人民出版社 1995 年版，第 243 页。

　　同样，马克思认为资产阶级博爱要求也是自相矛盾的，工人在与资本的交换中处于简单流通的关系之中所得到的不是财富而是用于直接消费生活资料。因而"资产阶级'博爱'的伪善词句，——这种'博爱'只是用'虔诚的愿望'来款待工人而已"①。这样，资本主义世界"在竞争中一切都颠倒地表现出来。在表面上呈现出来的经济关系的完成形态，在这种关系的现实存在中，从而在这种关系的承担者和代理人试图借以说明这种关系的观念中，是和这种关系的内在的、本质的、但是隐蔽着的核心形态以及与之相适应的概念大不相同的，并且事实上是颠倒的和相反的"②。所以，"马克思恰恰是把他一生的很大一部分时间、很大一部分著作和很大一部分科学研究用来嘲笑自由、平等、多数人的意志，嘲笑把这一切说得天花乱坠的各种边沁分子，用来证明这些词句掩盖着被用来压迫劳动群众的商品所有者的自由、资本的自由"③。

五　资本与自然的关系上的异化现象

　　马克思对于资本主义社会异化现象的辩证分析的确着重于资本与人之间或社会生产关系领域，但没有局限于此。由于资本主义生产方式是一种以人对自然的支配为前提的生产方式，人的活动场所在不断扩大，"地球的表面、气候、植物界、动物界以及人本身都发生了无限的变化"④，马克思注意到资本与自然之间的异化现象：劳动生产率与自然条件相联系，这些自然条件的丰饶度往往随着社会条件所决定的生产率的提高而相应减低，资本主义生产指望获得直接的眼前的货币利益的全部精神都和供应人类世世代代不断需要的全部生活条件的农业有矛盾，结果对地力的剥削和滥用代替了对土地这个人类世世代代共同的、永久的财产的合理的经营。

　　马克思在《资本论》第一卷中认为早期资本主义生产使汇集在各大中心的城市人口越来越占优势，于是，具有经济功能的城市一方面聚集着社会的历史动力，另一方面又破坏着人和土地之间的物质变换，就是使人以衣食形式消费掉的土地的组成部分不能回归土地从而破坏土地持

---

① 《马克思恩格斯全集》第 30 卷，人民出版社 1995 年版，第 247 页。
② 《马克思恩格斯文集》第 7 卷，人民出版社 2009 年版，第 231 页。
③ 《列宁选集》第 3 卷，人民出版社 1995 年版，第 810 页。
④ 《马克思恩格斯选集》第 4 卷，人民出版社 2012 年版，第 922 页。

久肥力这一永恒的自然条件。这样，它就同时破坏城市工人的身体健康和农村工人的精神生活。虽然早期资本主义生产破坏这种物质变换的纯粹自发形成的状况，但它又强制地把这种物质变换作为调节社会生产的中介，并系统地建立一种同人的充分发展相适合的形式。在农业中，早期资本主义生产过程表现为生产者的殉难历史，劳动资料同时表现为奴役工人、剥削工人和使工人贫困的手段，劳动过程的社会结合同时表现为对工人个人的活力、自由和独立的有组织的压制。农业工人在广大土地上的分散破坏了他们的反抗力量，而城市工人的集中却增强了他们的反抗力量。在早期资本主义农业中，劳动生产力的提高和劳动量的增大是以劳动力本身的破坏和衰退为代价的。整个资本主义农业的任何进步都是掠夺土地的技巧的进步，在一定时期内提高土地肥力的任何进步同时变成一种破坏土地肥力持久源泉的进步。总之，早期资本主义生产的发展是以牺牲包括土地这一自然资源在内的一切财富的源泉为代价的。其中，资本主义大工业和大农业"直接地滥用和破坏土地的自然力"，并且这种对自然资源的损害通过商业而推向国外。

一些西方学者也肯定：后来的金融资本主义则有过之而无不及，"为当下活着，不考虑环境的未来。生产、消费、经济和环境的使用越来越从属于远离于现实的主体，远离现实的计算，增加短期金融利润的能力成了关注的主要问题"[1]。资本主义冲破一切人类生存和发展的客观限制，把一切都纳入资本积累的逻辑之中。这种不顾生态绝对极限的资本逻辑决定了资本系统的不可持续性[2]。因而，"真正对资本主义提出挑战的是全球气候变暖。假如全球气候变暖的观点是正确的，那么它导致的结果就是增长是不可持续的……这将是对资本主义体制最终的、真正的挑战"[3]。

马克思对资本主义社会异化现象的辩证分析虽然直接触及了资本与自然之间的异化现象，提出了"自然生产力"概念，提出了人类可利用的"土地是有限的，而有水力资源的土地更是有限的"[4] 等著名的现

---

[1] Richard Peet, "Contradiction of Finance Capitalism", *Monthly Review*, Volume 63, Issue 7, December, 2011.

[2] Brett & John Bellamy Foster, "The Dialetic of Social and Ecological Metablolism: Marx, Meszaros, and the Absolute Limits of Capital", *Socialism and Democracy*, Volume 24, Issue 2, 2010.

[3] 陈家刚：《危机与未来——福山中国讲演录》，中央编译出版社 2012 年版，第 40 页。

[4] 《马克思恩格斯文集》第 7 卷，人民出版社 2009 年版，第 727 页。

代性思想论断。但他在这一领域的论述主要是针对资本对自然所带来的异化现象而言的，没有形成什么系统的生态学观点。因而，学界热议的所谓"生态马克思主义"理论形态似有强加于马克思的"痕迹"。

综上所述，"资本主义生产不是绝对的生产方式，而只是一种历史的、和物质生产条件的某个有限的发展时期相适应的生产方式"[1]，"如果说资产阶级前的阶段表现为仅仅是历史的，即已经被扬弃的前提，那么，现代的生产条件就表现为正在扬弃自身，从而正在为新社会制度创造历史前提的生产条件"[2]。

康斯坦丁诺夫（1888—1938）在《马克思与人道主义》中说："在马克思写了《资本论》并揭露了资本主义惨无人道的本性之后，资产阶级仍然还是一种反人民的、最不人道的势力。资本主义发展的整个过程都证明马克思的学说是正确的，这就是，随着资本主义的发展，它将越来越明显地表现出它的破坏性和反人民的凶残本性。"[3] 需要注意的是，应该恰当地把《资本论》及其手稿所阐明的新世界观理解为社会历史领域的"鸟瞰图"，而不能视为"虫眼图"。

---

① 《马克思恩格斯文集》第7卷，人民出版社2009年版，第289页。
② 《马克思恩格斯全集》第30卷，人民出版社1995年版，第453页。
③ 衣俊卿、陈树林：《当代学者视野中的马克思主义哲学：东欧和苏联学者卷》上，北京师范大学出版社2012年版，第255页。

第四部分

新世界观基本范畴

通观《资本论》及其手稿以及马克思本人独立撰写的著作，马克思用以阐述其新世界观的基本范畴不是别的，而仅仅是"劳动""资本""生产关系"和"共产主义"四个范畴。

第七章　劳动

正如本书第三章所论述的，马克思新世界观在哲学上缘于"唯物唯心"问题，成型于《资本论》。本章阐明：马克思新世界观立于"劳动"范畴，把"劳动"视为人类世界领域一切现象的"始基"。这当然不是要否定人类与地球上的动物及其他物类一样都必须立足于"地球"这样一个逻辑前提或外在条件，而是就人类与动物相区别而言，劳动是人类之所以形成的直接基础。《德意志意识形态》说得好，当人开始生产他们自己所必需的生活资料的时候，人类就开始把自己和动物区别开来。

一　黑格尔劳动思想概略

像马克思的其他所有重要思想观点一样，马克思关于"劳动"的新思想也是在继承前人既有的成果基础上所形成的。由于本书第四章第二部分叙述了对马克思有直接影响的斯密"劳动"理论，这里仅叙述黑格尔的劳动思想。这不仅因为黑格尔的劳动思想直接影响了马克思，而且因为黑格尔这方面的成就是思想史上劳动学说的集大成。

其一，黑格尔非常推崇人类的"劳动"现象，他在生命的尽头还在呼吁："切莫空耗在无益的哀怨之中，把希望带给人民，带给劳动！"① 他提出"劳动是对象的消灭"，"劳动是有目的地消灭客体"，但不是"消灭一般的客体"，而是改变它，"代之以另一个客体"②。他论证劳动是人之为人或者说区别于动物的根本生存形式，说"动物是一种特异的

---

① ［德］黑格尔：《黑格尔通信百封》，苗力田译，上海人民出版社 1981 年版，第 249 页。

② 引自贺麟《黑格尔的早期思想》，《哲学研究》1983 年第 9 期。

东西，它有其本能和满足的手段，这些手段是有限度而不能超出的"，"动物用一套局限的手段和方法来满足它的同样局限的需要，人虽然也受到这种限制，但同时证实他能越出这种限制并证实他的普遍性，借以证实的首先是需要和满足手段的殊多性"，人的"劳动通过各色各样的过程，加工于自然界所直接提供的物资，使合乎这些殊多的目的。这种造形加工使手段具有价值和实用。这样，人在自己消费中所涉及的主要是人的产品，而他所消费的正是人的努力的成果。补充（劳动的必要）用不着加工的直接物资为数极少。甚至空气也要用力去得来，因为我们必须把它变成温暖。几乎只有水是例外，现成的水就可以喝。人通过流汗和劳动而获得满足需要的手段"①。

　　其二，他明确提出"活动和劳动，这是主观性和客观性的中介"②的论断，把劳动过程描述为三个"三段式"：①需要→劳动→享受；②占有物质资料→劳动活动本身→占有产品；③劳动→工具→机器，把①即由需要（欲望、冲动）通过劳动（自己使自己成为事物，自己使自己成为对象）而达到享受（意欲的满足，对象的消灭或否定）的过程叫作劳动在主体中的辩证法，把②即由占有劳动对象、资料（占有原料必须加工）到通过劳动活动本身而占有产品（生产产品、劳动成果）的过程叫作劳动在客体中的辩证法。③ 这样，他就把劳动视为人自我证实的根本方式，把劳动视为主体与客体相统一的基础或推动力。

　　其三，他一方面揭示了劳动的社会性与劳动的私人性之间的关系。他在《精神现象学》中认为个体满足自己需要的劳动既是自己需要的满足，同时也是对其他个体需要的满足，并且一个个体满足他的需要只能通过别的个体的劳动来实现，因为各个人在他的个别劳动里不自觉地或无意识地完成着一种普遍的劳动，并且他们还当作他们自己的有意识的对象来完成这种普遍的劳动。这样，整体变成了他为之奋不顾身的整体，并且正是由于他这样献出其自身而从这个整体中复得其自身。另一方面，他揭示了资本主义机器生产条件下的劳动"异化"趋势，说："在机器生产中……人常会有这样的幻觉：总以为人施展权力控制自然，并且以为在自然之内，人可以长久保持他的个性或自由。但事实正与此相反，自然也向人本身报仇，通过各式各样的机器，人从自然那里所赢

____

① ［德］黑格尔：《法哲学原理》，范扬、张企泰译，商务印书馆 1961 年版，第 206、205、209 页。
② 同上书，第 204 页。
③ 参见贺麟《黑格尔的早期思想》，《哲学研究》1983 年第 9 期。

得的，好像只是表面上人征服了自然，但人越是多征服自然，人自身就越是变得更加卑小，因为他距离自然越远，他不是以活生生的人与活生生的自然打交道……人的劳动越是机械化，则他的劳动价值越少，并且他必须更加按照这样的方式进行劳动。"①

其四，黑格尔揭示了劳动给予奴隶这类劳动者以"解放"或否定性力量。他在《法哲学原理》中针对那种满足于人类"自然状态"里的"自由"这么一种"观念"，提出劳动包含"解放的环节"② 命题，在《精神现象学》的"主人与奴隶"一节里提出奴隶在劳动即"陶冶"劳动产品的过程中也被"陶冶"或"培养"成一种"自为存在""否定者"，即奴隶劳动对于事物的陶冶不仅具有肯定的意义，使服从奴役的意识成为事实上存在着的自为存在，而且对于它的前一个环节——恐惧具有否定的意义。因为陶冶事物的劳动过程使奴隶意识到它特有的否定性、它的自为存在。奴隶虽然在主人面前感觉到"自为存在"只是外在的东西或者与自己不相干的东西，在恐惧中他感觉到"自为存在"只是潜在的，但在陶冶事物的劳动中则感觉到这种"自为存在"是他自己固有的了，他并且开始意识到他本身是自在自为地存在着的。因此，奴隶正是在这种陶冶事物的劳动中重新发现自己，意识到他自己固有的意向。

二　异化劳动：对历史上人的本质的深刻揭示

马克思的劳动概念通过分析、阐明私有制条件主要是资本主义条件下的劳动性质和劳动形式，来揭示特定历史条件下人类（社会）的本质。

作为新世界观基本范畴的"劳动"概念的建立，起始于《1844 年经济学哲学手稿》对斯密、黑格尔等古典资本主义学者劳动学说的批判扬弃。虽然"异化劳动"不处于马克思新世界观的基本逻辑之内，带有很浓的思辨性或抽象性，但它是马克思用以剖析他所处的资本世界而从黑格尔等哲学家那里借来的"批判的武器"，是马克思新世界观核心——剩余价值理论中关于"雇佣劳动"或"剩余劳动"概念的前身

---

① 引自贺麟《黑格尔的早期思想》，《哲学研究》1983 年第 9 期。

② ［德］黑格尔：《法哲学原理》，范扬、张企泰译，商务印书馆 1961 年版，第 208 页。

或雏形，包裹着新世界观的因子。尽管黑格尔没有明确制定"异化劳动"这个概念，况且他把"异化"当作一个中性词用以表述事物变化的"推动力"，但他的劳动学说在一定程度上指出了历史上的劳动如"奴隶劳动""资本主义机器生产"的异化性。所以，马克思在《1844年经济学哲学手稿》中高度称赞黑格尔劳动学说的"积极方面"即把"真正的人理解为人自己的劳动的结果"。然而，从总体上看，"异化"在黑格尔那里是从所谓"自我意识"出发的"自身异化"或费希特式的自我"设定一个非我与自我相对立"的外化过程；"劳动"在黑格尔那里是（自我）"意识"或"外在化自己"的过程，是"意识已经确信真正地外在化它的自身，并且把它的直接的自我意识弄成一个事物、一个对象性的存在"①过程。概括地说，无论是"异化"还是"劳动"，在黑格尔哲学体系里都只是意味着人的精神或观念的对象化过程，并没有真正指向意识领域以外的物质生活领域所发生的"异化劳动"现象。正是在归根到底的意义上，马克思责备黑格尔唯一知道并承认的劳动只是抽象的"精神劳动"，并在后来的《政治经济学批判（1857—1858年手稿)》中提出"关键不在于对象化，而在于异化……在于不归工人所有，而归人格化的生产条件即资本所有，归巨大的对象［化］的权力所有"②，这是一针见血的。

在《1844年经济学哲学手稿》中，马克思"从当前的经济事实出发"所看到的"事实"是工人生产的财富越多，他的产品的力量和数量越大，他就越贫穷，工人创造的商品越多，他就越变成廉价的商品——物的世界的增值同人的世界的贬值成正比。他从这一"经济事实"得出与黑格尔所谓劳动"外化"有所不同的判断：劳动的这种实现表现为工人的失去现实性，对象化表现为对象的丧失和被对象奴役，对对象的占有表现为异化。③他由劳动成果——产品的"异化"现象首先得出异化第一个规定即"工人同自己的劳动产品的关系就是同一个异己的对象的关系"，具体表现为工人在劳动中耗费的力量越多，他亲手创造出来反对自身的、异己的对象世界的力量就越强大，他的本身、他的内部世界就越贫乏，归他所有的东西就越少。由于这种异化不仅表现在结果上，而且表现在生产行为或生产活动本身中，他得出异化第二个

---

① ［德］黑格尔：《精神现象学》上卷，贺麟、王玖兴译，商务印书馆1979年版，第130、151页。
② 《马克思恩格斯文集》第8卷，人民出版社2009年版，第207页。
③ 参见《马克思恩格斯文集》第1卷，人民出版社2009年版，第157页。

规定即"劳动活动本身的异化",具体表现为劳动对工人来说是外在的东西,他在自己的劳动过程中不是肯定自己,而是否定自己,不是感到幸福,而是感到不幸,不是自由地发挥自己的体力和智力,而是使自己的肉体受折磨、精神遭摧残。他的劳动不是自愿的劳动,而是被迫的强制劳动。因而,它不是满足劳动需要,而只是满足劳动需要以外的需要的一种手段。① 马克思由这两个规定明确得出"异化劳动"概念和"异化劳动"的后两个规定,就是人的类本质变成人的异己的本质或变成维持他的个人生存的手段以及人同人相异化。

"人的类本质"或"人性"怎么看?马克思认为人是类存在物,就是人不仅把类包括自身的类以及其他物的类当作自己的对象;而且因为把自身当作现有的、有生命的类来对待,当作普遍的因而也是自由的存在物来对待。具体地说,从理论领域看,植物、动物、石头、空气、光等既构成自然科学的对象,也构成艺术的对象,它们都是人的意识的一部分或人的精神的"无机界",是人必须事先进行加工以便享用和消化的精神食粮。从实践领域看,植物、动物、石头、空气、光等是人的生活和人的活动的一部分,人在肉体上只有靠这些自然产品才能生活,不管这些产品是以食物、燃料、衣着的形式还是以住房等的形式表现出来。人的普遍性正表现为这样的普遍性,即首先把整个自然界作为人的直接的生活资料,依次把它作为人的生命活动的对象和工具而变成人的无机的身体。一句话,人的类本质在于人类区别于其他物类的一种认识世界、改造世界并享受世界的特殊能力与功能。在马克思看来,人类的劳动活动或"劳动这种生命活动"正是人类这种特有能力与功能的"展示"或"证明",或者说是人的类本质的"展示"或"证明"。

马克思把人类这种特殊的"类本质""类生活"或"类特性"归结为"自由的有意识的活动"②,并将它与动物的生命活动一一对照。概括地说,与动物生命活动相比,人的"类特性"或"劳动这种生命活动"表现为:在根本上是一种"有意识的"活动,因为人"使自己的生命活动本身变成自己的意志和意识的对象",人的生产活动是全面的、能动的,能超越自身肉体的需要而"懂得按照任何一个种的尺度来进行生产,并且懂得怎样处处都把内在的尺度运用到对象上去"。马克思在这里实际上从"人性"侧面或借用德国古典哲学"类特性"或"类本

---

① 参见《马克思恩格斯文集》第 1 卷,人民出版社 2009 年版,第 159 页。
② 同上书,第 162 页。

质"词汇表达了他后来提出的"生产方式"或"生产力"概念。马克思在"手稿"中把"劳动的本质"归结为"对象性的人、现实的因而是真正的人"是"人自己的劳动的结果",人同作为类存在物的自身发生现实的、能动的关系或者说人作为现实的类存在物而存在、展现自己的类本质,只能通过人的对象性实践活动主要是包括异化劳动在内的劳动这一途径来进行。

马克思在《詹姆斯·穆勒〈政治经济学原理〉一书摘要》中从经济学角度揭示了人的本质与人的生产活动及其经济交往之间的内在联系,提出"人的本质"在于"人的真正的社会联系","人在积极实现自己本质的过程中创造、生产人的社会联系、社会本质,而社会本质不是一种同单个人相对立的抽象的一般的力量,而是每一个单个人的本质,是他自己的活动,他自己的生活,他自己的享受,他自己的财富"①。他在《德意志意识形态》中顺着这个思路进一步提出,"个人怎样表现自己的生活,他们自己就是怎样。因此,他们是什么样的,这同他们的生产是一致的——既和他们生产什么一致,又和他们怎样生产一致"。这些关于"人的本质"或人性的精辟阐述不仅科学地揭示了人的本质在于实践或生产劳动及其成果,并且直接捅破了"人的本质""人性"范畴与"生产方式"或"生产力"范畴之间的窗户纸。以往人们没有重视"手稿"等马克思早期著作中"类特性"或"类本质"概念所蕴含的这些原初含义,没有注视到"人的本质""人性"范畴与"生产方式"或"生产力"范畴各自侧重点及其内在贯通性,便把人的本质""人性"范畴与他们所惯用的"生产方式"或"生产力"概念变成了"井水不犯河水"的格局。

显然,马克思这里关于"劳动"或"实践"的观点与黑格尔的思想是相契合的,追问它是"唯物"还是"唯心"则是不合场合的。然而,历史的发展或者说人性或人的本质的"进化"总要付出代价,"异化劳动"把人类的这种"类本质"或"类特性"异化成"维持个人生活的手段""维持肉体生存的需要的手段"或"维持自己生存的手段",异化成"对工人来说,维持工人的个人生存表现为他的活动的目的,而他的现实的行动只具有手段的意义;他活着只是为了谋取生活资料"这么一种"直接谋生的劳动"②过程。也就是说,"异化劳动"使人类

① 《马克思恩格斯全集》第42卷,人民出版社1979年版,第24页。
② 同上书,第29、28页。

"返祖"，让人即雇佣工人不成其为人。黑格尔曾经把这些视为"理性的狡计"，马克思则不驻足于这类哲学"思辨"，对雇佣工人所付出的这种历史代价"鸣不平"，说"劳动生产了宫殿，但是给工人生产了棚舍。劳动生产了美，但是使工人变成畸形。劳动用机器代替了手工劳动，但是使一部分工人回到野蛮的劳动，并使另一部分工人变成机器。劳动生产了智慧，但是给工人生产了愚钝和痴呆"，"人（工人）只有在运用自己的动物机能——吃、喝、生殖，至多还有居住、修饰等等——的时候，才觉得自己是自由活动，而在运用人的机能时，觉得自己只不过是动物。动物的东西成为人的东西，而人的东西成为动物的东西"①。

马克思还分析了"异化劳动对私有财产的关系"。一是异化劳动或"外化劳动"是"私有财产"的根源，就是工人在异化的、外化的劳动过程中生产出一个同劳动疏远的、站在劳动之外的人同这个劳动的关系，或者说生产出工人对劳动的关系，生产出资本家对劳动的关系，因而私有财产现象实际上是这种外化劳动或异化劳动的产物和必然后果。所以，"异化劳动"的实质在于这种劳动形式再生产出雇佣工人与资本家之间的生产关系。

二是"私有财产"是异化劳动的"手段"，是其"实现"即"物质的表现"或"财产关系"。马克思说："外化劳动同工人本身的关系……的产物或必然结果是非工人对工人和劳动的财产关系。私有财产作为外化劳动的物质的、概括的表现，包含着这两种关系：工人同劳动、对自己的劳动产品和对非工人的关系，以及非工人对工人和工人的劳动产品的关系。"② 这可以理解为私有财产一方面是外化劳动即异化劳动的产物，另一方面又是异化劳动借以实现（外化）的手段。

三是"私有财产"与异化劳动之间"相互作用"。马克思认为正如神原先不是人类理性迷误的原因而是人类理性迷误的结果一样，与其说私有财产表现为外化劳动的根据和原因，不如说它是外化劳动的结果。当然，二者之间的这种因果关系变成互为因果的关系。这些论述表明，"从私有财产和异化劳动之间的关系来说，异化劳动则是更根本的东西""异化劳动产生私有财产"③，"私有财产"在根本上被马克思归源

---

① 《马克思恩格斯文集》第1卷，人民出版社2009年版，第158—159、160页。
② 同上书，第168页。
③ 陈先达：《走向历史的深处》，上海人民出版社1987年版，第134、135页。

于"异化劳动"。

那么，"异化劳动"又归源于什么呢？一方面，如上所述，马克思实际上把它归源于作为"人类区别于其他物类的一种认识世界、改造世界并享受世界的特殊能力与功能"的人的"类特性"或"类本质"在一定历史阶段的特殊状态，即生产力的低水平状态所致。本来"动物只是在直接的肉体需要的支配下生产，而人甚至不受肉体需要的支配也进行生产，并且只有不受这种需要的支配时才进行真正的生产"，"异化劳动"则使人由作为人的生产力水平返祖为动物的"生产力"水准，所谓"动物的东西成为人的东西，而人的东西成为动物的东西"即是如此。另一方面，马克思看到了"异化劳动"包含"人类奴役制"即社会制度因素。他说，从异化劳动同私有财产的关系可以进一步得出这样的结论：整个人类奴役制就包含在工人对生产的关系中，并且一切奴役关系都属于这种关系的变形和后果。① 这表明，异化劳动与马克思的"雇佣劳动"概念的明确性相比有其思辨性或模糊态一面，但又有"雇佣劳动"概念所不可包容的深刻内容，而这是不能简单地视为什么抽象的"人性论"或什么"唯心史观"的。

三 雇佣劳动：对资本主义世界劳动形式的科学规定

马克思和恩格斯在《神圣家族》就指出了"雇佣劳动"的掠夺性。首先，马克思的《雇佣劳动与资本》从"雇佣劳动对资本的关系角度"阐述了"雇佣劳动"的来历。他认为人类劳动力一开始并不是商品，因而劳动并非一开始就采取雇佣劳动形式。奴隶就不是把他自己的劳动力出卖给奴隶主，而是奴隶连同自己的劳动力一起永远地卖给自己的主人。奴隶曾经作为商品从一个所有者手里转到另一个所有者手里，但奴隶身上的劳动力却不是他的商品。农奴是土地的附属品，他只出卖自己的一部分劳动力，不从土地所有者方面领得报酬，只是向土地所有者缴纳贡赋。工人则是以出卖劳动力作为其唯一生活来源，否则，他就会饿死。工人不依附于某一个资产者，但依附于整个资产阶级。资本就是这样以雇佣劳动为前提，而雇佣劳动又以资本为前提，两者相互制约又相互依存。

---

① 参见《马克思恩格斯文集》第1卷，人民出版社2009年版，第167页。

　　具体地说，一方面，资本只有同劳动力交换而引起雇佣劳动的产生才能使自身增殖，雇佣劳动力只有能使资本增殖、使奴役它的权力加强才能与资本交换、被资本雇佣，同时，对劳动的需求随着生产资本的增加而增加，从而劳动力的价格工资也提高。另一方面，工资的任何显著的增加以生产资本的迅速增加为前提，而生产资本的迅速增加必定引起财富、奢侈、社会需要和社会享受等同样迅速的增长，这样，工人可以得到的享受纵然增长了，但与资本家的大为增加的享受、一般社会发展水平相比，工人所得到的社会满足的程度反而降低。因为人们的需要和享受是由社会产生的、以社会（消费水平）为尺度的，而不是以满足它们的物品去衡量的。为了使普通民众明白这个道理，马克思在《雇佣劳动与资本》中打了这么个比喻：一座小房子不管怎样小，在周围的房屋都是这样小的时候，它是能满足社会对住房的一切要求的。但是，一旦在这座小房子近旁耸立起一座宫殿，这座小房子就缩成可怜的茅舍模样了。这时，狭小的房子证明它的居住者毫不讲究或者要求很低；并且，不管小房子的规模怎样随着文明的进步而扩大起来，但是，只要近旁的宫殿以同样的或更大的程度扩大起来，那么较小房子的居住者就会在那四壁之内越发觉得不舒适，越发不满意，越发被人轻视。就是说，资本（家）的价值取向与雇佣工人的利益不是一致的，而是"相反相成"的。

　　其次，从"雇佣劳动"形式产生的历史条件阐明了其经济学意义上的实质与生产力原因。马克思认为，经济学意义上的雇佣劳动同短工等其他劳动形式之间的质的规定性在于，雇佣劳动作为生产资本的劳动不仅把其所需要的物质生产资料再生产出来，而且把雇佣工人即雇佣关系再生产出来，就是说这些雇工不同于历史上的奴隶或农奴或依附农而是"自由工人阶级"。典型形式的雇佣劳动即作为扩展到整个社会范围的雇佣劳动形式是由作为资本本身创造出来的价值而存在的土地所有权创造出来的，如旧式的富有土地所有者直接转变成现代土地所有者，其手下的劳动者自动变成雇佣工人，为利润而生产，这种现代土地所有者是一身"兼任现代租地农场主和现代土地所有者"两个身份，其收入形式的改变、其手下劳动者报酬形式的改变不是外在形式的改换而是生产方式的改变，而这是"以产业、商业和科学的一定发展，简言之，以生产力的一定发展为基础的"①，"雇佣劳动只有在生产力已经很发展，能

---

① 《马克思恩格斯全集》第30卷，人民出版社1995年版，第235—236页。

够把相当数量的时间游离出来的时候，才会出现；这种游离在这里已经是一种历史的产物"①。对雇佣劳动形式产生的历史条件分析不仅探明了其生产力原因，而且揭示了资本主义雇佣劳动形式——作为历史上雇佣劳动"典型形式"的实质内容即"生产资本的劳动"或"为利润进行生产"，马克思在《资本论》中从"资本原始积累"角度将它简约为"剥削他人的但形式上是自由的劳动"。

最后，概括了"雇佣劳动"的特征。马克思在《资本论》第一卷中阐明了资本主义生产方式下的雇佣劳动的两个特征，就是工人的劳动受到资本家的监视，其劳动活动以及劳动过程中使用的工具、原料遵循节约、爱惜的原则，工人的劳动产品是资本家的"所有物"。因为对工人来说，这种雇佣劳动"创造的财富作为别人的财富和它相对立，它自己的生产力作为它的产品的生产力和它相对立，它的致富过程作为自身的贫困化过程和它相对立，它的社会力量作为支配它的社会力量和它相对立"②。就是说，在雇佣劳动中，资本家与工人相互对立，作为资本主义生产过程的雇佣劳动实际上是直接生产剩余价值的劳动，其雇佣工人是拥有直接生产剩余价值的劳动能力的行动者的一种"载体"，这种雇佣劳动因而只能属于那种"充当生产剩余价值的手段的劳动"③范畴。他在《经济学手稿（1857—1858 年）》中还把人类文明史上各种劳动形式做出归结：奴隶劳动、徭役劳动、雇佣劳动这样一些劳动④始终是令人厌恶的事、外在的强制劳动。正是在这个意义上，马克思在《工资、价格和利润》中提出工人对待资本主义社会"雇佣劳动"的态度是：应当摒弃"做一天公平的工作，得一天公平的工资！"这种保守的格言，而要在自己的旗帜上写上革命的口号："消灭雇佣劳动制度！"

当然，雇佣劳动作为一种"剥削他人劳动"即无偿占有剩余价值的劳动形式是依存于特定的资本主义私有制条件的而不是无条件的。马克思在《资本论》对资本主义生产方式有特定的界定，就是只有当一个货币或商品的占有者在生产上预付的最低限额大大超过了中世纪的最高

---

① 《马克思恩格斯全集》第 31 卷，人民出版社 1998 年版，第 30 页。
② 《马克思恩格斯全集》第 26 卷第 3 册，人民出版社 1974 年版，第 284—285 页。
③ 《马克思恩格斯文集》第 8 卷，人民出版社 2009 年版，第 520 页。
④ 恩格斯对这些劳动形式做了补充说明：包含着整个资本主义生产方式的萌芽的雇佣劳动是很古老的；它个别地和分散地同奴隶制度并存了几百年。但是只有在历史前提已经具备时，这一萌芽才能发展成资本主义生产方式。（《马克思恩格斯选集》第 3 卷，人民出版社 1995 年版，第 744 页注①）

限额时，才有条件成为资本家。他根据中世纪行会师傅雇工最高限额推算，只有雇工八人以上的雇主才算"资本家"。所以，马克思所关注的雇佣劳动是资本主义社会的雇佣劳动形式。

四　劳动的本质特征

　　无论异化劳动还是雇佣劳动，都是马克思对人类处于阶级对抗阶段或"史前"时期的文明状态或人性水平的一个描述，只不过资本主义世界即资本主义雇佣劳动制把人性"进化"中的这些初始性或片面性或"恶"的一面放大了而已。一些人甚至根据马克思的异化劳动学说主要是资本主义的机器大工业生产使一切熟练劳动解体，引起劳动的简单化现象，把马克思的劳动学说归结为劳动退化说①。但马克思在构建新世界观过程中没有驻足于劳动的历史形式"恶"的一面，而是在批判过程中去发现人类劳动活动的"一般性质"，发现人性的未来，人类文明的未来。他在《经济学手稿（1857—1858年）》中认为作为现代经济学的起点的"劳动"范畴只是到了"资产阶级社会的最现代"的条件下才被现代经济学提到"首位"，"成为实际上真实的东西"，"作为最现代的社会的范畴"，属于"现代工业的产物""资本的文明的胜利"②。他和斯密、黑格尔等古典学者一样，高度评价了作为社会历史特有的最普遍现象——"劳动"。他（针对费尔巴哈的人本主义）说连续不断的感性劳动和创造、生产正是整个现存的感性世界的基础，它哪怕只中断一年，不仅自然界将发生巨大的变化，而且整个人类世界以及他自己的直观能力甚至他本身的存在也会很快就没有了；说任何一个民族如果停止劳动，不用说一年，就是几个星期也要灭亡；说体力劳动是防止一切社会病毒的伟大的消毒剂。这样，"劳动"就不限于经济学范畴，"劳动的关系具有多面性。就劳动和资本的关系说，它反映的是资本主义制度下无产阶级和资产阶级的对抗，对这个矛盾的分析构成科学社会主义的根本内容；就劳动是人的本质，就劳动在人的认识和历史中的作用来说，它属于哲学范围；就劳动与商品、货币等的关系来说，它

① ［日］山口重克：《市场经济：历史·思想·现在》，张季风等译，社会科学文献出版社2007年版，第148页。
② 《马克思恩格斯文集》第1卷，人民出版社2009年版，第178、176页。

属于经济学的范围。"①

马克思从整个人类劳动发展史角度论述了"劳动"这一现象的最基本而普遍性的特征。

（一）亲自然性

马克思在《1844年经济学哲学手稿》中把"自然界"视为工人的劳动得以实现、工人在其中活动、工人的劳动从中生产出和借以生产出自己的产品的必不可少的"材料"，在《资本论》第一卷中通过抽象法把"发育"了的、获得多样性的现代劳动形式还原为其原初状态。他说："如果完全抽象地来考察劳动过程，那么，可以说，最初出现的只有两个因素——人和自然（劳动和劳动的自然物质）。人的最初的工具是他本身的肢体，不过，他自身首先占有的必然正是这些工具。只是有了用于新生产的最初的产品——哪怕只是一块击杀动物的石头——之后，真正的劳动过程才开始。人所占有的最初的工具之一是动物（家畜）……土地和劳动似乎是生产的原始因素，而专供劳动使用的产品，即生产出来的劳动材料、劳动资料、生活资料，只是一种派生因素。"②这样，劳动的原初形态是人与自然的关系即人与自然界或自然物的直接变换过程或交往过程，甚至本身就是"一种自然力的表现"即劳动正是人以自身的活动来中介、调整和控制人和自然之间的物质变换的过程。

《资本论》第一卷"劳动过程"一段对人与自然在劳动活动中的关系做了这样的描述：人自身在文明之初作为一种自然力与自然物质相对立。为了在对自身生活有用的形式上占有自然物质，人就使他身上的自然力——臂和腿、头和手运动起来。当他通过这种运动作用于他身外的自然并改变自然时，也就同时改变他自身的自然。他使自身的自然中蕴藏着的潜力发挥出来，并且使这种力的活动受他自己控制。所以，在马克思的劳动概念里，劳动的内容不仅包括劳动过程对自然界或自然物所引起的反应或"改变"，而且包括劳动过程对人"自身的自然"——生理组织和体内的"潜力"所引起的反应或"改变"。

他还在《资本论》第一卷分析了参与劳动过程的各个"简单要素"之间的细微差异。其中，"土地"或"水"作为最初的"食物"或

---

① 陈先达：《马克思异化理论的两次转折》，《中国社会科学》1982年第2期。
② 《马克思恩格斯全集》第32卷，人民出版社1998年版，第109页。

"现成的生活资料"形式呈现在人类面前；从水中"捕获的鱼"、在原始森林中"砍伐的树木"、从地下矿藏中"开采的矿石"则是经过"劳动"而获得的"天然存在的劳动对象"，被称作"原料"；劳动者利用物的机械的、物理的和化学的属性而把被利用物当作发挥力量的手段并依照劳动者的目的作用于其他物，这种"被利用物"即"劳动者直接掌握的东西"被称作"劳动资料"，是"劳动者置于自己和劳动对象之间、用来把自己的活动传导到劳动对象上去的物或物的综合体"。劳动的这些"简单要素"不仅是可触可感的有形物即"自然的"东西，而且其中的"劳动资料"或者说"生产工具"作为劳动过程中的"综合体"在这些"简单要素"中起着最关键的作用。马克思由劳动的这些"简单要素"得出结论：劳动是人和自然之间物质变换的"一般条件"，是人类生活的"永恒的自然条件"，为"人类生活的一切社会形式所共有"①，作为"不以一切社会形式为转移的人类生存条件"具有"永恒的自然必然性"②。

既然劳动的"亲自然性"首先表明了人与自然之间的直接关系，就要求人类在劳动活动过程中尊重自然界或自然物的外在规律，进行保护性"改变"或开发，马克思由此谴责早期资本主义生产破坏了人和土地之间的物质变换，破坏了土地持久肥力的永恒的自然条件；既然劳动的"亲自然性"还表明劳动是人类生活的"永恒的自然条件"、为"人类生活的一切社会形式所共有"，属于人的存在要素或存在方式，那么，为人就当作"劳动者"或者说向社会提供剩余劳动的"生产者"，而营造让人人劳动的公平机制或机会无疑构成社会或政府责无旁贷的职责。

（二）观念（目的）的先导性

人类创造其文明或文化的"劳动"过程总有"目的"或"意志"这类无形的"观念"（精神）因素在起"先导"作用，其"产品"或"商品"或"作品"乃是某种精神力量或"观念"的"物化"或"外化"或"对象化"。马克思在《资本论》中指出：蜘蛛的活动与织工的活动相似，蜜蜂建筑蜂房的本领使人间的许多建筑师感到惭愧。但是，最蹩脚的建筑师从一开始就比最灵巧的蜜蜂高明的地方，是他在用蜂蜡建筑蜂房之前，已经在自己的头脑中把它建成了。劳动过程结束时得到

① 《马克思恩格斯文集》第5卷，人民出版社2009年版，第215页。
② 同上书，第56页。

的结果，在这个过程开始时就已经在劳动者的表象中存在着，即已经观念地存在着。他不仅使自然物发生形式变化，同时还在自然物中实现自己的目的，这个目的是他所知道的，是作为规律决定着他的活动的方式和方法的，他必须使他的意志服从这个目的。显然，人类的"劳动"现象并非仅是有形的物质性"要素"或纯"客观"因素在活动，这种"劳动"或生产实践活动过程的"幕后"实际上有某种无形的"目的"或"观念"在"先验"地起作用，马克思特别强调资本主义大工业把科学作为一种独立的生产能力与直接劳动过程分开而"迫使科学为资本服务"，"劳动具有科学性，同时又是一般的劳动，这种劳动不是作为一定方式刻板训练出来的自然力的人的紧张活动，而是作为一个主体的人的紧张活动，这个主体不是以纯粹自然的，自然形成的形式出现在生产过程中，而是作为支配一切自然力的活动出现在生产过程中"①。现实财富的创造随着大工业的发展较少地取决于劳动时间和已耗费的劳动量，较多地取决于在劳动时间内所运用的作用物的力量，这种作用物自身与生产它们所花费的直接劳动时间不成比例而取决于一般的科学水平和技术进步即科学在生产上的应用，并且作为"财富的宏大基石"部分"既不是人本身完成的直接劳动，也不是人从事劳动的时间，而是对人本身的一般生产力的占有，是人对自然界的了解和通过人作为社会体的存在来对自然界的统治"即"社会个人的发展"②。就此看来，诺贝尔经济学奖得主贝克尔所说的"在我念过的马克思的著作里，我认为他几乎没有注意到人力资本理论。我不认为马克思对人力资本理论有什么影响……没有对人力资本做出贡献"③ 不仅是片面的，并且是错误的。

这个"人的劳动"或生产实践活动背后的"观念"（idea）或精神力量正是人类"劳动"或"实践"的"原动力"，是"劳动"范畴下所要追问的本质属性。因此，在"劳动"或"实践"范畴上不能驻足于笼统的"物质性"概念。就此而言，一些教科书或论著关于"劳动"或"实践"的"本质"论，仅仅触及了其表层或限于表象"描述"。因为仅凭人的"体力""手"或"石头"这类"简单要素"去"劳动"或"实践"，不会有今天如此精致复杂的人类文明成果，人类的"劳动"或"实践"永远也跨不出"动物界"或"自然界"水准。"人"

---

① 《马克思恩格斯文集》第 8 卷，人民出版社 2009 年版，第 174 页。
② 同上书，第 196 页。
③ 高小勇、汪丁丁：《专访诺贝尔经济学奖得主——大师论衡中国经济与经济学》，朝华出版社 2005 年版，第 117—118 页。

不同于动物，或者说"建筑师"不同于"蜜蜂"的地方，就在于唯有"人"或"建筑师"才拥有理性精神以及使其对象化或外化（物化）的能力。因而，不仅不能把"劳动"或"实践"笼统地归结为"物质活动"，即使是"劳动"或"实践"活动所依凭的"劳动资料"即生产工具也不能被笼统地归结为"物质因素"或"客观因素"。因为"自然界没有造出任何机器，没有造出机车、铁路、电报、自动走锭精纺机等等。它们是人的产业劳动的产物，是转化为人的意志驾驭自然界的器官或者说在自然界实现人的意志的器官的自然物质。它们是人类的手创造出来的人类头脑的器官；是对象化的知识力量。固定资本的发展表明，一般社会知识，已经在多么大的程度上变成了直接的生产力"①，劳动资料或者说生产工具不过是人的劳动能力发展的结晶。

随着人类生产力的加速增长和科学知识呈爆炸性增长特别是科学技术成为第一生产力（因素），人类劳动的知识含量或科技含量愈来愈高。虽然马克思在《资本论》中考虑得较多的是体力劳动或工人的简单劳动方面，但他也提出了"复杂劳动"概念："比较复杂的劳动只是自乘的或不如说多倍的简单劳动，因此，少量的复杂劳动等于多量的简单劳动"，"比社会的平均劳动较高级、较复杂的劳动，是这样一种劳动力的表现，这种劳动力比普通劳动力需要较高的教育费用，它的生产要花费较多的劳动时间，因此它具有较高的价值。既然这种劳动力的价值较高，它也就表现为较高级的劳动，也就在同样长的时间内对象化为较多的价值"②。他甚至指出了"对脑力劳动的产物——科学——的估价，总是比它的价值低得多"③ 这一对待脑力劳动不公的现象④。马克思对生产能力与劳动工具、劳动对象（后两者又被马克思称为"劳动条件"或"客观条件"）之间的轻重有过明确区分：资本积累只不过是社会劳动生产力的积累，因而工人本身的技能和知识（科学能力）的积累是主要的积累，比和它一同进行并且只是反映它的固定资本的积累重要得多。可见，驻足于"劳动光荣"或"劳动者光荣"这一观念不够，要立足于做"有文化的劳动者"，不断提升自己劳动的知识"含

① 《马克思恩格斯文集》第 8 卷，人民出版社 2009 年版，第 197—198 页。

② 《马克思恩格斯文集》第 5 卷，人民出版社 2009 年版，第 58、230 页。

③ 《马克思恩格斯全集》第 26 卷第 1 册，人民出版社 1974 年版，第 377 页。

④ 恩格斯在《国民经济学批判大纲》中说："詹姆斯·瓦特的蒸汽机这样一项科学成果，在它存在的头 50 年中给世界带来的东西比世界从一开始为扶植科学所付出的代价还要多。"（《马克思恩格斯选集》（中文第 3 版）第 1 卷，第 29 页）

量"或科技"含量"。

缺憾的是，"实践概念与劳动概念的界定缺乏明晰性。有些人把劳动定义为实践，但在说明实践的特性时，又把它归结为劳动"①。现行马克思主义原理教科书没有单列"劳动"概念，而是从所谓哲学角度以"实践"范畴的形态去阐述马克思的"劳动"思想如实践具有物质性、自觉能动性和社会历史性等基本特征，这种以"实践"面目出现的"劳动"概念的阐释，尽管把"自觉能动性"与其他特征置于"平等"地位，但它是被置放于"物质第一性，意识第二性"思维格式内，让实践或劳动活动的"自觉能动性"处于"物质第一性"的"阴影"之中，结果不自觉地或无意识地给本该活跃、主动、体现人之为人的质的规定性的"自觉能动性"戴上了"镣铐"。

（三）自由性

说到"劳动"，人们自然联想到"锄禾日当午，汗滴禾下土"的"辛苦"情景，怎么会与"自由"沾边呢？马克思的确肯定了劳动之辛苦，说"不劳动却是'自由和幸福'"②，但那是针对人类"史前时期"的劳动形式如奴隶劳动、徭役劳动、雇佣劳动"恶"的一面来说的。就人类劳动（形式）发展史而言，马克思反对那种"把劳动单纯看作牺牲"的"消极的规定"③，认为"自由"才是"劳动"的本质属性。

一方面，他从"剩余劳动时间"与"自由时间"的关系阐明了人类劳动的自由性。他在《1857—1858年经济学手稿》中做了这样精辟的阐述：不劳动的社会部分的自由时间是以剩余劳动或过度劳动为基础的，是以劳动的那部分人的剩余劳动时间为基础的；一方的自由发展是以工人必须把他们的全部时间包括他们发展的空间完全用于生产一定的使用价值为基础的，剩余价值首先表现在剩余产品中，那些剩余劳动同作为生活资料的生产中所使用的（必要）劳动时间相比即是可供支配的（自由）时间。"剩余产品把时间游离出来，给不劳动阶级提供了发展其他能力的自由支配的时间。因此，在一方产生剩余劳动时间，同时在另一方产生自由时间"，由于"一切不劳动的阶级就必定要和资本家一起分配剩余劳动的产品；所以这些剩余劳动时间不仅创造他们物质存

---

① 衣俊卿、陈树林：《当代学者视野中的马克思主义哲学：东欧和苏联学者卷》下，北京师范大学出版社2012年版，第168页。
② 《马克思恩格斯文集》第8卷，人民出版社2009年版，第174页。
③ 同上书，第175页。

在的基础，而且同时创造他们的自由时间，创造他们的发展的范围"①。马克思在《资本论》第三卷中提出"自由王国只是在由必需和外在目的规定要做的劳动终止的地方才开始"，在《哥达纲领批判》中则亮明了衡量劳动自由性的"标尺"：劳动已经不仅仅是谋生的手段，而且本身成了生活的第一需要。马克思这些论述表明了劳动的自由性程度与劳动生产率之间的正比例关系：随着生产力的不断发展或生产率不断提高，人类用于必要劳动的时间即维持生存的劳动时间或劳动作为谋生手段的部分越来越少，剩余劳动时间即用于自我发展的自由时间或自由劳动时间也就是劳动成为"生活第一需要"的部分越来越多，一句话，人类劳动的自由性程度随着劳动生产率的提高而越来越大。马尔库塞说："自动化有可能把作为现存文明基础的自由时间与工作时间的关系颠倒过来，即有可能使工作时间降到最低限度，而使自由时间成为专职时间。其结果将是对各种价值作彻底的重估，发现一种与传统文化不能相容的生存方式。"②

另一方面，马克思认为人类劳动之自由性的根据在于人类劳动活动的观念性即人在劳动活动中表现出来的理性能力。他说："有意识的生命活动把人同动物的生命活动直接区别开来……或者说，正因为人是类存在物，他才是有意识的存在物，就是说，他自己的生活对他来说是对象。仅仅由于这一点，他的活动才是自由的活动。"③ 人的劳动自由性核心在于动物只是按照它所属的那个种的尺度和需要来建造，而人却懂得按照任何一个种的尺度来进行生产，并且懂得怎样处处都把内在的尺度运用于对象，以黑格尔思辨的话说即"自由的真义在于没有绝对的外物与我对立，而依赖一种'内容'，这内容就是我自己"④。与人类活动或劳动的能动作用而带来的不断扩展的"自由"空间相比，动物"世界"则相形见绌：动物所生产与"建造"出的世界永远不过是自然界的一部分；动物永远不能创造出一个超出自然意义的文化世界或文明世界。马克思在《政治经济学批判（1857—1858 年手稿）》中得出这样的论断：自由见之于活动恰恰就是劳动。他在《资本论》第三卷中具体阐明了这种"自由"的经济学内容：自由是社会化的人或者说联合起

---

① 《马克思恩格斯全集》第 32 卷，人民出版社 1998 年版，第 215、215—216 页。
② ［美］马尔库塞：《爱欲与文明——对弗洛伊德思想的哲学探讨》1961 年标准版"序言"，黄勇、薛民译，上海译文出版社 1987 年版，第 14 页。
③ 《马克思恩格斯全集》第 3 卷，人民出版社 2002 年版，第 273 页。
④ ［德］黑格尔：《小逻辑》，贺麟译，商务印书馆 1980 年版，第 115 页。

来的生产者合理地调节他们和自然之间的物质变换，并把这种物质变换过程置于他们的共同控制之下而不任其作为一种盲目的力量来统治自己；靠消耗最小的力量而在最无愧于和最适合于他们的人类本性的条件下来进行这种物质变换。因此，劳动的"自由性"尽管包括人类能够"按照任何一个种的尺度来进行生产""懂得怎样处处都把内在的尺度运用到对象上去"，但集中体现"在最无愧于和最适合于他们的人类本性的条件下来进行物质变换"，也就是在驾驭外在条件与规律的过程中进行"随心所欲"式的"创造"。后来恩格斯在《社会主义从空想到科学的发展》中把马克思这个思想细化为"人终于成为自己的社会结合的主人，从而也就成为自然界的主人，成为自身的主人——自由的人"。

"自由性"最鲜明地体现了劳动的本质属性，最鲜明地体现了劳动的理想境界或人之为人的质的规定性。所以，社会或政府当为展现人们劳动过程的"自由性"创造公平机制或条件。当然，即使是在人类理想社会的劳动之自由性也绝不会意味着劳动只是"一种娱乐，一种消遣"，相反，"真正自由的劳动"是"非常严肃，极其紧张的事情"①，劳动总免不了"汗水"。

（四）历史辩证性

马克思在《资本论》手稿里通过"剩余劳动""必要劳动""劳动时间""自由时间"之间的"对立统一"性阐述了人类劳动这一本质属性。他认为"剩余劳动"既是整个社会"自由时间"的基础，又是整个社会用于发展或创造文化的物质基础。由于资本强迫社会的相当一部分人即雇佣工人从事这种超过他们的直接需要的剩余劳动，资本创造文化，执行一定的历史职能即造就整个社会的普遍勤劳，创造剩余劳动或剩余劳动时间，并且"在劳动强度和劳动生产力已定的情况下，劳动在一切有劳动能力的社会成员之间分配得越平均，一个社会阶层把劳动的自然必然性从自身上解脱下来并转嫁给另一个社会阶层的可能性越小，社会工作日中用于物质生产的必要部分就越小，从而用于个人的自由活动、脑力活动和社会活动的时间部分就越大。从这一方面来说，工作日的缩短的绝对界限就是劳动的普遍化"②。

马克思认为资本这一劳动生产方式充分体现了人类劳动之历史辩证

---

① 《马克思恩格斯文集》第 8 卷，人民出版社 2009 年版，第 174 页。
② 《马克思恩格斯文集》第 5 卷，人民出版社 2009 年版，第 605 页。

性，提出"创造可以自由支配的时间是资本的主要使命"①。他从资本关系下劳动与资本之间在"劳动时间"与"自由时间""体力劳动"与"脑力劳动"上的失衡及它们之间的"对立统一"性质推断，整个人类文明时代的进步都是建立在这种"对立统一"基础上的，这不仅是指"一方的自由时间"与"另一方的被奴役的时间"之间的对立情形，并且是指"直接的劳动时间"与"自由时间"之间并非总是"抽象对立"而是交织在一起的状态，就是"自由时间"包括闲暇时间、从事较高级活动的时间往往把占有这种自由时间的人变为进行另一直接生产过程的主体，如对于正在成长的青少年来说，这个直接生产（指对劳动者的培育）过程就是训练；对于头脑里具有积累起来的社会知识的成人来说，这个直接生产过程就是知识或科学的运用过程、开发研制的过程②。可见，"直接的劳动时间"与"自由时间"或者说"直接的劳动时间"与劳动者自身的培育或发展过程之间是辩证统一或历史地交织在一起的。

当然，"劳动时间"与"自由时间""体力劳动"与"脑力劳动"之间的辩证统一并非意味着原地轮回或循环，而是随着人类劳动生产力或个人能力的历史发展而越来越智能化、"自由性"含量越来越高。因为工人不再是生产过程的主要当事者，而是监督者、调节者，直接形式的劳动不再是财富的巨大源泉，劳动时间不再是财富的尺度，交换价值也不再是使用价值的尺度，工人的剩余劳动不再是发展一般财富的条件，少数人的非劳动不再是发展人类头脑的一般能力的条件。于是，以交换价值为基础的生产便会崩溃，直接的物质生产过程本身也就摆脱了贫困和对抗性的形式。个性得到自由发展，获得剩余劳动不是为了缩减必要劳动时间，而是直接把社会必要劳动缩减到最低限度，所有的人可以自由支配的时间不断增加，从而给所有的人腾出了时间和创造了手段，个人会在艺术、科学等方面得到发展。

劳动就其社会形式即人与人之间的关系来看在历史上先后经历了奴隶劳动、徭役劳动、雇佣劳动等，这些劳动形式都程度不同地带着"强制劳动"或"异化劳动"的特征，但发展的总趋向是趋近"真正自由的劳动"即"在最无愧于和最适合于他们的人类本性的条件下"的劳动、享受劳动的"天伦之乐"，如马克思在谈到"自由和奴隶制"的关

---

① 《马克思恩格斯全集》第 31 卷，人民出版社 1998 年版，第 619 页。
② 同上书，第 108 页。

系时就断言"直接奴隶制……是我们现代工业的枢纽……奴隶制是一个极为重要的经济范畴。没有奴隶制，北美这个最进步的国家就会变成宗法式的国家"①。"真正自由的劳动"这一人类劳动的总体本质特征与人类劳动所经历的"奴隶劳动""徭役劳动""雇佣劳动"等具体形式之间"相反相成"：前者构成后者的"环节""手段"，后者构成前者的"方向""目的"，这些正体现了劳动的历史辩证性，构成人类自身的历史发展主要内容。"劳动"这种历史的辩证性用黑格尔的话说即"特殊的东西同特殊的东西相互斗争，终于大家都有些损失。那个普通的观念并不卷入对峙和斗争之中，卷入是有危险的。它始终留在后方，在背景里，不受骚扰，也不受侵犯。它驱使热情去为它自己工作，热情在这种推动里发展了它的存在，因而热情受了损失，遭到祸殃——这可以叫做'理性的狡计'。"②

　　既然人类劳动的具体形式在历史上是多样的、有层次之分的，历史上那些劳动形式事实上都构成了人类趋近"真正自由的劳动"即劳动的理想境界的一个个台阶，就应该历史地"善待"曾经的劳动形式。值得具体澄明的，一是"真正自由的劳动"即"自由劳动"不是什么"新型劳动"，不是什么人类特定历史阶段的"劳动形式"，而是马克思对人类劳动本质特征的一个总括，与马克思"异化劳动"概念相对举。二是"雇佣劳动"的确体现了资本主义生产方式下人与人之间的关系、人类历史中一种特定的劳动形式——资本在其中居"强势"地位，但应注意到它对人类进步至今所具有的不可磨灭的历史意义，应持"瑕不掩瑜"的底线，不要简单把它视同"异化劳动"。不过，根据马克思《资本论》的逻辑推断，能够取代"雇佣劳动"的人类新型劳动形式也许是能够实现在劳动者的"私人劳动"与"社会劳动"之间直接转换的劳动形式，这种新型劳动形式是被称为"公共劳动"还是什么"劳动"，需要依据人类社会实践将来的发展程度而定。三是"异化劳动"概念不仅（实际上）指向那种人类生产力的低水平状态（类似于原始社会生产状态），并且指向人类文明史上特定生产关系或社会制度特别是资本关系下的返祖状态或亚文明态，其具体所指并不代表人类劳动的本质属性，换言之，"异化劳动"概念仅仅用于描述人类劳动中出现的

①　《马克思恩格斯选集》第 4 卷，人民出版社 1995 年版，第 538 页。
②　[德] 黑格尔：《历史哲学》，王造时译，上海书店 1999 年版，第 34 页。

某些"我的劳动不是我的生命"① 现象而非指称劳动的某种"形式",因而"雇佣劳动"≠"异化劳动"。当然,作为一个哲学范畴的"异化劳动"概念与作为经济学范畴的"雇佣劳动"概念相比,虽然它不及后者的明确性而存在含混或思辨性且容易导致对资本主义生产方式及其历史负效应的某种抽象认识,但有着与后者不同的独立内容而有其"用场",不能归入抽象的"人性论"范畴。

---

① 《马克思恩格斯全集》第42卷,人民出版社1979年版,第38页。

第八章　资本

马克思在《评阿·瓦格纳的"政治经济学教科书"》中叙述了"资本"一词的来历：capitale 是由古希腊 κεφάλειον（基本的东西）一词翻译过来的，用以表示不同于利息（tókos）的债款。caput pecuniae 在中世纪是表示某种基本的、本质的、原来的东西，德语用的是 Hauptgeld，表示"本钱"之意。他强调资本概念属于"现代经济学的基本概念"，应该准确阐明这个概念。恩格斯把"资本"均恰当地比作现代全部社会体系所依以旋转的"轴心"。马克思实际上从不同的侧面分析了这个作为现代社会"普照的光"的资本现象。

一　资本形态的不同侧面

（一）直观形态：生产要素

在批判李嘉图把资本视为"作为手段被用于新劳动生产的那种积累的已实现的劳动""物化劳动"的片面性时，马克思在《政治经济学批判（1857—1858 年手稿）》中提到"资本的物质"命题、"资本就是生产工具"判断；在谈到"工人和机器之间的斗争"时提到"资本的物质存在形式""资本主义生产方式的物质基础"命题。这表明，马克思是承认资本的物质形态这一侧面的。

就资本的直观形态或载体而言，资本是以一种自然物或生产要素的形式而存在的，与商品、货币相生相伴。马克思指出："资本不仅包括生活资料、劳动工具和原料，不仅包括物质产品，并且还包括交换价值。资本所包括的一切产品都是商品。所以，资本不仅是若干物质产品的总和，并且也是若干商品或若干交换价值或若干社会定量的总和。"[1]

---

① 《马克思恩格斯选集》第 1 卷，人民出版社 1995 年版，第 345 页。

　　"资本"表现为一种把生产资料的物的要素与人的要素"结合"或"聚集"的行为过程,代表一种生产方式。马克思说:"资本只不过是把它找到的大批人手和大量工具结合起来。资本只是把它们聚集在自己的统治之下。这就是资本的真正积累。积累就是资本在一定点上把工人连同他们的工具聚集在一起。"①

　　马克思从资本积累的角度阐明了资本的价值构成和技术构成及其关系。从价值方面看,资本的构成是由不变资本与可变资本之间的比率或者说作为生产资料的价值与作为劳动力的价值即工资总额之间的比率所决定的;从在生产过程中发挥作用的物质方面看,每个资本都分为生产资料与活的劳动力,这种构成是由所使用的生产资料量与为使用这些生产资料所必需的劳动量之间的比率决定的。马克思把前一种构成称为资本的价值构成,把后一种构成称为资本的技术构成。由于这两者之间存在密切的相互关系,马克思把由资本技术构成决定并且反映技术构成变化的资本价值构成称为资本的有机构成(C/V)。马克思发现资本存在一个不断"增加固定资本的总价值"②即资本有机构成不断提高的趋势。他根据社会劳动生产力在各个特殊生产部门的不同水平把资本有机构成分成不同等次:同社会平均资本相比,把那种不变资本占比高而可变资本占比低的资本叫作高构成的资本;把不变资本比重小而可变资本比重大的资本叫作低构成的资本;把那种和社会平均资本有同样构成的资本,叫作平均构成的资本。

　　马克思分析了与"个别资本"相对的社会总资本即总商品资本的构成:一是实物构成,包括生产资料和消费资料,与此相应,社会生产也分为第Ⅰ部类和第Ⅱ部类;二是价值构成包括生产资料消耗的价值 C、劳动力消耗的价值 V、剩余价值 M,即 C + V + M。

　　马克思根据产业资本循环过程所采取的不同形式而把它分为"货币资本"形态、"生产资本"形态和"商品资本"形态。其中,他对生产资本形态的结构做了不同角度的划分。一是根据生产资本在价值增殖过程中的不同作用形式把它分为"不变资本"和"可变资本":前者指原料和劳动工具,后者指同活的劳动能力相交换的生活资料。

　　二是根据生产资本在流通过程中的价值转移的性质和方式不同,把它分为"固定资本"和"流动资本"。马克思在《资本论》第二卷中认

────────────

① 《马克思恩格斯全集》第46卷上册,人民出版社1979年版,第511页。
② 《马克思恩格斯全集》第31卷,人民出版社1998年版,第168页。

为，就价值形态而言，由于全部生产资本价值都处在不断流通之中，一切生产资本都可称为流动资本。但由于这个生产资本部分不是在它的使用形式上进行流通，而是在价值形态上的流通且逐步地、一部分一部分地进行流通（折旧），它在执行职能的全部时间内总有一部分价值固定在它里面，因而这部分不变资本构成"固定资本"形式，相反，在生产过程中预付资本的其他一切物质组成部分则构成"流动资本"。马克思在《资本论》手稿中特别强调了二者之间"区分"的模糊态或亦此亦彼性：资本作为通过一切阶段的主体，作为流通和生产的运动着的统一，作为流通和生产的处在过程中的统一，它是流动资本；资本作为束缚在每个这样阶段上的它自身，作为具有自身差别的资本，是固定起来的资本，被束缚的资本；作为流动着的资本，它把自身固定起来，而作为固定起来的资本，它在流动。

马克思根据参与剩余价值分割的情况把资本区分为产业资本、商业资本、借贷资本及资本主义条件下的土地私有权。

马克思还从资本"总循环"即社会总资本运行的角度把资本区分为产业资本、商业资本和借贷资本。他在《资本论》第二卷中认为资本价值在它的流通阶段所采取的两种形式，是货币资本的形式和商品资本的形式，都属于产业资本范畴；在总循环过程中采取而又抛弃这些形式并在每一个形式中执行相应职能的资本则是产业资本。马克思把"货币资本"形态、"生产资本"形态和"商品资本"形态进一步归类为"产业资本"即职能资本。其中，生产资本是产业资本的基本形式，货币资本、商品资本是产业资本的派生形式；商业资本和借贷资本是分别从产业资本中的商品资本、货币资本中分离出来的，只不过是产业资本在流通领域时而采取又时而抛弃的不同职能形式在社会分工条件下被独立化、专业化而已。

马克思在《资本论》第三卷中认为在资本主义"股份公司"条件下，原来的"产业资本"被转化为单纯的经理即他人的资本的管理人，原来的"借贷资本"即资本所有者转化为单纯的货币资本家。这样，在资本主义社会就出现了资本所有权与经营权的分离及其资本人格上的分立即"资本家"与"经理"或"企业家"。并且在资本主义"股份公司"条件下还出现了"社会资本"与"私人资本"之间的分立：那种本身建立在社会生产方式的基础上并以生产资料和劳动力的社会集中为前提的资本直接取得了社会资本（即那些直接联合起来的个人的资本）的形式而与私人资本相对立，并且隶属于这种社会资本的企业也表现为社会企业而与私人企业相对立。① 这里的"社会资本"即后来的所谓"金融资本"或"金融寡头"。

马克思还阐明了"资本的内在本性"。"竞争"作为体现了人类"自由性"这一人之为人的质的规定性，从一个侧面体现了资本的"本性"。马克思提出"竞争一般说来是资本贯彻自己的生产方式的手段"，"自由竞争是资本的现实发展。它使符合资本本性，符合以资本为基础的生产方式，符合资本概念的东西，表现为单个资本的外在必然性"②。他认为自由竞争建立在整个资本主义生产的基础上，不仅是对封建生产方式的否定，对垄断、行会、法律规定等的否定，还是某种自为存在的东西，属于资本的内在本性或本质规定，并且资本本身就表现为力图超越自己界限的一种无限制的和无止境的"欲望"，这种竞争作为资本的社会性方面显然包含着"对封建生产的否定"和它的"自为存在的东西"如"竞争心""致富欲""成就欲"。就像斯密在《道德情操论》中阐述过的，引起"竞争"的原因是"人生的伟大目标"包括"引人注目、被人关心、得到同情和博得赞许"，"享有地位和荣誉的人举世瞩目"等。不过，这种自由竞争或竞争的自由在资本主义生产方式下是有局限的，因为这种个人自由同时也彻底取消了个人自由，使人的个性完全屈从于这么一种社会条件即采取物的权力形式，并且这种物的形式极其强大而独立于彼此发生关系的个人之外。

需要注意的是，"竞争"作为资本的社会性包含精神因素，不等于"生产关系"范畴，更不等于"剥削"关系。

（二）历史形态：私有制生产关系

善于从物与物之间的关系发现人与人之间的关系，是贯穿马克思新世界观始终的一个特征。资本的社会生产关系这一历史本质是马克思在《雇佣劳动与资本》中第一次所阐明的。他说："黑人就是黑人，只有在一定的关系下，他才成为奴隶。纺纱机就是纺棉花的机器，只有在一定的关系下，它才成为资本。脱离了这种关系，它也就不是资本了，就像黄金本身并不是货币，砂糖并不是砂糖的价格一样。"③ 同样，货币由于始终具有同一形式、同一基质而被片面地理解为只是一种物。但

① 参见《马克思恩格斯文集》第 7 卷，人民出版社 2009 年版，第 494—495 页。
② 《马克思恩格斯全集》第 31 卷，人民出版社 1998 年版，第 128、42 页。
③ 《马克思恩格斯选集》第 1 卷，人民出版社 1995 年版，第 346、344 页。

是，商品、货币等同样的东西既可以代表资本，也可以代表收入等。因此，资本虽然总是呈现为"资本物"，但资本之所以为资本在于"资本显然是关系，而且只能是生产关系"。资本作为一种特定的历史形态，其实质在于工人的活劳动是替积累起来的死劳动——资本充当保存并增加其交换价值的手段，在于作为资本载体的"货币"充当手段来实现资本主人的"特殊的目的"。

资本作为一种生产关系形式并不等于一般的"社会生产关系"，而仅仅是"资产阶级的生产关系""资产阶级社会的生产关系"。这种生产关系是私人占有性或掠夺性的，"按其本质来说，它是对无酬劳动的支配权"① 即对剩余价值的索取权和控制权，"资本家"则是资本的"人格化"，"他的灵魂就是资本的灵魂"即"资本"的本质是"增殖价值"，用自己的不变部分即生产资料吮吸尽可能多的剩余劳动。资本作为一种生产关系不仅在于通过这种生产关系使资本保值和增殖，而且在于在这个资本保值、增殖的过程中不断地再生产出作为资本主人的"资本家"、作为劳动力的载体的"工人"，劳动的客观条件人格化了，构成一种对工人相异己的人格化财产。

资本不仅是一种私有制生产关系，而且在资本主义社会是"一种普照的光"，是资产阶级社会的支配一切的经济权力，"是这样一种社会生产方式，在这种生产方式下，生产过程从属于资本，或者说，这种生产方式以资本和雇佣劳动的关系为基础，而且这种关系是起决定作用的、占支配地位的生产方式"② 。马克思在《〈政治经济学批判〉导言》中明确提出"资产阶级社会"是工业生产或者说"资本"处于支配地位，连土地所有制或地租也处于资本关系的支配下，资本构成资产阶级社会支配一切社会现象的"经济权力"。

资本作为一种私有制生产关系是一种特定的"历史现象"。马克思在《资本论》手稿中认为，资本并非"存在于一切社会形式中"的"完全非历史的东西"。他在《资本论》中进一步指出："有了商品流通和货币流通，决不是就具备了资本存在的历史条件。只有当生产资料和生活资料的占有者在市场上找到出卖自己劳动力的自由工人的时候，资本才产生；而单是这一历史条件就包含着一部世界史。因此，资本一出

① 《马克思恩格斯文集》第5卷，人民出版社2009年版，第611页。
② 《马克思恩格斯全集》第32卷，人民出版社1998年版，第153—154页。

现，就标志着社会生产过程的一个新时代。"①

二 资本的历史贡献

资本或作为资本人格化的资本家阶级不仅具有掠夺性、历史暂时性，也在人类文明历史中扮演着非凡的历史角色。

马克思在《共产党宣言》中从宏观或大历史的视野明确肯定作为资本人格化的资产阶级在历史上"起过非常革命的作用"，它无情地斩断了把人们束缚于天然的尊长的形形色色的封建羁绊，开拓了世界市场，使一切国家的生产和消费都成为世界性的，使未开化的和半开化的国家从属于文明的国家，使作为农耕文明的民族从属于作为工业文明的民族，使东方从属于西方。资本从作为一种独立的生产方式以来所创造的生产力比过去一切世代创造的生产力还要大，还要多，它实现了对自然力的征服以及采用机器、在工农业中应用化学、建造铁路等现代交通工具、使用电报等现代通信工具。

马克思在《资本论》第一卷中把资本主义剥削所造成的生产率提高的潜能与资本作为一般生产力的潜能区分开来，认为"资本一旦合并了形成财富的两个原始要素——劳动力和土地，它便获得了一种扩张的能力，这种能力使资本能把它的积累的要素扩展到超出似乎是由它本身的大小所确定的范围，即超出由体现资本存在的、已经生产的生产资料的价值和数量所确定的范围"②。

马克思肯定了"资本的文明面"。他认为资本家作为人格化的资本有历史的价值。资本家的动机不是商品的使用价值和享受而是交换价值及其增殖。他狂热地追求价值的增殖、肆无忌惮地迫使人类去为生产而生产从而发展了社会生产力、创造了生产的物质条件，最终为一个更高级的、以每个人的全面而自由的发展为基本原则的社会形式创造了现实基础。因而，"资本的文明面之一是，它榨取剩余劳动的方式和条件，同以前的奴隶制、农奴制等形式相比，都更有利于生产力的发展，有利于社会关系的发展，有利于更高级的新形态的各种要素的创造"③。曼

① 《马克思恩格斯文集》第5卷，人民出版社2009年版，第198页。
② 同上书，第697页。
③ 《马克思恩格斯文集》第7卷，人民出版社2009年版，第927—928页。

德尔从"消费社会"角度肯定"靠工资维持生活者的需要（生活标准）的真正扩大……是资本的必要文明功能的必然结果"①。

马克思在《资本论》手稿中精辟地阐明了资本对科学技术的推动作用。他认为近代科学技术系统唯有经过资本这一生产方式的驱动才能获得如此的创建与成功，即资本或资本主义生产方式的健全与发展奠定了近现代科学技术产生与发展的直接社会需要与物质条件："只有资本主义生产方式才第一次使自然科学为直接的生产过程服务，同时，生产的发展反过来又为从理论上征服自然提供了手段。科学获得的使命是：成为生产财富的手段，成为致富的手段"②，"只有在这种生产方式下，才产生了只有用科学方法才能解决的实际问题。只有现在，实验和观察——以及生产过程本身的迫切需要——才达到使科学的应用成为可能和必要的那样一种规模。现在，科学、人类理论的进步，得到了利用。资本不创造科学，但是它为了生产过程的需要，利用科学，占有科学。这样一来，科学作为应用于生产的科学同时就和直接劳动相分离"；"自然科学本身的发展，也像与生产过程有关的一切知识的发展一样，它本身仍然是在资本主义生产的基础上进行的，这种资本主义生产第一次在相当大的程度上为自然科学创造了进行研究、观察、实验的物质手段"；"只有资本主义生产才把物质生产过程变成科学在生产中的应用——被运用于实践的科学——，但是，这只是通过使劳动从属于资本，只是通过压制工人本身的智力和专业的发展来实现的"。③ 曼德尔指出：资本"寻求剩余利润，寻求高出平均利润之上的利润"的"不断冲动""会导致不停的努力来改革技术，使生产成本低于那些竞争对象，以便获得剩余利润以及更大的资本有机组成，与此同时也就提高了剩余价值率"。④

马克思在《资本论》手稿中肯定了资本在近现代社会科学知识系统的创建过程中的作用，说："固定资本的发展表明，一般社会知识，已经在多么大的程度上变成了直接的生产力，从而社会生活过程的条件本身在多么大的程度上受到一般智力的控制并按照这种智力得到改造。它

① ［比利时］厄尔奈斯特·曼德尔：《晚期资本主义》，马清文译，黑龙江人民出版社1983年版，第459页。

② 《马克思恩格斯文集》第8卷，人民出版社2009年版，第357页。

③ 同上书，第357、358—359、363页。

④ ［比利时］厄尔奈斯特·曼德尔：《晚期资本主义》，马清文译，黑龙江人民出版社1983年版，第19页。

表明，社会生产力已经在多么大的程度上，不仅以知识的形式，而且作为社会实践的直接器官，作为实际生活过程的直接器官被生产出来。"①像文学上的莎士比亚的《哈姆雷特》、歌德的《浮士德》、雨果的《巴黎圣母院》，天文学上的哥白尼的《天体运行论》，政治学上的洛克的《政府论》、孟德斯鸠的《论法的精神》、卢梭的《社会契约论》，经济学上的魁奈的《经济表》、斯密的《国富论》，哲学上的弗兰西斯·培根的《新工具》、笛卡尔的《方法谈》、康德的"三大理性批判"，生物学上的达尔文的《物种起源》，历史学上的摩尔根的《古代社会》、黑格尔的《历史哲学》等，这些不朽的文化巨著均生产于资本作为一种独立的生产方式兴起并渐居统治地位的时代，正是这个时代为这些文化巨人享有"自由时间"（进行精神创作）奠定了"物质基础"。

马克思在《资本论》手稿中阐明了资本对人的"培养"作用。他在《经济学手稿（1857—1858 年）》中认为资本主义生产方式能够培养社会的人的一切属性，并把人们"作为具有尽可能丰富的属性和联系的人""尽可能广泛需要的人""具有高度文明的人"生产出来。因为这种生产方式的"交往普遍性""世界市场"及生产部门多样化与不断的变动性等，为"个人全面发展"创造了环境与动力。马克思还特别阐明了资本在"培养"资本的"掘墓人"中的历史作用。他认为资本这一生产方式是在矛盾中运动的，即不断地克服"矛盾"又不断产生这些"矛盾"。因为资本不可遏止地追求的贪婪构成了资本的矛盾本身或不治之症，这种情况到一定阶段驱使人们利用资本本身来消灭资本。

因为资本作为一种生产方式本身是处于过程中的矛盾，它既竭力把劳动时间缩减到最低限度，又不得不以劳动时间成为财富的唯一尺度和源泉，因而资本力求缩减作为必要劳动时间形式的劳动时间以便增加作为剩余劳动时间形式的劳动时间，越来越使剩余劳动时间成为必要劳动时间的条件，同时，资本既要调动科学和自然界的一切力量、调动社会结合和社会交往的力量以便使财富的创造不取决于耗费在这种创造上的劳动时间，又想用劳动时间去衡量这样造出来的巨大的社会力量，并把这些力量限制在资本增殖所需要的限度之内。于是，资本处于资本无限增殖的目的与其增殖的手段——发展生产力之间的矛盾之中，这种矛盾状况的结果是造成了炸毁资本的"物质条件"。所以，马克思提出"无

---

① 《马克思恩格斯文集》第 8 卷，人民出版社 2009 年版，第 198 页。

产阶级解放所必需的物质条件是在资本主义生产发展过程中自发地产生的"①。

上述资本作为一种独立的生产方式所发挥的这些巨大历史进步作用综合起来看，就是资本造就了资本主义社会这么一个远远超越于奴隶社会文明、封建社会文明的新文明系统，即"它创造了这样一个社会阶段，与这个社会阶段相比，一切以前的社会阶段都只表现为人类的地方性发展和对自然的崇拜。只有在资本主义制度下自然界才真正是人的对象，真正是有用物；它不再被认为是自为的力量；而对自然界的独立规律的理论认识本身不过表现为狡猾，其目的是使自然界服从于人的需要。资本按照自己的这种趋势，既要克服把自然神化的现象，克服流传下来的、在一定界限内闭关自守地满足于现有需要和重复旧生活方式的状况，又要克服民族界限和民族偏见。资本破坏这一切并使之不断革命化，摧毁一切阻碍发展生产力、扩大需要、使生产多样化、利用和交换自然力量和精神力量的限制"②。

三　资本发展的趋势

贯穿马克思新世界观始终的总风格是善于"通过批判旧世界发现新世界"，因而马克思批判性地分析资本现象是为了从这个资本主义"旧世道"中发现"新世界"的因子或苗头，揭示资本发展的趋势。

其一，资本主义生产方式包含着绝对发展生产力的趋势，使生产成本不断降低，从而使商品的价格缩减到最低限度。马克思在《资本论》第三卷中认为资本运动存在一种持续不断的趋势，就是在直接使用活劳动时最大限度地提高工人的劳动生产效率或缩减必要劳动时间，利用劳动的各种社会生产力来不断缩减单位产品生产所必要的劳动，因而尽量节约直接使用的活劳动。并且，资本还有一种趋势，就是把所使用的不变资本的价值缩减到它的最低限度。换言之，资本具有创造越来越多的剩余劳动的趋势。

其二，随着资本有机构成不断提高而在资本世界出现越来越大的"产业后备军"。由于社会劳动生产率的增进，资本使用越来越少的人

① 《马克思恩格斯文集》第 10 卷，人民出版社 2009 年版，第 438—439 页。
② 《马克思恩格斯文集》第 8 卷，人民出版社 2009 年版，第 90—91 页。

力就可以推动越来越多的生产资料。然而，这个规律在劳动资料使用工人而不是工人使用劳动资料的资本主义生产方式下形变为：劳动生产力越高，工人对他们就业手段的压力就越大，因而他们的生存条件即为增加他人财富或为资本自行增殖而出卖自己劳动力的机会就越没有保障，其结果是生产资料和劳动生产率比生产人口增长得快的真相在资本主义生产方式下被掩盖，却呈现出一种假象：工人人口的自然增长率超过了资本增殖对人口的需求量。正是在这个意义上，美国学者詹姆逊把《资本论》视为一本关于"失业"的书①。

其三，固定资本的科技含量或知识含量越来越高。马克思在《经济学手稿（1857—1858 年）》中认为资本主义生产方式下的固定资本发展本身便表明，科学知识在很大程度上变成了直接生产力，社会生活过程本身在很大程度上受到一般智力的控制并按照这种智力得到改造，社会生产力在很大程度上以知识形式被生产出来或者以社会生产工具的形式被生产出来。他指出，"劳动的社会生产力表现为资本固有的属性；它既包括科学的力量，又包括生产过程中社会力量的结合，最后还包括从直接劳动转移到机器即死的生产力上的技巧"，"当劳动资料不仅在形式上被规定为固定资本，而且抛弃了自己的直接形式，从而，固定资本在生产过程内部作为机器来同劳动相对立的时候，而整个生产过程不是从属于工人的直接技巧，而是表现为科学在工艺上的应用的时候，只有到这个时候，资本才获得了充分的发展，或者说，资本才造成了与自己相适应的生产方式。可见，资本的趋势是赋予生产以科学的性质，而直接劳动则被贬低为只是生产过程的一个要素。同价值转化为资本时的情形一样，在资本的进一步发展中，我们看到：一方面，资本是以生产力的一定的现有的历史发展为前提的——在这些生产力中也包括科学——，另一方面，资本又推动和促进生产力向前发展"②。

其四，剩余价值的创造形式出现科技化或智能化趋势。马克思认为自然科学在资本主义生产方式下被资本直接用作致富手段，成为那些靠发展科学为业的人的致富手段。因而搞科学的人为了探索科学的实际应用而互相竞争，并且搞发明也成了一种特殊职业。随着资本主义生产的扩展，科学因素被空前地大规模发展、应用于社会生产活动中，如作为

① Fredric Jameson, "A New Reading of Capital", *Meditations: Journal of the Marxist Literary Group*, Vol. 25, No. 1, 2010.
② 《马克思恩格斯文集》第 8 卷，人民出版社 2009 年版，第 206、187—188 页。

科技结晶的机器使工人能够把他们的更大部分时间用来替资本劳动，把他们的更大部分时间当作不属于自己的时间，也就是用更长的时间来替资本劳动，这个过程的结果是生产某种物品的必要劳动量会缩减到最低限度。所以"提高劳动生产力和最大限度否定必要劳动……是资本的必然趋势。劳动资料转变为机器体系，就是这一趋势的实现"①。

从这一方面来看，单个劳动能力创造价值的力量同越来越大的固定资本相比变得"微不足道"而趋于消失。当然，"采用机器"生产客观上"使人的劳动，使力量的支出缩减到最低限度。这将有利于解放了的劳动，也是使劳动获得解放的条件"②。

其五，资本发展包含着"全球化"趋向。马克思在《经济学手稿（1857—1858 年）》中认为由于资本具有创造越来越多的剩余劳动的趋势，因而具有创造越来越多的交换地点的补充趋势，也就是说，资本作为一种生产方式具有自我"繁殖"或向（西欧）四围扩张的本能，提出"创造世界市场的趋势已经直接包含在资本的概念本身中"。他说："资本按照自己的这种趋势，既要克服把自然神化的现象，克服流传下来的、在一定界限内闭关自守地满足于现有需要和重复旧生活方式的状况，又要克服民族界限和民族偏见。资本破坏这一切并使之不断革命化，摧毁一切阻碍发展生产力、扩大需要、使生产多样化、利用和交换自然力量和精神力量的限制。"③ 资本发展的这种全球化趋向换一个角度看，就是资本的发展必然走向大范围的垄断即国际垄断或全球垄断。

其六，资本的一个趋势是不断创造剩余劳动即可以自由支配的时间。马克思在《经济学手稿（1857—1858）》中提出"资本的趋势始终是：一方面创造可以自由支配的时间，另一方面把这些可以自由支配的时间变为剩余劳动"④。不过，资本这样创造"自由时间"的本意是为了尽量多地创造剩余劳动时间并把必要劳动减少到最低限度的趋势，结果在客观上为全社会可以自由支配的时间创造了条件，使整个社会的劳动时间缩减到不断下降的最低限度，从而为全体社会成员自身的发展腾出可以自由支配的时间。

其七，资本发展的趋向是使资本家成为生产过程的"多余人"而走向消失。马克思在《资本论》第三卷"利息和企业主收入"中认为，

---

① 《马克思恩格斯文集》第 8 卷，人民出版社 2009 年版，第 186 页。
② 同上书，第 192 页。
③ 同上书，第 91 页。
④ 同上书，第 199 页。

由于执行职能的资本家同单纯的货币资本所有者相分离，在信用制度发展的条件下，这种货币资本本身取得了一种社会的性质而集中于银行，从而它不再是由它的直接所有者而由银行贷出；同时，那些既不能用借贷也不能以别的方式占有资本的单纯的经理执行着一切原由职能资本家所担任的职能，于是，只有执行职能的人员或经理在生产过程中发挥作用，而资本家将成为生产过程中"多余的人"或纯粹食利者。

其八，资本发展的最终趋向是"消除资本的自行增殖"力。就是说，随着社会生产力包括科学的力量、劳动者的素质以及固定资本的极大发展，资本作为一种生产方式达到了一个极限，其自行增殖力就会自我消解。"超过一定点，生产力的发展就变成对资本的一种限制；因此，超过一定点，资本关系就变成对劳动生产力发展的一种限制。一旦达到这一点，资本即雇佣劳动就同社会财富和生产力的发展发生像行会制度、农奴制、奴隶制同这种发展所发生的同样的关系，就必然会作为桎梏被摆脱掉。于是，人类活动所采取的最后一种奴隶形式，即一方面存在雇佣劳动，另一方面存在资本的这种形式就要被脱掉……"① 从历史发展的大尺度看，资本或资本主义生产方式在整个人类历史发展的长河中只是"一个过渡点"。

其九，资本的发展趋向在整个社会生产方式上必然是"建立个人所有制"。马克思在《资本论》第一卷中认为从资本主义生产方式产生的资本主义占有方式属于"资本主义的私有制"，是对历史上的以自己劳动为基础的个体私有制的第一个否定。但资本主义生产由于自身发展过程的内在矛盾性造成了对自身的否定即一种"否定的否定"，这种"否定的否定"不是重新回归历史上的私有制，而是在资本主义时代文明成就即"协作和对土地及靠劳动本身生产的生产资料的共同占有"的基础上重建"个人所有制"。

四 资本的神秘性

从马克思经济学文本看，马克思在直接论及资本或商品的"神秘性"过程中使用"神秘"（包括"神秘化""神秘主义"等）一词大略有 50 次。马克思在《政治经济学批判》中首次发现了商品经济关系中

---

① 《马克思恩格斯全集》第 31 卷，人民出版社 1998 年版，第 149 页。

"神秘化"现象，这就是在人类历史上出现了这样一种社会生产关系，它采取"一种物的形式，以致人和人在他们的劳动中的关系倒表现为物与物彼此之间的和物与人的关系"，或者说，"个人在社会生活的生产过程中所发生的一定关系表现为一个物品的特殊属性"。这种"神秘化"现象在简单商品经济关系中成了不言自明的自然事情，而在商品经济的发达阶段则使人产生幻觉，如"货币主义"者把货币视为那种具有一定属性的自然物的形式而不是代表着一种商品生产者之间的社会生产关系；"现代经济学家"在处理比较高级的经济范畴即资本的时候也陷入这样的幻觉，就是"他们刚想拙劣地断定是物的东西，突然表现为社会关系，他们刚刚确定为社会关系的东西，却又表现为物来嘲弄他们"①。

马克思在作为《政治经济学批判》"续篇"的《资本论》第一卷中分析了商品"神秘性"产生的原因。他认为商品的神秘性既不是来源于商品的使用价值，也不是来源于商品的价值，而是来源于商品形式本身。这就是人类生产商品的一般劳动的等同性取得了劳动产品的价值对象性即"物的形式"；人类在生产商品过程中所耗费的以劳动持续时间来计量的人类劳动力取得了劳动产品的价值量形式；商品生产者在劳动过程中借以实现的生产关系采取了劳动产品之间的交换关系。所以，马克思说："商品形式的奥秘不过在于：商品形式在人们面前把人们本身劳动的社会性质反映成劳动产品本身的物的性质，反映成这些物的天然的社会属性，从而把生产者同总劳动的社会关系反映成存在于生产者之外的物与物之间的社会关系"，不过，"商品形式和它借以得到表现的劳动产品的价值关系，是同劳动产品的物理性质以及由此产生的物的关系完全无关的。这只是人们自己的一定的社会关系，但它在人们面前采取了物与物的关系的虚幻形式"。② 商品世界的这种"神秘性"在人们的意识中产生出一种幻觉即"商品拜物教"，并且随着商品交换关系的进一步发展而出现货币拜物教、资本拜物教现象。

马克思在《资本论》中具体分析了"资本的神秘性"或"资本主义生产方式的神秘性"。他认为，"资本的神秘性"主要表现在，一是同奴隶劳动在奴隶制下表现为全部"无偿劳动"而掩盖其有酬劳动部分的现象相反，雇佣工人的剩余劳动或无酬劳动在资本主义雇佣劳动制

---

① 《马克思恩格斯全集》第 13 卷，人民出版社 1962 年版，第 23 页。
② 《马克思恩格斯文集》第 5 卷，人民出版社 2009 年版，第 89、89—90 页。

形式下全被幻化为"有酬劳动",因为工人总是在劳动一周或一月之后获得"工资"或劳动报酬的,这种"工资"似乎是对其全部劳动的报酬。资本家和工人之间的雇佣与被雇佣的交换关系在形式上是平等的商品交换关系,但这种"平等"形式掩盖了他们之间的实质内容即"资本家用他总是不付等价物而占有的他人的已经对象化的劳动的一部分,来不断再换取更大量的他人的活劳动"①。并且工人的"劳动价格的提高被限制在这样的界限内,这个界限不仅使资本主义制度的基础不受侵犯,而且还保证资本主义制度的规模扩大的再生产。可见,被神秘化为一种自然规律的资本主义积累规律,实际上不过表示:资本主义积累的本性,决不允许劳动剥削程度的任何降低或劳动价格的任何提高有可能严重地危及资本关系的不断再生产和它的规模不断扩大的再生产"②。

二是资本的流通时间被幻化成资本的增殖"来源"于流通领域。本来资本的流通时间直接构成资本的生产时间的一种限制即限制资本的增殖过程,然而,资本的流通时间或流通过程的这种"消极的作用"被幻化成"积极的作用",即资本自行增殖的源泉似乎源自于流通领域这个"偶然性占统治地位"的领域,与资本的生产过程即资本对剩余劳动的无偿占有无关。结果对于资本家来说,"资本主义的生产过程就幸运地变成一个神秘莫测的东西了,产品中包含的剩余价值的起源,也就完全被掩盖起来"③。

三是剩余价值转换成"利润"形式。在这种形式中,剩余价值被幻化成全部预付资本的"产物"。就是说,一笔资金成为资本是因为它被用来生产利润或者说被当作资本来使用,结果本来作为资本主义生产方式事实的 W = k + m 公式转换成了 W = k + p 公式。虽然 p(利润)与 m(剩余价值)在量上同一,但它是一个包含着神秘性的形式,就是 k(C + V)作为成本价格使"不变资本和可变资本之间的区别看不出来了,所以在生产过程中发生的价值变化的起源,必然从可变资本部分转移到总资本上面"④。这样,剩余价值的真正起源和它存在的秘密就被掩盖了。就是说,"资本表现为一种对自身的关系,在这种关系中,资本作为原有的价值额,同它自身创造的新价值相区别。至于说资本在它通过生产过程和流通过程的运动中创造出这个新价值,这一点是人们意

①《马克思恩格斯文集》第5卷,人民出版社2009年版,第673页。
② 同上书,第716页。
③《马克思恩格斯文集》第6卷,人民出版社2009年版,第251页。
④《马克思恩格斯文集》第7卷,人民出版社2009年版,第44页。

识到了的。但是这种情况是怎样发生的，现在却神秘化了，好像它来自资本本身固有的秘密性质"①，资本形变为某种"自动机"或与劳动相对立的"人"，从而将生产过程的客观要素"主体化"。

四是"利息"使资本完全神秘化。利息本来只是借贷资本家从职能资本家直接在工人身上榨取的剩余价值中分割出来的一部分，但它在资本主义生产方式下直接呈现为资本的直接"果实"或某种"本原的东西"，即货币或商品具有独立于再生产过程之外而增殖本身价值的"能力"，因而"在生息资本中，资本自行再生产的特性，即自行增殖的价值，剩余价值的生产，却纯粹表现为一种神秘的性质"②，以至于有些政治经济学家错误地把生息资本看作资本的"基本形式"。因为生息资本形式把劳动的一切社会生产力幻化为与劳动本身无关而为资本本身所有，它似乎是从资本自身生长出来的一种神秘力量。

马克思在《资本论》手稿及《剩余价值理论》中对资本的神秘性做了多侧面的分析，其中，值得注意的有三个。

一是资本对劳动或资本对人的关系表现为"物的人格化和人的物化"。作为资本主义生产的生产资料包括劳动材料。劳动资料（以及生活资料）不是从属于工人，而是工人从属于生产资料；不是工人使用生产资料，而是生产资料在使用工人或资本使用劳动。工人对生产资料来说是手段，生产资料依靠这个"手段"去实现自身价值的转移或保值，并使自己的价值转化为资本即吸收剩余劳动而使自己的价值增殖。于是，在资本与劳动之间出现了物（资本）的人格化和人（工人）的物化。在严格意义上的资本主义生产方式下，资本家不是作为这个或那个"个人"来统治工人而是作为资本的人格化即在"资本"的范围内统治整个工人阶级，也就是物化劳动（过去的"死劳动"）对活劳动的统治或者说工人制造的产品对工人本身的统治。并且，资本与劳动之间的这种关系的神秘性在于：本出自工人之手的作为资本的载体——直接物质的东西都表现为"资本的发展形式"，还有机器工业中的自然力、科学等因素对工人来说都成为"异己的、物的东西"，成为不依赖于工人反而支配着工人的存在形式而同单个工人相对立：当工人的劳动能力处在资本主义生产体系之外时就变得无能为力，它的独立的生产能力被破坏了；以机器生产为主体的劳动条件在工艺方面也表现为统治劳动的力

---

① 《马克思恩格斯文集》第7卷，人民出版社2009年版，第57页。
② 同上书，第688页。

量，并且代替劳动、压迫劳动以至于使独立形式的（工人）劳动成为多余的东西。①

二是资本表现出"二重性"幻象。马克思不仅发现了由商品组成的资本"二重性"幻象，并且揭示了这种"二重性"幻象的真相：一是资本直接以"交换价值（货币）"形式表现出"自行增殖的价值"幻象，但其实质是因为"一定量物化劳动同较大量活劳动的交换"才得以出现资本"自行增殖"现象；一是资本"在劳动过程中"直接呈现为"使用价值"形式，就是"资本不仅仅是劳动所归属的、把劳动并入自身的劳动材料和劳动资料；资本还把劳动的社会结合以及与这些社会结合相适应的劳动资料的发展程度，连同劳动一起并入它自身"，但实质上"只有直接转化为资本的劳动，也就是说，只有使可变资本成为可变的量，因而使［整个资本C］等于C+△的劳动，才是生产的"②，也就是说，只有能带来剩余价值的生产才能作为生产"使用价值"的劳动形式存在。奇怪的是，这种带来剩余价值的生产"表现为作为物的资本所固有的属性，表现为资本的使用价值"而不"直接涉及交换价值"，把劳动生产的剩余产品形变为"资本生产的剩余价值"。无怪乎马克思说，"这一切使资本变成一种非常神秘的存在"③。

三是把劳动的保值增殖能力幻化为资本自身的保值增殖能力。马克思认为资本关系中各种形式的神秘性集中表现为劳动的保存价值的能力幻化为"资本的自我保存的能力"，劳动的创造价值的能力幻化为"资本的自行增殖的能力"，物化劳动或死劳动幻化为"活劳动的使用者"④。在由"劳动对资本的形式上的从属"发展到"劳动对资本的实际上的从属"的阶段，也就是在协作、工场内部的分工、机器的运用的条件下，在为了一定的目的而把生产过程转化为自然科学、力学、化学等的自觉的运用、转化为工艺学等的自觉的运用的条件下，以及科学这个作为社会发展的一般成果在直接生产过程中的自觉运用的条件下，源于工人的社会的劳动生产力即社会化的（共同的）劳动的生产力都幻化为资本的生产力而不表现为劳动的生产力，即既不表现为单个工人的生产力，也不表现为在生产过程中结合起来的工人的生产力。⑤

① 参见《马克思恩格斯文集》第8卷，人民出版社2009年版，第394页。
② 同上书，第395、396页。
③ 同上书，第396页。
④ 同上书，第501页。
⑤ 同上书，第505页。

　　由此不难发现，由商品、市场构成的资本世界比由产品、自然因素构成的自然经济世界"复杂"得多、"狡猾"得多。由于当代世界仍然以"资本世界"为载体，要成功回应这个现代世界的风险，就必须深刻把握资本的"神秘性"。应该说，马克思新世界观以资本学说为载体实际上为破解这个神秘的世界提供了"利器"。

第九章 生产关系

如前所述，西方马克思主义派卢卡奇提出过社会生产关系"总体论"，巴里巴尔提出过"生产的本体论"，这些理论不一定完全准确，但的确意味着马克思的生产关系理论在其新世界观中非同一般的地位。马克思本人在《资本论》第一卷第一版"序言"中就这样独白过：我的观点是把经济的社会形态的发展理解为一种自然史的过程。不管个人在主观上怎样超脱各种关系，他在社会意义上总是这些关系的产物。通过回溯马克思制定、丰富生产关系概念的心路"简历"去阐析其基本含义和在新世界观中的"基本范畴"位置，不失为一个好的阐释方式。

一 生产关系概念制定过程的节点

其实，马克思在《〈政治经济学批判〉序言》中自白了自己创立"生产关系"概念的逻辑起因。他说自己学的专业本是法律，但他在大学里把它排在哲学和历史之次作为辅助学科来研究。他在1842—1843年作为《莱茵报》主编第一次遇到要对所谓物质利益发表意见的难事，其中莱茵省议会关于林木盗窃、地产析分的讨论以及关于自由贸易和保护关税的辩论，这些都是直接促使他研究经济问题的最初动因。并且"莱茵报"期间所遇到的"物质利益"这个实际问题与马克思在大学期间掌握的黑格尔《法哲学原理》关于国家、"市民社会"、家庭之间关系的伦理规定之间所存在的反差，还促使马克思从"政治经济学"角度深究"市民社会"或对"物质的生活关系"作科学的"解剖"。

马克思在《黑格尔法哲学批判》中提出"透过私有财产听到了人心跳动，这就是人对人的依赖"，从中得出这样的结论：家庭和市民社会是国家的前提、真正的活动者，政治国家没有家庭的天然基础和市民社会的人为基础就不可能存在。① 这是马克思后来制定的经济结构处于政治结构的基础位置理论的雏形。

在《1844年经济学哲学手稿》和《神圣家族》中，马克思主要以费尔巴哈人本主义为尺度，通过分析、批判资本主义社会里的异化劳动或人性异化现象这个侧面涉及了私有制生产关系即资本主义生产关系的本质特征。

其中，《1844年经济学哲学手稿》阐明了关于异化劳动的两个重要论断。一是异化劳动的四个"规定"即人同自己的劳动产品、自己的劳动过程、自己的类本质相异化这一事实所造成的直接结果就是人同人相异化。当人同自身相对立的时候，他也同他人相对立。凡是适用于人对自己的劳动、对自己的劳动产品和对自身的关系的东西，也都适用于人对他人、对他人的劳动和劳动对象的关系②。一是异化劳动"生产"着工人与资本家之间的"疏远的"即对抗性生产关系，也就是通过异化的、外化的劳动而生产出一个以雇佣劳动为基础的资本家同工人之间的不平等关系③。这里以思辨的哲学语言不仅说出了一般的生产关系属于人与人之间的关系，包括他们之间在劳动成果分配、经济地位方面的关系，而且说出了异化劳动条件下即特定的生产关系存在着对抗性或剥削与被剥削的性质。④

《神圣家族》一方面明确地指出了"私有制"的"生活条件"即生产关系中的对抗性或两极分化。马克思认为虽然有产阶级和无产阶级同是人的自我异化，但有产阶级在这种异化中感到自己是被满足的和被巩固的，这种异化成了它自身强大的证明与作为人而生存的外观；无产阶级在这种异化中则感到自己是被毁灭的，这种异化过程成了它自己的无力与作为非人生存的现实。另一方面提出了无产阶级是消灭私有制生产关系的主体的论断。马克思认为虽然无产阶级在这种异化的生产关系中完全丧失了一切合乎人性的东西甚至于完全丧失了人性的外观，但由此而反过来意识到自己在这种异化中所遭受的损失与贫困，这些都"逼迫"他们起来反抗与斗争。因而，马克思坚信"无产阶级能够而且必须自己解放自己"。

---

① 《马克思恩格斯全集》第1卷，人民出版社1956年版，第252页。
② 同上书，第163页。
③ 参见《马克思恩格斯文集》第1卷，人民出版社2009年版，第166页。
④ 参见赵家祥《〈1844年经济学哲学手稿〉和〈神圣家族〉中的生产关系思想》，《教学与研究》2011年第7期。

　　马克思在《德意志意识形态》中则明确提出并制定了"生产关系"概念。《德意志意识形态》多处提到"生产关系"一词如"推翻一切旧的生产关系和交往关系的基础""以物质利益和由物质生产关系所决定的意志""法对于生产关系的依存性""生产关系也必须表现为法律的和政治的关系",以及"一切实际的财产关系的真实基础"是"生产关系"等,并明确界定"生产关系"概念。马克思所谓"社会关系的含义是指许多个人的合作"①即"生产关系"范畴原初就是用来指谓人类生产活动的"社会性"及其机制②而不能简单化为"阶级关系"或阶级与阶级之间的"剥削压迫"关系。他提出的"分工从最初起就包含着劳动条件、劳动工具和材料的分配,因而也包含着积累起来的资本在各个私有者之间的劈分,从而也包含着资本和劳动之间的分裂以及所有制本身的各种不同的形式"③,不仅指出了我们通常所说的生产关系包括的三项内容,而且论述了它们之间的关系以及生产资料所有制的类型④。马克思还从分工的角度初步揭示了生产关系中的"所有制"受到生产力制约:"分工发展的各个不同阶段,同时也就是所有制的各种不同形式。这就是说,分工的每一个阶段还根据个人与劳动的材料、工具和产品的关系决定他们相互之间的关系。"⑤

　　但从术语的具体使用情况看,《德意志意识形态》存在一个"生产关系"概念与"交往形式"("交往方式")、"市民社会"及"生产方式"等术语之间的并置情况。比如,这部著作多处把"生产关系"与交往形式"并置"即二者存在相同或相近的地方,然而"交往形式"术语比生产关系概念包括的内容要广泛,而生产关系概念反映的只是人们在物质生产过程中的物质交往活动它不包括精神交往活动。又比如"市民社会",《德意志意识形态》认为"这一名称始终标志着直接从生产和交往中发展起来的社会组织","包括各个个人在生产力发展的一

①《马克思恩格斯全集》第3卷,人民出版社1960年版,第33页。
②"整部《国富论》实际上可以用一句话来概括,即合作比不合作要好。分工是近代经济发展的重要原因,而分工的发展取决于合作。由于合作会给当事各方带来增益,所以合作的达成主要发端于人的自利本能,因而合作赖以实现的经济社会制度的形成和演进,不是靠人为的设计,而取决于自然秩序的力量。"(盛洪:《经济学精神》,上海三联书店2003年版,第148页)
③《马克思恩格斯全集》第3卷,人民出版社1960年版,第74—75页。
④ 赵家祥:《解析〈德意志意识形态〉中的一个难解之谜——"生产关系"概念与"交往形式"等术语的关系》,《哲学动态》2011年第4期。
⑤《马克思恩格斯全集》第3卷,人民出版社1960年版,第25页。

定阶段上的一切物质交往","在过去一切历史阶段上受生产力所制约、同时也制约生产力的交往形式，就是市民社会"，而作为狭义的"'市民社会'这一用语是在 18 世纪产生的，当时财产关系已经摆脱了古典古代的和中世纪的共同体。真正的市民社会只是随同资产阶级发展起来的"，这里给出了"市民社会"一词不尽一致的概念。生产关系概念与"交往形式""市民社会"等术语混居状态表明，马克思对于"生产关系"这一新概念的思索或制定还存在一定的游移性。

马克思在《致巴·瓦·安年柯夫》《哲学的贫困》《雇佣劳动与资本》中便主要从经济学角度对他的生产关系概念的内涵或本质特征做了科学的界定。一是揭示了生产关系在整个社会关系中的支配地位或统合作用，如《雇佣劳动与资本》提出"人们在生产中不仅仅影响自然界，而且也相互影响。他们只有以一定的方式共同活动和互相交换其活动，才能进行生产。为了进行生产，人们相互之间便发生一定的联系和关系；只有在这些社会联系和社会关系的范围内，才会有他们对自然界的影响，才会有生产"，"生产关系总和起来就构成所谓社会关系，构成所谓社会，并且是构成一个处于一定历史发展阶段上的社会，具有独特的特征的社会"；《哲学的贫困》提出"每一个社会中的生产关系都形成一个整体"或"一切经济发展基础"，且正是生产关系这根"纽带"把某个社会形态各个社会关系或社会结构"串通"为"社会机体"。《致巴·瓦·安年柯夫》提出人们的"物质关系形成他们的一切关系的基础"。正是从生产关系这一本质特征出发，马克思由雇佣工人与资本家在生产关系或经济结构中不平等地位推论出他们之间愈益拉大的"社会鸿沟"：虽然"工人的收入随着资本的迅速增加也有所增加，可是另一方面横在资本家和工人之间的社会鸿沟也同时扩大，而资本支配劳动的权力，劳动对资本的依赖程度也随着增大"①。

二是揭示了生产关系变化的根本规律即生产关系对生产力的服从性。《哲学的贫困》提出生产关系"并不是永恒的"，"而是同人们及其生产力发展的一定水平相适应的东西，人们生产力的一切变化必然引起他们的生产关系的变化"。《致巴·瓦·安年柯夫》提出"人们在发展其生产力时，即在生活时，也发展着一定的相互关系；这些关系的性质必然随着这些生产力的改变和发展而改变"，"随着生产方式的改变，他们便改变所有不过是这一特定生产方式的必然关系的经济关系"。马

---

① 《马克思恩格斯选集》第 1 卷，人民出版社 1995 年版，第 355 页。

克思在《雇佣劳动与资本》中认为生产者相互发生的这些社会关系依照生产资料的性质而有所不同，就像军队的整个内部组织随着新作战工具改变而改变一样。后来，马克思在《经济学手稿（1857—1858 年）》中明确提出了他的生产力一元性原理，即"一旦生产力发生了革命——这一革命表现在工艺技术方面——，生产关系也就会发生革命"①。当然，马克思在揭明生产关系变化这一根本规律的过程中没有忽视生产关系和生产力都是人们生产实践活动的不同侧面，提出"任何生产力都是……以往的活动的产物……是人们的实践能力的结果"，人们的"物质关系不过是他们的物质的和个体的活动所借以实现的必然形式罢了"②。

《〈政治经济学批判〉导言》和《〈政治经济学批判〉序言》在这些观点的基础上做了推进。一是从生产关系中物与物之间或社会再生产内部阐明了生产关系各环节之间的内在依存关系。马克思在《〈政治经济学批判〉导言》中具体分析了生产关系各个环节即生产、分配、交换、消费之间相互支配与制约情形，认为这些环节构成一个既相互差异又相互依存的生产系统。一方面，"生产"既支配着自身各个要素又支配着"分配""交换""消费"等要素，这个过程总是从"生产"这一环节重新开始，"分配""交换""消费"不起支配作用，其中作为产品或作为生产要素的"分配"本身构成生产的一个要素，这样，一定的生产决定着一定的消费、分配、交换及其相互关系。另一方面，就生产系统各个片段或这些具体环节本身而言，"分配""交换""消费"也决定生产过程：当"交换"即市场扩大，则生产规模相应扩大、生产过程分工细化；当"分配"变动如出现资本集中或城乡人口流动，则生产发生相应的变动；当"消费"需要出现变动，则生产发生相应的调整。于是，"分配""消费""交换"与"生产"构成一个相互作用、相互依存的"有机整体"。马克思关于生产关系各个环节之间关系的思想是他的生产关系概念中带普遍性的内容，是马克思对他的生产关系理论的一个重大充实与完善，否则，马克思生产关系概念就成了一个脱离人类具体生产活动的纯粹"人与人之间的关系"的"抽象品"。

二是提出在每一个社会形态中都有一个占统治地位的生产关系，如《〈政治经济学批判〉导言》提出"在一切社会形式中都有一种一定的

---

① 《马克思恩格斯文集》第 8 卷，人民出版社 2009 年版，第 341 页。
② 《马克思恩格斯全集》第 27 卷，人民出版社 1972 年版，第 478 页。

生产……关系也决定着其他一切关系的地位和影响"，《〈政治经济学批判〉序言》提出："生产关系的总和构成社会的经济结构，即有法律的和政治的上层建筑坚立其上并有一定的社会意识形式与之相适应的现实基础。物质生活的生产方式制约着整个社会生活、政治生活和精神生活的过程。"① 后来恩格斯在《马克思墓前的讲话》中把马克思关于"生产关系"的思想观点概括为"发现了人类历史的发展规律"，列宁在《"什么是人民之友"以及他们如何攻击社会民主党人?》一书中把马克思这些关于"生产关系"的思想观点概括为"从社会生活的各个领域中划分出经济领域，从一切社会关系中划分出生产关系，即决定其余一切关系的基本的原始的关系"，"把社会关系归结于生产关系，把生产关系归结于生产力的水平"②，这两个"划分"、两个"归结"是对马克思生产关系及其与生产力之间关系的思想最精准的阐释。

　　《资本论》和《哥达纲领批判》则对生产关系中的生产资料占有形式与消费品的分配形式之间的关系做了明确阐述。《资本论》第三卷提出"一定的分配形式是以生产条件的一定的社会性质和生产当事人之间的一定的社会关系为前提的。因此，一定的分配关系只是历史规定的生产关系的表现"，这里明确揭示了生产资料占有形式对消费品的分配形式的支配性。《哥达纲领批判》延续了《资本论》第三卷的逻辑，认为消费资料的任何一种分配都是生产条件本身分配的结果，而生产条件的分配表现了生产方式本身的性质。其中资本主义生产方式的基础是生产的物质条件以资本和地产的形式掌握在非劳动者手中，而人民大众所有的只有生产的人身条件即劳动力。生产要素的这种占有形式就必然产生消费资料的相应分配形式。若是生产要素是共产主义式的集体占有形式，其消费资料的分配就不同于资本主义社会的分配形式。

二　对人类社会历史做"生产关系史"描述

　　正如胡克关于"历史唯物主义和剩余价值的理论的真理性是以阶级斗争的存在为前提的"③ 的论断不是完全没有道理的一样，马克思的

---

① 《马克思恩格斯选集》第 2 卷，人民出版社 1995 年版，第 24、32 页。
② 《列宁选集》第 1 卷，人民出版社 1995 年版，第 6、8 页。
③ ［美］胡克：《对卡尔·马克思的理解》，徐崇温译，重庆出版社 1989 年版，第 158、186 页。

"生产关系"理论的确生成于阶级斗争或阶级社会语境，尽管他阐明了生产关系概念带普遍性的、共性的内容。如果说上面叙述的"生产关系"概念较多地属于这个概念内涵的共性方面内容，下面将侧重于这个概念外延即生产关系概念的特殊性方面的内容，也就是人类历史上各个具体形态的生产关系，以便于把握马克思新世界观这一基本范畴的丰满内容。

比较而言，马克思对人类社会各个具体形态的生产关系研究以对资本主义生产关系的研究最为系统。

就这一侧面而言，《资本论》及其手稿可谓一部"资本主义生产关系论"。《政治经济学批判（1861—1863 年手稿)》对这个生产关系的性质或特征做了这样的断定："我们称为资本主义生产的是这样一种社会生产方式，在这种生产方式下，生产过程从属于资本，或者说，这种生产方式以资本和雇佣劳动的关系为基础，而且这种关系是起决定作用的、占支配地位的生产方式"①；"资本的直接生产过程，就是资本的劳动过程和价值增殖过程。这个过程的结果是商品产品，它的决定性动机是生产剩余价值"②；"生产剩余价值或赚钱，是这个生产方式的绝对规律"③。《资本论》详细地分析了资本生产和再生产总过程中的生产、流通和分配过程及其实现条件。马克思本人在《资本论》第三卷做过这样的介绍。第一卷研究的是资本主义生产过程本身作为直接生产过程考察时呈现的各种现象，而暂时撇开了这个过程以外的各种情况引起的一切次要影响。但是，这个直接的生产过程并没有囊括资本的全部生活过程。在现实的资本世界，资本的直接生产过程要由流通过程来补充，因而流通过程构成第二卷研究的对象。第二卷特别是把流通过程作为社会再生产过程的媒介来考察的第三篇提出：就整体来看，资本主义生产过程是生产过程和流通过程的统一。第三卷的内容不再是对于这个统一的"一般考察"，而是要揭示和说明资本运动过程作为整体考察时所产生的各种具体形式。尽管马克思用了"资本主义生产方式""资本主义生产"的概念，但应该肯定，他在《资本论》及其手稿中始终侧重于这个社会"生产方式"或"生产"的社会性质即生产要素之间的社会结合层面的分析，也就是侧重于资本的生产关系侧面分析。

---

① 《马克思恩格斯全集》第 32 卷，人民出版社 1998 年版，第 153—154 页。
② 《马克思恩格斯文集》第 6 卷，人民出版社 2009 年版，第 389 页。
③ 《马克思恩格斯文集》第 5 卷，人民出版社 2009 年版，第 714 页。

　　由于本书在第五章的"揭示剩余价值的性质和起源"部分、第七章的"雇佣劳动"部分、第八章的"资本"部分就属于对马克思关于资本主义生产关系范畴的阐述，这里以比较这三个概念之间的侧重点形式来概略"资本主义生产关系"内容。

　　从生产关系范畴看，"剩余价值"成果在资本家与雇佣工人之间的享有状况就属于生产关系中的"分配形式"或"分配环节"；"剩余价值"的来源或产生条件即劳动者与劳动实现条件的所有权之间的分离就属于生产资料所有制形式或人们在经济结构中的地位。一句话，"剩余价值"的起源（条件）及其生产和分配鲜明地体现了资本主义生产关系的实质或特征。同样，经济学意义上的"雇佣劳动"作为对"个人的、以自己劳动为基础的私有制"的对立面，属于"生产资本的劳动"或"为利润进行生产"，属于资本主义生产方式所特有的劳动形式，是"资本主义生产方式的基础"①。而"资本"在马克思的世界观里则是资本主义生产关系的代名词或简称，马克思对资本的分析的确主要是从生产关系侧面分析其典型的丰富社会性，断定"资本显然是关系，而且只能是生产关系"即为资本家带来剩余价值的手段。

　　马克思在《资本论》及其手稿中详细研究资本主义生产关系的归宿是要构建共产主义生产关系模型。

　　作为马克思晚年的重要著作《哥达纲领批判》对共产主义生产关系模型做了比较集中的阐明。这就是：在以共产主义生产关系即一个集体的、生产资料公有为基础的社会中，生产者不用交换自己的产品，施于产品上的劳动不再表现为价值，从而作为商品的价值也不再呈现为这些产品本身固有的物理属性，同那个资本主义社会相反，共产主义社会里的个人劳动不再经过迂回曲折的道路即商品交换形式而直接地作为社会总劳动的构成部分存在着。马克思还从可操作性的角度预料了这个共产主义生产关系模型在具体实施过程中的历史阶段性，就是存在一个经过长久的阵痛而从资本主义社会里产生出来的"共产主义社会第一阶段"，这个阶段还需要实现按劳分配形式即"每一个生产者，在作了各项扣除以后，从社会领回的，正好是他所给予社会的一切。他给予社会的，就是他个人的劳动量"②，只有到"共产主义社会高级阶段"即个人奴隶般地服从分工的情形已经消失、从而脑力劳动和体力劳动的对立

---

　　① 《马克思恩格斯文集》第6卷，人民出版社2009年版，第381页。
　　② 《马克思恩格斯选集》第3卷，人民出版社1995年版，第304页。

消失、劳动本身成了生活的第一需要、个人全面发展、整个社会生产力增长起来、集体财富的一切源泉都充分涌流，才能完全超越资本主义社会，彻底地实行共产主义生产关系即"各尽所能，按需分配"①。"各尽所能，按需分配"这八个字是马克思对共产主义生产关系内涵最为精准的阐明，美国著名经济学家加尔布雷斯说"'各尽所能，按需分配!'这八个字为马克思赢得的追随者比三卷《资本论》合在一起的数十万字赢得的追随者还要多"②。

值得注意的是，马克思多次把人类社会各个不同的生产关系放在同一个著述中予以集中描述。

例如，马克思在《德意志意识形态》中从生产关系的"所有制"形式对人类文明史做了这样的描述：人类文明史的"第一种所有制形式是原始部落所有制"，这种所有制与人类生产的不发达的阶段相适应，当时人们靠狩猎、捕鱼、畜牧或者少量的耕作为生，社会分工仅限于家庭中现有的自然形成的分工，社会结构只限于家庭的扩大包括父权制的部落首领、部落成员、奴隶，潜在于家庭中的奴隶制随着人口和需求的增长、随着战争和交易这种外部交往的扩大而逐渐发展起来。

人类文明史的"第二种所有制形式是古典古代的公社所有制和国家所有制"，这种所有制仍然保存着奴隶制，除公社所有制以外，动产私有制以及后来的不动产私有制已经发展起来，公民仅仅共同享有支配自己那些做工的奴隶的权力，因此受公社所有制形式的制约，建筑在这个基础上的整个社会结构及与之相联系的人民权力随着私有制特别是不动产私有制的发展而逐渐衰落，分工比较发达，出现了城乡之间的对立，出现了一些代表城市利益的国家同另一些代表乡村利益的国家之间的对立，并且在城市内部存在着工业和海外贸易之间的对立，公民和奴隶之间的阶级关系已经充分发展。马克思对这个阶段的社会所有制状况的描述大体上相当于人类原始社会解体之后的生产关系状态。

人类文明史的"第三种所有制形式是封建的或等级的所有制"。这种所有制形式是在一个宽广得多的、由罗马的征服以及起初就同征服联系在一起的农业的普及所准备好了的地域开始的，趋于衰落的罗马帝国的最后几个世纪和蛮族对它的征服使得生产力遭到了极大的破坏，农业

---

① 《马克思恩格斯选集》第3卷，人民出版社1995年版，第306页。
② ［美］加尔布雷斯：《加尔布雷斯文集》，沈国华译，上海财经大学出版社2006年版，第171页。

衰落了，工业由于产品缺乏销路而一蹶不振，商业停顿或被迫中断，城乡居民减少了，这些情况加上日耳曼人的军事制度的影响而发展了封建所有制。这种所有制像部落所有制和公社所有制一样也是以一种共同体为基础的，但与这种封建共同体对立的是小农奴而不再是奴隶。随着封建制度的充分发展，土地占有的等级结构以及与此相联系的武装扈从制度使贵族掌握了支配农奴的权力，产生了与城市对立的现象。这种所有制的主要形式一方面是地产和束缚于地产上的农奴劳动，另一方面是拥有少量资本并支配着帮工劳动的自身劳动，这两种形式都是由狭隘的生产方式即小规模的粗陋的土地耕作和手工业式的工业所决定的。在封建制度繁荣时代，分工是很少的，但社会等级结构表现得非常鲜明，其中，在乡村里有王公、贵族、僧侣和农民的划分；在城市里有师傅、帮工、学徒以及后来的平民短工的划分。与之同时，在这种所有制形式下，农业中的分工因土地的小块耕作而受到阻碍，并且存在着农民自己的家庭工业形式；工业中各手工行业内部根本没有实行分工，不同手工业之间的分工也非常少，只是在比较老的城市中存在工业和商业的分工，而比较新的城市则是后来在这些城市彼此发生了关系的条件下才发展起分工。①

人类文明发展的第四种社会制度形式（将）是"共产主义制度"。共产主义制度作为一种有史以来新型的社会制度形式在于：它推翻了一切旧的生产和交往的关系的基础，并且破天荒第一次自觉地把一切自发产生的前提看作先前世世代代的创造，消除这些前提的自发性，使它们受联合起来的个人的支配。因此，建立共产主义实质上具有经济的性质，这就是为这种联合创造各种物质条件，把现存的条件变成联合的条件。共产主义所建立的制度，正是这样的一种现实基础，它排除一切不依赖于个人而存在的东西，因为现存制度只不过是个人之间迄今所存在的交往的产物。② 这就是后来马克思在《资本论》第一卷提出的建立在资本主义生产发展成果基础上的"个人所有制"的雏形或一个还很抽象的模型。

在《雇佣劳动与资本》中，马克思从"生产关系"角度对人类文明史做了这样的描述：生产关系总和起来就构成社会关系即"社会"，并且不同的性质的生产关系总和状态造成社会发展的阶段性或"具有独

---

① 参见《马克思恩格斯全集》第 3 卷，人民出版社 1960 年版，第 27—28 页。
② 同上书，第 79 页。

特的特征的社会"，其中"古典古代社会""封建社会""资产阶级社会"之间的历史分野归根到底都是源于它们所属的各个"生产关系的总和"之间质的差别。所以，历史上新出现的独特的或典型的生产关系往往同时标志着人类历史发展中的一个新的特殊阶段。

在《〈政治经济学批判〉序言》中，马克思从经济生产方式主要是生产关系的角度对人类文明史做了这样的概括：亚细亚生产方式、古希腊罗马生产方式、封建生产方式和现代资产阶级生产方式可以大体看作经济的社会形态演进的几个时代，其中资产阶级生产关系是社会生产过程的最后一个对抗形式，人类社会的史前时期将以资本主义社会形态告终。

在《资本论》第一卷中，马克思从生产关系中人与人之间的"交换关系"角度将人类文明史描述为"鲁滨逊"式的社会→"昏暗的中世纪"→"商品世界"→"自由人联合体"。

具体地说，"鲁滨逊"式的社会即人类文化初期，人类所获得的劳动生产力很低，社会上依靠别人劳动来生活的那部分人的数量与直接生产者的数量相比微不足道，这样的劳动生产率条件便没有剩余劳动时间或剩余劳动，也就不可能存在资本家，也不可能有奴隶主、封建贵族。正如"鲁滨逊的故事"那样，鲁滨逊从事各种有用劳动如做工具、制家具、养羊驼、捕鱼、打猎等，把祈祷这类活动当作休息。尽管这些生产活动属于不同的生产职能，但只是同一个鲁滨逊的不同的活动形式，或者说只是人类劳动的不同方式。当然，需要本身迫使鲁滨逊精确地分配自己执行各种职能的时间。在这里，鲁滨逊和构成他自己创造的财富的物之间的全部关系是简单明了的。

在"昏暗的中世纪"社会，不再是一个独立的人，人们之间是互相依赖的，农奴同领主、陪臣同诸侯、俗人同牧师之间存在着依附关系，物质生产的社会关系以及建立在这种生产的基础上的生活领域都以这种人身依附为特征。由于人身依附关系构成该社会的基础，劳动和产品用不着采取与它们的实际存在不同的虚幻形式，劳动的自然形式、劳动的特殊性在这里直接采取劳动的社会形式或呈现为直接的社会形式。徭役劳动像生产商品的劳动一样用时间来计量，每一个农奴都知道他为主人服役而耗费的是他本人一定量的劳动力，同样，缴纳给牧师的什一税也一目了然。在这里，人们在劳动中的社会关系始终表现为他们本身之间的个人的关系，而没有披上劳动产品即物之间关系的外衣。

在"商品世界"，即作为资本主义生产关系的母体，人们彼此之间是独立的私人劳动者，他们在人格上是"天生的平等派"，因而，他们的劳动产品即物品在商品市场必须转换成可以交换的商品或一种具有社会性的物。因为只有通过把他们的劳动产品转换成商品形式才能把他们本身的私人劳动的社会性质转换成劳动产品本身的物理性质，即反映成这些物品固有的天然的社会属性，从而把商品生产者私人劳动同社会总劳动之间的社会关系转换成存在于生产者人格之外的可以计量的物与物之间的关系。这样，人们在"商品世界"之间的社会关系就呈现为一种可以计量的物与物之间的交往关系，一种以物为媒介的对象性关系。

"自由人联合体"即共产主义生产关系让人们用公共的生产资料进行劳动，并且预先把各个个人劳动力当作社会劳动力来使用，这个联合体的总产品是社会的产品，其中一部分重新用作生产资料而属于社会，另一部分作为生活资料由联合体成员消费。因此，这一部分要在他们之间进行分配。与商品生产相比，每个生产者在生活资料中得到的份额直接由他的劳动时间决定，于是劳动时间起双重作用。一方面，人们的劳动时间实行社会有计划的分配并调节着各种劳动职能同各种需要之间的比例关系；另一方面，劳动时间又是计量生产者个人在共同劳动中所占份额的尺度，并且是计量生产者个人在共同产品的个人消费部分中所占份额的尺度。在这里，人们同他们的劳动和劳动产品的社会关系在生产、分配领域都是用不着任何媒介物的直接交往关系。

在《资本论》第一卷中，马克思还从生产资料所有制的角度把人类文明史描述为"以个人自己劳动为基础的分散的私有制"→"资本主义私有制"→"在协作和对土地及靠劳动本身生产的生产资料的共同占有的基础上，重新建立个人所有制"。只是前一个转化过程比后一个转化过程要"长久得多、艰苦得多、困难得多。前者是少数掠夺者剥夺人民群众，后者是人民群众剥夺少数掠夺者"①。

---

① 参见《马克思恩格斯文集》第 5 卷，人民出版社 2009 年版，第 874—875 页。

第十章 共产主义

如果说马克思分析"商品世界"是为剖析"资本世界"所做的"猴体解剖",那么,相对于马克思所构建的"共产主义"新世界来说,对"资本世界"的剖析只能算作一种"猴体解剖"。或者说,在马克思新世界观系统中,"共产主义"实际上是资本发展的总趋向或必然结局。恩格斯把马克思的"代替那存在着阶级和阶级对立的资产阶级旧社会的,将是这样一个联合体,在那里,每个人的自由发展是一切人的自由发展的条件"这一共产主义核心内容概括为"新时代的精神"[①];列宁认为"马克思和恩格斯的具有世界历史意义的伟大成绩,在于他们用科学的分析证明了……资本主义必然过渡到不再有人剥削人现象的共产主义"[②];尤金(1899—1968)认为"历史经历了几千年的斗争和苦难,马克思主义才把世世代代在黑暗中徘徊的人类引上光明的大道,这条大道通往真正幸福的王国,它的名字就是共产主义"[③];弗里曼认为"虽然马克思没有仔细考察资本主义以后的经济制度的运行情况,但是,各阶级融合为单一政治集团的社会主义或共产主义世界的理想一直是他的思想体系中最有吸引力的一点"[④];邓小平把马克思主义的本质或总内容判断为"马克思主义的另一个名词就是共产主义","马克思主义又叫共产主义"[⑤]。由此不难理解"共产主义"概念在马克思新世界观中的基本范畴位置。

---

① 参见《马克思恩格斯选集》第 4 卷,人民出版社 1995 年版,第 730—731 页。
② 《列宁选集》第 3 卷,人民出版社 1995 年版,第 574 页。
③ 衣俊卿、陈树林:《当代学者视野中的马克思主义哲学:东欧和苏联学者卷》上,北京师范大学出版社 2012 年版,第 126 页。
④ [美]理查德·B. 弗里曼:《劳动经济学》,刘东一、程为敏、周小庄译,商务印书馆 2010 年版,第 13 页。
⑤ 《邓小平文选》第 3 卷,人民出版社 1993 年版,第 137、254 页。

一　共产主义概念制定过程的节点

当马克思在中学毕业时说"我们应该遵循的主要指针是人类的幸福"、选择"最能为人类福利而劳动的职业",从某种意义上讲,他就已经定下了后来经他科学论证的共产主义的"意向"。不到七年,他在《〈科隆日报〉第 179 号社论》中第一次提出了"自由人联合体"这一未来社会初步模型。

在《1844 年经济学哲学手稿》中,马克思从共产主义与私有财产、人的本质之间的关系阐述了他对未来"共产主义"的期望。他指出"共产主义"思想起先是"私有财产关系的普遍化和完成",从而批判了 18 世纪末期以巴贝夫(Francois Noël Babeyf,1760—1797)为代表的西欧空想共产主义思想体系,并斥之为"粗陋的共产主义"。马克思认为"共产主义是对私有财产即人的自我异化的积极的扬弃,因而是通过人并且为了人而对人的本质的真正占有;因此,它是人向自身、也就是向社会的即合乎人性的人的复归,这种复归是完全的复归,是自觉实现并在以往发展的全部财富的范围内实现的复归"①。这里,马克思实际上受黑格尔辩证法思想的影响,在思辨的意义上把共产主义看作对历史"扬弃"的一种结晶。

《德意志意识形态》从一定意义上说是一部"共产主义论"。马克思一是从共产主义与费尔巴哈人本主义之间的区别提出"共产主义者"即为"实践的唯物主义者"。就是说,马克思和恩格斯把"共产主义"理解为"用实际手段来追求实际目的的最实际的运动"②,"共产主义"概念本身就"意味着工人的运动","共产主义不是教义,而是运动"③,意味着"全部问题都在于使现存世界革命化,实际地反对并改变现存的事物","我们所称为共产主义的是那种消灭现存状况的现实的运动"④,而批评费尔巴哈对感性世界的"理解"仅仅局限于对这一世界的单纯的直观或仅仅局限于单纯的感觉。后来斯大林在诠释什么是"'真正的'马克思主义者"时一语道破了马克思所主张的"共产主义"概念

---

① 《马克思恩格斯文集》第 1 卷,人民出版社 2009 年版,第 183、185 页。
② 《马克思恩格斯全集》第 3 卷,人民出版社 1960 年版,第 236 页。
③ 《马克思恩格斯选集》第 1 卷,人民出版社 1995 年版,第 264、210 页。
④ 同上书,第 75、87 页。

的一个重要所指：马克思主义者不能停留于解释世界，而应当更进一步去改变世界。① "共产主义"一词在这里显然是指"政治斗争"或"革命运动"而非社会制度或社会形态。

二是从"分工"与"个人得到全面发展"的矛盾关系中阐明了共产主义社会实现的条件。马克思虽然描绘了共产主义社会的美好景象，但又强调其实现条件。他认为要消灭个性对偶然性的屈从、个人的私人关系对共同的阶级关系的屈从等，归根到底都要取决于（旧式）分工的消灭。然而分工的消灭取决于社会交往和生产力发展到普遍的程度，取决于私有制的消灭，但私有制的消灭只有在个人得到全面发展的条件下才能实现，而私有制和（旧式）分工的消灭又离不开个人之间在现代生产力和世界交往所建立的基础上的联合。这样，共产主义社会即在个人的独创的和自由的发展不再是一句空话的唯一的社会的实现取决于这么三个方面，就是"经济前提""一切人的自由发展的必要的团结一致""现有生产力基础上的个人的共同活动方式"。这"三个方面"虽各有侧重点，但"经济前提"或"生产力"属最基础性的条件。"生产力的这种发展之所以是绝对必需的实际前提，还因为如果没有这种发展，那就只会有贫穷的普遍化；而在极端贫困的情况下，就必须重新开始争取必需品的斗争，也就是说，全部陈腐的东西又要死灰复燃。其次，这种发展之所以是必需的前提，还因为：只有随着生产力的这种普遍发展，人们之间的普遍交往才能建立起来"②

三是从"世界交往""世界市场"的时代要求提出共产主义是"世界历史性的存在"而非"地域性的东西"。他认为交往的任何扩大都会消灭地域性的共产主义。共产主义只有作为占统治地位的各民族"一下子"同时发生的行动才是可能的，而这种共产主义行动是以生产力的普遍发展和与此相联系的世界交往为前提的。因此，应该把共产主义事业当作"世界历史性的"现象对待。他提出共产主义革命一个本质特征就是"消灭私有制""消灭劳动，并消灭任何阶级的统治以及这些阶级本身"。

四是从"虚幻的共同体"与"真正的共同体"之间的差别初步提出"革命无产者的共同体"即共产主义模型。马克思认为个人只有在共同体中才能获得全面发展其才能的手段，才可能有个人的真正自由。但在过去的种种冒充的共同体中，个人自由只是对那些在统治阶级范围

①　《斯大林选集》上卷，人民出版社 1979 年版，第 130 页。
②　《马克思恩格斯全集》第 3 卷，人民出版社 1960 年版，第 39 页。

内发展的个人来说是存在的。由于这种共同体是一个阶级反对另一个阶级的联合，它对于被统治阶级来说不仅是完全虚幻的共同体，而且是新的桎梏。相反，在真正的共同体的条件下，各个人在自己的联合中并通过这种联合获得自己的自由。在革命无产者的共同体中，各个人之间实现了这样一种联合，即把个人的自由发展和运动的条件置于他们的控制之下，马克思进而明确提出要"按共产主义的方式组织起来"或"实现共产主义联合"①。

《共产党宣言》坚持并发展了《德意志意识形态》的"共产主义革命"理论。一是在"共产主义革命"的本质特征方面，《共产党宣言》认为过去的一切运动都是少数人的运动或者为少数人谋利益的运动。无产阶级的运动是绝大多数人的、为绝大多数人谋利益的独立的运动，但是共产主义的特征并不是要废除一般的所有制，而是要废除资产阶级的所有制，共产主义并不剥夺任何人占有社会产品的权力，它只剥夺利用这种占有去奴役他人劳动的权力。无产阶级在用暴力消灭旧的生产关系的同时，就消灭了阶级对立以及阶级本身的存在条件，从而消灭无产阶级本身，最终以"每个人的自由发展是一切人的自由发展的条件"这一新"联合体"去"代替那存在着阶级和阶级对立的资产阶级旧社会"。二是在"共产主义革命"的社会（阶级）力量方面，《共产党宣言》提出大工业生产力的发展将把资产阶级赖以生产和占有产品的基础本身铲除，并"生产"着资产阶级的"掘墓人"，"资产阶级不仅锻造了置自身于死地的武器；同时它还造就了将运用这武器来反对它自己的人——现代的工人，即无产者"②，因而只有代表生产力发展要求的无产阶级才是"真正革命的阶级"。

马克思在《资本论》第一卷中从商品生产关系存废的角度提出共产主义社会将使资本时代的各种"拜物教"包括商品"拜物教"、货币"拜物教"和资本"拜物教"这些魔法妖术消失。因为共产主义社会人与人之间的生活关系不再表现为物与物之间的关系或以物为媒介的金钱关系。

马克思在《政治经济学批判（1857—1858 年手稿）》和《资本论》第三卷中论及共产主义与"资本"之间的扬弃关系。资本或资本主义生产方式似乎受"理性狡计"的捉弄，就是在"狂热地追求价值的增

---

① 《马克思恩格斯全集》第 3 卷，人民出版社 1960 年版，第 410 页。
② 《马克思恩格斯选集》第 1 卷，人民出版社 1995 年版，第 284、278 页。

殖，肆无忌惮地迫使人类去为生产而生产"的奋争中，到头来是把资本推向"解体"或"利用资本本身来消灭资本"①，为自己的"替身"即"一个更高级的、以每个人的全面而自由的发展为基本原则的社会形式""创造现实基础"。《资本论》第三卷提出的"联合的生产方式"即"共产主义"与"资本主义生产方式"的关系实属一种"积极地扬弃"②或"扬弃资本本身"③的关系。列宁把马克思这一思想阐释为"共产主义是从资本主义中产生出来的，它是历史地从资本主义中发展出来的，它是资本主义所产生的那种社会力量发生作用的结果"④，其中资本主义发展的高级阶段构成共产主义社会"最充分的物质基础"。

二　共产主义的两个层面

（一）作为社会的个体层面

马克思在分析社会现象时持"人们的社会历史始终只是他们的个体发展的历史"这一维度。他在《德意志意识形态》中描绘过个人在共产主义社会中这么一幅景象："在共产主义社会里，任何人都没有特殊的活动范围，而是都可以在任何部门内发展，社会调节着整个生产，因而使我有可能随自己的兴趣今天干这事，明天干那事，上午打猎，下午捕鱼，傍晚从事畜牧，晚饭后从事批判，这样就不会使我老是一个猎人、渔夫、牧人或批判者。"⑤这里从超越旧的分工局限提出共产主义社会将实现个人的全面发展、自由发展的前景。马克思后来在《共产党宣言》中将个人在"共产主义社会"的这种发展状态归结为"每个人的自由发展是一切人的自由发展的条件"。

在《经济学手稿（1857—1858 年）》中，马克思从"个体"层面认为，在古代，个人依附于社会共同体如氏族社会或公社，存在着对"人的依赖关系"；在资本主义社会，个人具有一定的"独立性"，发展了个人能力和交往关系，但存在一个对"物的依赖关系"；在共产主义社会，个人将在克服旧式分工的基础上实现"全面发展"与"社会生

①　《马克思恩格斯全集》第 30 卷，人民出版社 1995 年版，第 390 页。

②　《马克思恩格斯文集》第 7 卷，人民出版社 2009 年版，第 499 页。

③　《马克思恩格斯全集》第 30 卷，人民出版社 1995 年版，第 539 页。

④　《列宁专题文集·论马克思主义》，人民出版社 2009 年版，第 255 页。

⑤　《马克思恩格斯选集》第 1 卷，人民出版社 1995 年版，第 85 页。

产能力成为他们的社会财富这一基础上的自由个性"。马克思强调实现这种个人"全面发展""自由个性"的经济前提是整个社会生产力达到相当程度的提高，就是人类用于维持生存的劳动时间越来越少或极低，而用于发展或创造的自由时间越来越多。

后来恩格斯对共产主义社会做了这样的描述：社会生产内部的无政府状态将为有计划的自觉的组织所代替。个体生存斗争停止了。于是，人在一定意义上才最终地脱离了动物界，从动物的生存条件进入真正人的生存条件。人们周围的、至今统治着人们的生活条件在共产主义社会受人们的支配和控制，人们第一次成为自然界的自觉的和真正的主人，成为自身的社会结合的主人。人们自己的社会行动的规律，这些一直作为异己的、支配着人们的自然规律而同人们相对立的规律在共产主义社会将被人们熟练地运用，因而将听从人们的支配。人们自身的社会结合一直是作为自然界和历史强加于他们而同他们相对立的东西在共产主义社会则变成他们自己的自由行动了。① 有学者提出"马克思的共产主义观念可以重新理解为一个预测，即文明发展的第三个，实质上是全新的阶段"② 。

（二）作为社会形态的整体层面

马克思在《资本论》第一卷中从资本对人类社会历史的自发性贡献角度认为，资本狂热地追求价值增殖、肆无忌惮地迫使人类去为生产而生产的客观结果是为"一个更高级的、以每个人的全面而自由的发展为基本原则的社会形式"提供了现实基础，这显然把共产主义社会定位为比资本主义社会"更高级"的"社会形式"。

马克思在《资本论》第二卷中从商品生产条件的存废推论：如果我们设想一个社会不是资本主义社会而是共产主义社会，货币资本就会完全消失，从而货币资本所引起的交易上的伪装也会消失，这在逻辑上必然是，社会必须预先计算好，能把多少劳动、生产资料和生活资料用在这样一些产业部门而不致受任何损害，这些部门，如铁路建设，在一年或一年以上的较长时间内不提供任何生产资料和生活资料，不提供任何有用效果，但会从全年总生产中取走劳动、生产资料和生活资料。相反，在资本主义社会，社会的理智总是事后才起作用，因此可能并且必

---

① 《马克思恩格斯选集》第3卷，人民出版社1995年版，第633—634页。
② 安启念：《当代学者视野中的马克思主义哲学：俄罗斯学者卷》，北京师范大学出版社2012年版，第193页。

然会不断发生巨大的紊乱。① 在这里，马克思提出了一个历史跨度相当大的假设：共产主义社会的生产劳动不再存在私人劳动与社会劳动之间的矛盾，人类的生产劳动活动更富于理性与科学。这实际上对人类或社会组织的自治能力和拥有的条件提出了更高的要求与标准。否则，径直"按图施工"就会陷入空想。

马克思在《资本论》第三卷中从整个人类必要劳动时间与自由劳动时间或整个人类社会劳动活动用于生存的部分与用于发展的部分的比例缩小这一趋向指出：资本的发展不仅导致这样一个阶段即社会上一部分人靠牺牲另一部分人来强制和垄断社会发展的现象将消失，并且会为一个更高级的社会形态创造出物质手段，也就是使剩余劳动能够同必要劳动时间的较显著的缩短结合在一起，社会的现实财富和社会扩大再生产过程不断发展的可能性并不取决于剩余劳动时间的长短而取决于剩余劳动的生产率及进行剩余劳动的生产条件。但是，这个"自由王国"只是从必要劳动终止的地方开始，按照事物的本性，这个自由王国存在于真正物质生产领域的彼岸。不过，这个自由王国只有建立在必然王国的基础上才能繁荣起来，其中工作日的缩短是根本条件。马克思在这里提出的"真正物质生产领域的彼岸""自由王国"概念可以说是马克思本人从经济学意义对作为新世界观范畴——"共产主义社会"的含义最恰当的揭明。质言之，"共产主义社会"异质于历史上的一切其他社会形态在于"按照马克思主要经典作家的意见，共产主义的社会体系不属于经济的社会形态"②。当然，这里还体现了马克思在扬弃资本问题上的科学精神或唯物主义态度——始终咬定对资本实现"积极地扬弃"的社会历史条件不松口。

同时，从"时间"角度看，作为"自由王国"的"共产主义制度"意味着"财富的尺度决不再是劳动时间，而是可以自由支配的时间"③。也就是说，在共产主义"这个组织中，一方面，任何个人都不能把自己在生产劳动这个人类生存的自然条件中所应参加的部分推到别人身上；另一方面，生产劳动给每一个人提供全面发展和表现自己全部的即体力的和脑力的能力的机会，这样，生产劳动就不再是奴役人的手段，而成

---

① 参见《马克思恩格斯文集》第 6 卷，人民出版社 2009 年版，第 149 页。
② 安启念：《当代学者视野中的马克思主义哲学：俄罗斯学者卷》，北京师范大学出版社 2012 年版，第 462 页。
③ 《马克思恩格斯全集》第 31 卷，人民出版社 1998 年版，第 104 页。

了解放人的手段，因此，生产劳动就从一种负担变成一种快乐"①。

在《哥达纲领批判》这部被斯大林称为"研究共产主义社会第一阶段的著作"② 中，马克思从共产主义社会与其前身资本主义社会之间的承继关系强调"共产主义社会"并不是一开始就在其自身基础上获得全面发展，而是存在一个与其母体——资本主义社会之间的"脱奶"期，它在各方面包括经济、道德和精神方面都还带着"旧社会的痕迹"。比如说，一个人在体力或智力上胜过另一个人，因而前者在同一时间内提供较多的劳动或者能够劳动较长的时间；而劳动作为价值尺度就必须按照劳动的时间或强度来确定，结果这个作为平等的权利——按劳取酬对条件不同等的劳动者来说成了不平等的权利。因为这个权利虽然否定了任何阶级差别，但由于它默认了个人天赋之间的差异，也就默认不同等的工作能力是天然特权。马克思基于这些情况推论：在资本主义社会和共产主义社会之间存在一个由前者变为后者的革命转变时期，同这个过渡时期相适应的有一个政治上的过渡时期，在这个过渡时期的国家只能是实行维护无产阶级利益的"无产阶级专政"。

马克思在《给"祖国纪事"杂志编辑部的信》中综合地把共产主义社会凝练为"最后都达到在保证社会劳动生产力极高度发展的同时又保证每个生产者个人最全面的发展这样一种经济形态"。这个"保证社会劳动生产力极高度发展"和"保证每个生产者个人最全面的发展"既是马克思关于共产主义最确切的含义，也是马克思给予这么一个最高级社会形态的两个带普遍性的指标。显然，如果说前述马克思剩余价值学说关于剩余价值的性质理论阐述了工人阶级内部兄弟之间的一致性或命运共同体和与资产阶级之间的利益对抗性、排斥性，故"全世界无产者，联合起来"，那么，这里马克思关于"共产主义"的理论则阐明：工人阶级根本利益和意志的真正实现最终在于建立共产主义社会，这是工人阶级获得彻底解放、自由与幸福的根本条件。

显然，在马克思新世界观的载体——《资本论》及其手稿中，"共产主义"范畴仅指一种代替或扬弃资本主义社会的一种崭新社会制度或社会形态，这一新型社会形态与此前人类历史上所有的社会形态之间存在着质的区别。

---

① 《马克思恩格斯选集》第3卷，人民出版社1995年版，第644页。
② 《斯大林选集》下卷，人民出版社1979年版，第552页。

第五部分

新世界观的现有阐释
形式与中国化话语

第十一章　马克思新世界观与现有阐释
形式的层次差异

　　只有在弄清楚了马克思新世界观形成的缘故、多侧面的铺垫、"首都"及其"心脏"、基本范畴这一基础上，才能从宏观上廓清马克思新世界观现有阐释形式存在的根据及其"长"与"短"，从而有一定的知识厚度与理论深度去全面而有层次地构建马克思新世界观系统的结构和重要观点。

一　马克思新世界观现有阐释形式

　　马克思对新世界观的原创与他人对新世界观的阐释之间是存在差异的。那么，如何看待马克思新世界观的现有阐释形式呢？人们熟悉的、作为马克思主义哲学的规范称谓——"辩证唯物主义""历史唯物主义"或"唯物史观"和作为马克思主义哲学的学术称谓——"实践唯物主义"，属不属于马克思新世界观呢？属不属于马克思主义呢？是"遮蔽"了"马克思"还是确有根据呢？

　　如"学术梳理"部分所述，"辩证唯物主义"概念的原型在马克思主义创始人恩格斯那里是"唯物主义辩证法"。他在扬弃黑格尔"概念的辩证法"基础上提出"辩证法就归结为关于外部世界和人类思维的运动的一般规律的科学"论断，说"不仅我们发现了这个多年来已成为我们最好的工具和最锐利的武器的唯物主义辩证法，而且德国工人约瑟夫·狄慈根不依靠我们，甚至不依靠黑格尔也发现了它"①。狄慈根在 1886 年发表的《一个社会主义者在认识论领域的漫游》中说："因

---

　　① 《马克思恩格斯选集》第 4 卷，人民出版社 1995 年版，第 243 页。

为唯心主义的首足倒置的最后的著名人物，特别是康德、费希特、谢林和黑格尔等人的唯心主义的首足倒置的产物，完全是德国的，所以，这种首足倒置的产物，辩证唯物主义，也主要是德国的产物"，"恩格斯称这种不懂概念学的唯物主义为形而上学的唯物主义，而称社会民主主义的唯物主义为辩证的唯物主义"①。就是说，"辩证唯物主义"这一术语首出于狄慈根而非其他人。②

1859 年 8 月，恩格斯在马克思《政治经济学批判·第一分册》的书评中把马克思的"经济学"阐释为"本质上是建立在唯物主义历史观的基础上的"，并明确把这个"唯物主义历史观"评定为"新的世界观""新的科学的世界观"③。这里的"唯物主义历史观"在恩格斯于1872 年 5 月—1873 年 1 月写的《论住宅问题》中被第一次简称作"唯物史观"④。他在 1887 年发表的《法学家的社会主义》中说："马克思的唯物史观帮助了工人阶级，他证明：人们的一切法律、政治、哲学、宗教等等观念归根结底都是从他们的经济生活条件、从他们的生产方式和产品交换方式中引导出来的。由此便产生了适合于无产阶级的生活条件和斗争条件的世界观；和工人无财产相适应的只能是他们头脑中无幻想。现在这个无产阶级的世界观正在全球环行。"⑤ 恩格斯这里明显地把马克思新世界观归结为或简约为"唯物史观"。

"历史唯物主义"术语是由恩格斯在 1890 年 8 月 5 日《致康·施米特》等信件中首次提出的，并且他制定了"历史唯物主义"概念，也就是他在《路德维希·费尔巴哈和德国古典哲学的终结》中所阐释的"关于现实的人及其历史发展的科学"或"在劳动史中找到了理解全部社会史的锁钥的新派别"。列宁在写于 1908 年的《唯物主义和经验批判主义》中从哲学上强调马克思和恩格斯在他们的著作中特别强调的是辩证唯物主义而不是辩证唯物主义，特别坚持的是历史唯物主义而不是历史唯物主义。他不仅注视马克思恩格斯哲学的唯物主义性质及其特征即"辩证"性和"历史"性，并且把"辩证唯物主义"和"历史唯物

---

① ［德］约瑟夫·狄慈根：《狄慈根哲学著作选集》，杨东莼译，生活·读书·新知三联书店 1978 年版，第 241、255 页。

② 参见黄枬森《马克思主义哲学在当代中国的发展》（《不竭的时代精神——步入 21 世纪的马克思主义哲学》，社会科学文献出版社 2001 年版，第 35 页）和爱真、程建康《狄慈根第一次提出"辩证唯物主义"概念》（《中州学刊》1989 年第 5 期）等。

③ 《马克思恩格斯文集》第 2 卷，人民出版社 2009 年版，第 598、599 页。

④ 《马克思恩格斯选集》第 3 卷，人民出版社 1995 年版，第 209 页。

⑤ 《马克思恩格斯全集》第 21 卷，人民出版社 1965 年版，第 548 页。

主义"作为"由一整块钢铸成的马克思主义哲学"① 符号而"并置"在一块。斯大林在 1938 年 9 月撰写的《苏联共产党（布）历史简明教程》第四章中明确地把"辩证唯物主义"和"历史唯物主义"并置而称之为"共产主义底理论基础""马克思主义政党底理论基础"。

通观马恩列斯经典作家的著述，"实践唯物主义"这个词在他们的作品中均未构成一个独立的术语。葛兰西作为西方马克思主义一个主要代表把马克思新世界观（即被恩格斯阐释为"历史唯物主义"或"唯物史观"）称为"实践哲学"，明确提出这个哲学"统一的中心是实践，也就是人的意志（上层建筑）与经济基础之间的关系"② 。他阐释了"实践哲学"的概念含义："在这个场合下，'一元论'这一术语将表达什么意义呢？当然不是唯物主义的，也不是唯心主义的。这一术语将标明在具体的历史行为中的对立面的同一性，也就是与某一种被组织起来的（历史化了的）'物质'，与人所改造的自然不可分地联系着的具有具体性的人的活动（历史—精神）。这是行动（实践，发展）的哲学，但不是'纯粹'的行动的哲学，即'非纯粹的'，实在的行动的哲学。"③ 如前所述，卢卡奇在《历史唯物主义的功能变化》一文中明确地把"历史唯物主义"阐释为"历史唯物主义的首要功能"不是"纯粹的科学认识"而是"行动"，否则，等于让无产阶级"自杀"。巴里巴尔把马克思新世界观定位为"实践唯物主义"。俄罗斯学者留布金说"马克思自己把他的哲学称为'实践唯物主义'"。对外开放以来，我国学者也主张以"实践唯物主义"重新认识马克思主义哲学，提出"实践观点不仅是马克思主义认识论、历史观首要的和基本的观点，而且是马克思主义世界观首要的和基本的观点"④，"马克思主义哲学实质上就是实践唯物主义"，但"实践唯物主义和辩证唯物主义二者并不是对立的"⑤。"'实践唯物主义'这一概念所要表明的不仅仅是一种要把理论付诸行动的哲学态度，更重要的是指，实践的观点是马克思主义哲学首要的和基本的观点，实践原则是马克思主义哲学体系的建构原则。"⑥

① 《列宁选集》第 2 卷，人民出版社 1995 年版，第 221 页。
② ［意］安东尼奥·葛兰西：《狱中札记》，葆熙译，人民出版社 1983 年版，第 84 页。
③ 同上书，第 58 页。
④ 肖前：《实践观点是马克思主义哲学首要的和基本的观点》，《教学与研究》1996 年第 3 期。
⑤ 肖前：《关于马克思主义哲学的几个问题》，《不竭的时代精神——步入 21 世纪的马克思主义哲学》，社会科学文献出版社 2001 年版，第 24、32 页。
⑥ 杨耕：《马克思主义历史观研究》，北京师范大学出版社 2012 年版，"总序"第 16 页。

　　显然，"辩证唯物主义""历史唯物主义"或"唯物史观"概念均为恩格斯、列宁、斯大林这三位经典作家对马克思新世界观的阐释形式，"实践唯物主义"则属于学者们对马克思新世界观的阐释形式。这些概念虽然均不属于马克思著述中的直接术语而属后人或别人的"阐释"，但在马克思的著述中确有一定的根据。就"辩证唯物主义"概念来看，马克思在《资本论》1872 年第二版"跋"中阐明了他的《资本论》"叙述方法"与"研究方法"之间的辩证关系之后说："我的辩证方法，从根本上来说，不仅和黑格尔的辩证方法不同，而且和它截然相反。在黑格尔看来，思维过程，即他称为观念而甚至把它变成独立主体的思维过程，是现实事物的创造主，而现实事物只是思维过程的外部表现。我的看法则相反，观念的东西不外是移入人的头脑并在人的头脑中改造过的物质的东西而已"，并挑明他的"辩证方法"的"唯物主义基础"。他在《致路·库格曼》中谈到《资本论》的"阐述方法"时再次挑明："我是唯物主义者，黑格尔是唯心主义者。黑格尔的辩证法是一切辩证法的基本形式，但是，只有在剥去它的神秘的形式之后才是这样，而这恰好就是我的方法的特点。"① 这些话明白地告诉人们，他研究"资本"、观察社会的方法既是"辩证的"又是"唯物的"。这当然可以视为"辩证唯物主义"概念在马克思文本中的确凿根据。

　　就"历史唯物主义"概念来看，马克思在《1844 年经济学哲学手稿》中所说的把"真正的人理解为人自己的劳动的结果"，在《关于费尔巴哈的提纲》中所说的"全部社会生活在本质上是实践的"，在著名的《〈政治经济学批判〉序言》中所说的关于"我的研究得出这样一个结果"那段经典论述等，当然属于"历史唯物主义"或"唯物史观"概念在马克思著述中的确凿根据。

　　就"实践唯物主义"而言，马克思在《1844 年经济学哲学手稿》中提出的"正是在改造对象世界的过程中，人才真正地证明自己是类存在物。这种生产是人的能动的类生活。通过这种生产，自然界才表现为他的作品和他的现实。因此，劳动的对象是人的类生活的对象化：人不仅像在意识中那样在精神上使自己二重化，而且能动地、现实地使自己二重化，从而在他所创造的世界中直观自身"，"要扬弃私有财产的思想，有思想上的共产主义就完全够了。而要扬弃现实的私有财产，则必须有现实的共产主义行动。历史将会带来这种共产主义行动，而我们在

---

① 《马克思恩格斯选集》第 4 卷，人民出版社 1995 年版，第 578—579 页。

思想中已经认识到的那正在进行自我扬弃的运动，在现实中将经历一个极其艰难而漫长的过程"①，"工业的历史和工业的已经产生的对象性的存在，是一本打开了的关于人的本质力量的书"②。他在《关于费尔巴哈的提纲》中所提到的"实践活动的唯物主义"及通篇内容和他同恩格斯合著的《德意志意识形态》关于"实践的唯物主义者即共产主义者"论断，当然属于"实践唯物主义"概念在马克思著述中的充分根据。

这样"搜"下去，还可以在马克思的文本中分别举出许许多多有关这三个概念的直接根据，或者通过"抽象"或概括，可以在马克思的著述中分别找出许许多多有关这三个概念的间接根据。由此表明，无论是主要由经典作家阐释的"辩证唯物主义""历史唯物主义"或"唯物史观"概念，还是主要由学者们阐释的"实践唯物主义"概念，这些概念的思想"因子"都出自马克思文本，都与马克思思想有直接关联，都属于马克思主义范畴，都从不同侧面体现了马克思新世界观，都没有有意或无意"遮蔽马克思"。当然，如果要在这三个阐释形式之间做出"比较"的话，其中"历史唯物主义"这一阐释形式更"亲近"马克思新世界观，因为作为这个新世界观的主体文本《资本论》及其"心脏"剩余价值学说，这个新世界观的基本范畴都属于社会历史领域那个最深厚的层面——经济生活。所以国内外学者大多把马克思主义哲学或马克思哲学归结为"历史唯物主义"，这是完全有根据的、十分深刻的学术见解。

但问题是，这些阐释形式在什么程度上体现了马克思新世界观呢？用斯大林的话说，究竟在什么程度上"辩证唯物主义和历史唯物主义是共产主义底理论基础，是马克思主义政党底理论基础"呢？用中国马克思主义哲学家肖前的话说，究竟在什么程度上"实践唯物主义"是"马克思主义哲学实质"呢？在这里，实际上存在两个层次。

二　现有阐释形式与马克思新世界观基础之间的层次关系

尽管"辩证唯物主义""历史唯物主义"和"实践唯物主义"都有

---

① 《马克思恩格斯文集》第 1 卷，人民出版社 2009 年版，第 163、231—232 页。
② 同上书，第 192 页。

各自的侧重点和具体所指，但它们都是"唯物主义"，都属于"唯物唯心"这一传统哲学（世界观）主题。如前所述，"唯物唯心"是近代欧洲哲学史中的"最高问题"，甚至是德国古典哲学中表现得最尖锐的问题，费尔巴哈唯物主义哲学已经撕破了它最后一层神秘面纱。马克思所面对的哲学问题不再是这样的一般"哲学中的问题"，而是人类社会生活中特定的"历史问题"或"政治问题"。不是说"唯物唯心"问题失效，而是说它已经成为哲学高堂中的"逻辑前提"或"常识"，而不再是像马克思这样一流的专于社会历史领域的思想家的"高端问题"或"最高问题"。当马克思提出"新唯物主义"时，当马克思、恩格斯提出"实践的唯物主义者"时，当列宁提出马克思和恩格斯在他们的著作中特别强调的是辩证唯物主义而不是辩证唯物主义、特别坚持的是历史唯物主义而不是历史唯物主义时，与其说是强调"唯物主义"，毋宁说马克思哲学问题的落点不在于"唯物主义"而在于对既往的"唯物主义"加以"限制"或"刷新"。所以，"辩证唯物主义""历史唯物主义"和"实践唯物主义"三种阐释形式虽然没有（完全）"遮蔽"马克思新世界观，但仅仅按此范式阐释马克思新世界观，则容易将它常识化或矮化，也就是容易使之处于前马克思主义理论水准，不利于人民大众包括专家学者站在马克思主义理论思维的前沿或制高点把握马克思新世界观精髓、推进马克思主义理论的发展。

"唯物主义"一词在马克思文本中存在两种含义。一种是作为"本义"的"唯物主义"即哲学本体论上"物质是第一性的、意识是第二性的"，用恩格斯的话说，就是"什么是本原的，是精神，还是自然界？……哲学家依照他们如何回答这个问题而分成了两大阵营。凡是断定精神对自然界来说是本原的，从而归根到底以某种方式承认创世说的人，组成唯心主义阵营。凡是认为自然界是本原的，则属于唯物主义的各种学派"①。一种是作为"引申义"的"唯物主义"，包含两层含义：一是"科学的"或"客观的"意思，用恩格斯的话说就是指"人们决心在理解现实世界（自然界和历史）时按照它本身在每一个不以先入为主的唯心主义怪想来对待它的人面前所呈现的那样来理解；他们决心毫不怜惜地抛弃一切同事实（从事物本身的联系而不是从幻想的联系来把握的事实）不相符合的唯心主义怪想"②；二是指"实践"或"行

---

① 《马克思恩格斯选集》第 4 卷，人民出版社 2012 年版，第 231 页。
② 同上书，第 249 页。

动"之意。

　　为了具体了解马克思文本中关于"唯物主义"的这些多重含义，需要对"唯物主义"一词在马克思文本中的使用情况做一番具体梳理。

　　马克思在1842年10—11月发表的《关于林木盗窃法的辩论》中第一次提到"唯物主义"概念，说如果由林木和林木所有者本身来立法的话，那么这些法律之间的差别将只是立法的地理位置和立法时使用的语言不同而已，这属于"下流的唯物主义"。他在《致路·费尔巴哈》（1843年10月3日）中在"唯物主义"的本义上使用这个词，比如说"谢林向法国的浪漫主义者和神秘主义者说：'我把哲学和神学结合起来了！'向法国唯物主义者说：'我把肉体和观念结合起来了'，向法国的怀疑论者说：'我把独断主义摧毁了'"①。

　　马克思在《1844年经济学哲学手稿》中有三处在"唯物主义"的本义上使用这个词，如说费尔巴哈伟大功绩在于"创立了真正的唯物主义和现实的科学"。他在《致路·费尔巴哈》（1844年8月11日）中在"唯物主义"的本义上使用这个词，认为法国社会存在两派人，其中一派是僧侣，另一派是伏尔泰信徒和唯物主义者，宗教观念在中等阶层和上层阶级的队伍中传播着，非宗教观念则降临到了法国无产阶级的队伍里。他在1844年9—11月和恩格斯写的《神圣家族》中有53处提到作为名词的"唯物主义"，并且是在其本义的意义上来使用这个词的，如说"和它那反神学、反形而上学的唯物主义实践相适应的，必然是反神学、反形而上学的唯物主义理论"，"唯物主义的真理就是唯物主义的对立面——绝对的、即至高无上、无拘无束的唯心主义"。②

　　马克思在1845年3月写的《评弗里德里希·李斯特的著作〈政治经济学的国民体系〉》中有6处提到"唯物主义"一词："妨碍德国资产者追求工业财富的一个巨大障碍（干扰），是他迄今信守的唯心主义。这个'精神'民族怎么突然想到要在布匹、纱线、自动走锭精纺机、大量的工厂奴隶、机器的唯物主义、工厂主先生满满的钱袋中寻找人类的至善呢……他又是以真正德国人的矫揉造作的方式、以唯心主义的基督教徒羞怯心理来泄露其秘密。他追求财富而又否认财富。他把无精神的唯物主义装扮成完全唯心主义的东西，然后才敢去猎取它"③；

---

　　①　《马克思恩格斯文集》第10卷，人民出版社2009年版，第12页。
　　②　《马克思恩格斯全集》第2卷，人民出版社1957年版，第161、178页。
　　③　《马克思恩格斯全集》第42卷，人民出版社1979年版，第239—240页。

"李斯特体系的整个理论部分，不过是以理想的词句掩盖坦率的经济学的工业唯物主义。他到处使事物维持原状，而对事物的表达却理想化了"；"这种唯心主义实际上不过是某种可厌的唯物主义的无耻的、无思想的伪装而已"①；"李斯特先生大概永远也不会想到，现实的社会组织是无精神的唯物主义，个人唯灵主义，个人主义"；"那种实际上沦为肮脏的唯物主义、使国家的大多数人变为'商品'、变为'交换价值'、使他们屈服于整个交换价值的物质条件的学说，当它在别的国家面前蔑视恶的'交换价值'的'唯物主义'而自己似乎只关心'生产力'的时候，它就是一种无耻的伪善和唯心主义的粉饰"。② 这些是在"唯物主义"的本义上来使用这个词的，即把"唯物主义"与"唯心主义"相对举，反对那种把"唯物主义"庸俗化为"满满的钱袋中寻找人类的至善"或"追求财富""无耻的、无思想""个人主义"，"使国家的大多数人变为'商品'、变为'交换价值'、使他们屈服于整个交换价值的物质条件的学说"。

马克思在 1845 年写的《关于费尔巴哈的提纲》中有 7 处提到作为名词的"唯物主义"，并且是在其本义上来使用这个词的，比如说"和唯物主义相反，唯心主义却把能动的方面抽象地发展了"。马克思在这篇文稿中强调"新唯物主义"的实践性，认为这种唯物主义把"对象、现实、感性"视为"感性的人的活动，当做实践去理解"，提出"问题在于改变世界"；强调这种唯物主义的社会性，说"新唯物主义的立脚点则是人类社会或社会化了的人类"。

他和恩格斯在 1845—1846 年写的《德意志意识形态》中 8 次提到作为名词的"唯物主义"。不过，他继续他的《关于费尔巴哈的提纲》的"新唯物主义"的实践性、社会性思路而在使用"唯物主义者"这个概念时又给这个词附添一个新含义即"唯物主义者或共产主义者""实践的唯物主义者，即共产主义者"③。就是说，马克思的"唯物主义"概念不仅包含本体论意义上的"物质第一性、意识第二性"这一"本义"，并且包含人类学或社会学意义上的"实践""行为"之义，包含政治学意义上的"共产主义"之义。马克思、恩格斯在 1846 年发表的《对布·鲍威尔反批评的回答》中在"唯物主义"的本义上使用这

---

① 《马克思恩格斯全集》第 42 卷，人民出版社 1979 年版，第 240、251 页。
② 同上书，第 252、255 页。
③ 《马克思恩格斯全集》第 3 卷，人民出版社 1960 年版，第 348、48 页。

个词。

由马克思为首签署的《1850 年 9 月 15 日的中央委员会会议》第一次在"唯物主义"的引申义即"科学"或"客观"的意义上使用该词，如说"他们提出唯心主义观点代替宣言的唯物主义观点。他们不是把现实关系，而是把意志描绘成革命中的主要东西"①。他和恩格斯在 1850 年 10 月写的《约格埃卡留斯的"伦敦的缝纫业，或大小资本的斗争"一文的编者按语》中在唯物主义的引申义即"科学"而非"空想"的意义上使用"唯物主义"一词，如说"读者会看到，在这里用以反对资产阶级社会和它的运动的，不是魏特林和其他从事写作的工人企图用来反对现状的那种温情道德的和心理上的批判，而是纯唯物主义的、更自由的、不受任何情感波动影响的见解"②。

马克思在《致恩格斯》（1852 年 3 月 3 日）和《致恩格斯》（1852 年 3 月 30 日）中在"唯物主义"的本义上使用这个词。他在《阿·克路斯》（1852 年 6 月 14 日）中同样在"唯物主义"的本义上使用这个词，如说"我对这个自作聪明的庸人不感兴趣……现在他装作是一向在'唯物主义基础上'代表无产阶级的"③。

马克思在 1852 年 10—12 月写的《揭露科伦共产党人案件》中在"唯物主义"的引申义即"科学"或"理性"的意义上使用该词，如说："少数派用教条主义观点代替批判观点，用唯心主义观点代替唯物主义观点。少数派不是把现实关系、而仅仅把意志看做革命的动力。我们对工人说：不仅为了改变现存条件，而且为了改变自己本身，使自己具有进行政治统治的能力，你们或许不得不再经历十五年、二十年、五十年的内战和国际冲突。"④ 他在《阿·克路斯》（1853 年 9 月 15 日）中在"唯物主义"的本义上来使用这个词，如说"你们应该重新开始论战，把这些发明唯物观点的庸俗的格普—佩舍好好挖苦一顿；他们的唯物主义实际上是庸人的唯物主义"⑤。

马克思在 1856 年 8 月—1857 年 4 月发表的《十八世纪外交史内幕》中在"唯物主义"的本义上使用这个词，如说"不管我们对俄国是采取唯心主义的，还是唯物主义的态度，也就是说，不管我们把它的

---

① 《马克思恩格斯全集》第 10 卷，人民出版社 1998 年版，第 733 页。
② 同上书，第 572 页。
③ 《马克思恩格斯全集》第 28 卷下册，人民出版社 1973 年版，第 597 页。
④ 《马克思恩格斯全集》第 8 卷，人民出版社 1961 年版，第 465 页。
⑤ 《马克思恩格斯全集》第 28 卷下册，人民出版社 1973 年版，第 599 页。

力量看作是明显的事实，还是只看作问心有愧的欧洲人民的幻觉，问题都是一样"①。他在 1857 年 8 月写的《〈政治经济学批判〉导言》中在"唯物主义"的本义上使用这个词。

马克思在《1857—1858 年经济学手稿》中说："经济学家们把人们的社会生产关系和受这些关系支配的物所获得的规定性看作物的自然属性，这种粗俗的唯物主义，是一种同样粗俗的唯心主义，甚至是一种拜物教，它把社会关系作为物的内在规定归之于物，从而使物神秘化。"②这里是在"唯物主义"的本义上使用这个词即把"唯物主义"与"唯心主义"相对举，而反对那种把"唯物主义"庸俗化为"拜物教"。他在《致恩格斯》（1857 年 11 月 24 日）中在"唯物主义"的本义上使用这个词。

马克思在 1861 年 8 月至 1863 年 7 月写的《政治经济学批判（1861—1863 年手稿）》第二部分《剩余价值理论》中说："整个客观世界，'物质财富世界'，在这里不过是作为从事社会生产的人的因素，不过是作为从事社会生产的人的正在消失而又不断重新产生的实践活动而退居次要地位。请把这种'理想主义'同李嘉图的理论在'这个不可相信的修鞋匠'麦克库洛赫的著作中变成的粗野的物质拜物教比较一下，在他的著作中，不仅人和动物的区别不见了，甚至连有生物和物之间的区别也不见了。让人们还去说什么在崇高的资产阶级政治经济学的唯灵论面前，无产阶级反对派所鼓吹的只是以满足鄙俗的需要为目的的粗野的唯物主义吧！"③ 这里是在"唯物主义"的本义上来使用这个词即把"唯物主义"与"唯灵论"相对举，而反对那种把"唯物主义"庸俗化为"物质拜物教"或"以满足鄙俗的需要为目的"。

马克思在《致南·菲力浦斯》（1866 年 3 月 18 日）在"唯物主义"的本义上来使用这个词。他在 1867 年 7 月发表的《资本论》第一卷中在"唯物主义"一词引申义即"科学"的意义上使用该词，如说"事实上，通过分析找出宗教幻象的世俗核心，比反过来从当时的现实生活关系中引出它的天国形式要容易得多。后面这种方法是唯一的唯物主义的方法，因而也是唯一科学的方法"，又在"唯物主义"一词本义上使用该词，如说"那种排除历史过程的、抽象的自然科学的唯物主义

---

① 《马克思恩格斯全集》第 44 卷，人民出版社 1982 年版，第 306 页。
② 《马克思恩格斯全集》第 31 卷，人民出版社 1998 年版，第 85 页。
③ 《马克思恩格斯全集》第 26 卷第 3 册，人民出版社 1974 年版，第 294 页。

的缺点，每当它的代表越出自己的专业范围时，就在他们的抽象的和意识形态的观念中立刻显露出来"①。他在《致恩格斯》（1867 年 12 月 7 日）中继续在"唯物主义"的引申义即"科学"的意义上使用该词，如说"普鲁士现在代表的是俄国精神，而不是德国精神。至于这本书本身，那末应该区别其中的两个部分：作者所做的正面的叙述（另一个形容词是'切实的'）和他所做的倾向性的结论。前者直接丰富了科学，因为实际的经济关系是以一种完全新的方式，即用唯物主义方法进行考察的"②。

马克思在《致路·库格曼》（1868 年 3 月 6 日）中在"唯物主义"的本义上使用这个词，如说"我的阐述方法不是黑格尔的阐述方法，因为我是唯物主义者，而黑格尔是唯心主义者。黑格尔的辩证法是一切辩证法的基本形式，但是，只有在剥去它的神秘的形式之后才是这样，而这恰好就是我的方法的特点"③。他在《致恩格斯》（1868 年 11 月 14 日）中在"唯物主义"的本义上使用该词，如他提出毕希纳关于"唯物主义哲学"一章大部分都是抄自朗格的著作。

马克思在《致路·库格曼》（1868 年 12 月 5 日）中在"唯物主义"的本义上使用这个词，如说毕希纳"关于唯物主义历史的肤浅的废话显然是从朗格那里抄来的"。他在 1873 年 1 月写的《资本论》第一卷第二版《跋》中在"唯物主义"的本义上使用该词，如提出莫·布洛克先生从他的《政治经济学批判》序言（即说明他的经济学方法的"唯物主义基础"）中摘引一段话。

马克思在《致弗·阿·左尔格》（1877 年 10 月 19 日）、《致威·白拉克》（1877 年 10 月 23 日）中同时在"唯物主义"的本义和引申义上使用该词。当他说"在德国，我们党内流行着一种腐败的风气，在群众中有，在领导人中尤为强烈……这些人想使社会主义有一个'更高的、理想的'转变，就是说，想用关于正义、自由、平等和博爱的女神的现代神话来代替它的唯物主义的基础（这种基础要求人们在运用它以前认真地、客观地研究它）"④ 时，这个"唯物主义"一词既包含与"关于正义、自由、平等和博爱的女神的现代神话"相对举的本义，又包含所谓"要求人们在运用它以前认真地、客观地研究它"之引申义；当他

---

① 《马克思恩格斯文集》第 5 卷，人民出版社 2009 年版，第 428 页注㊙。
② 《马克思恩格斯全集》第 31 卷下册，人民出版社 1972 年版，第 410 页。
③ 《马克思恩格斯选集》第 4 卷，人民出版社 2012 年版，第 468 页。
④ 同上书，第 522 页。

说"几十年来我们做了许多工作、花了许多精力才把空想社会主义，即对未来社会结构的一整套幻想从德国工人的头脑中清除出去，从而使他们在理论上（从而也在实践上）比法国人和英国人优越。但是，现在这些东西又流行起来，而且其形式之空虚，不仅更甚于伟大的法国和英国空想主义者，也更甚于魏特林。当然，在唯物主义的批判的社会主义出现以前，空想主义本身包含着这种社会主义的萌芽"①，"《未来》杂志完全不能令人满意。他的主要意图就是用关于'正义'等等的虚妄词句来代替唯物主义的认识。杂志的纲领非常可悲。它还允诺要提出关于未来社会结构的妄诞设想"② 时，这个"唯物主义"一词包含着与"空想主义""关于'正义'等等的虚妄词句"相对举的引申义即"科学"或"理性"之意。

从马克思文本使用作为名词的"唯物主义"概念的情况看，共有102 处。其中与恩格斯及他人合著的著述占了 64 处。在这 64 处中，有一处是在"唯物主义"一词的引申义即"实践"的意义使用的。在马克思独著的文本占了 38 处之中，在唯物主义一词引申义即"科学"或"理性"之意上使用占 6 处，也就是说马克思大多数情况下是在其本义上使用该词的。

鉴于马克思对"唯物主义"概念使用中的"本义"与"引申义"情况，用"辩证唯物主义""历史唯物主义""实践唯物主义"这三个概念或其中的某个概念作为马克思主义哲学"符号"或马克思新世界观基础"符号"，不是完全相称的，不足以准确传递马克思新世界观的心声，它们之间存在层次差异。尽管基于政治利益或"战术"方面，突出马克思主义的"唯物主义"因素对尚处于弱势的无产者或劳动者阶级争取解放、自由的斗争的现实性或可靠性来说有益无害。显然，指出这三个概念与"马克思新世界观"之间的层次差异并不是要对这三个概念本身置疑，而是意在"亮明"不要将这三个概念置于前马克思新世界观水准或者将马克思新世界观"框"在一般唯物主义语境。

马克思新世界观基础或方法论的本质特征或总体风格是"通过批判旧世界发现新世界"。《资本论》及其手稿篇幅巨大，其中《资本论》中文版第三卷约 2500 页，《资本论》中文版第四卷三册 1920 余页，《资本论》手稿中文版 3200 多页。《资本论》及其手稿作为马克思主义

---

① 《马克思恩格斯选集》第 4 卷，人民出版社 2012 年版，第 523 页。
② 《马克思恩格斯全集》第 34 卷，人民出版社 1972 年版，第 283 页。

的"首都"，全是以"资本主义"这个"现代社会"为靶子所做的"政治经济学批判"，是一部"通过批判旧世界发现新世界"的世界级巨著，而不是什么研究"物质第一性，精神第二性"或"物质决定精神"问题的"唯物主义"专著。若要是仅仅重申唯物主义的"物质第一性，精神第二性"或"物质决定精神"这样的逻辑格式，那么"无产者"或"雇工"就永远居于被异化了的"无产者"位置或"雇工"状态而不能现实地成为他们生活的那个"旧社会"的"掘墓人"与未来"新社会"的"主人"，因为"无产者"或"雇工"在"物质"上总体处于弱势。在这样的"唯物主义"的"逻辑"或"公式"下，怎能"唤醒无产者"呢？怎能实现他们的"自由发展"或"全面发展"？就此而言，说"马克思主义不同于马克思本人。马克思主义在本质上与苏联同义，是斯大林创造的一种意识形态。它用来证明，正是马克思的教导使十月革命具有了合法性。斯大林的辩证唯物主义侵蚀了马克思本人的历史阐释方法，并把这种方法变成为一种形而上学"① 并不是完全无根据的。

三　马克思新世界观系统与现有阐释形式之间的层次关系

值得注意的一个现象是，马克思主义经典作家在阐释马克思新世界观或马克思学说过程中比较多地论述、强调这个世界观的哲学基础或作为方法论的世界观，也就是通常所说的"马克思主义哲学"侧面。然而，马克思新世界观的方法论或哲学基础或马克思主义哲学并不能代表或替代马克思新世界观全体内容或世界观系统。因为除了这个方法论或哲学基础层面之外，新世界观系统还包括其由政治经济学内容所构成的核心圈及其"心脏"——剩余价值学说，包括由政治学内容所构成的共产主义理论或科学社会主义学说，也就是说，马克思新世界观系统包括哲学基础（即通常所说的辩证唯物主义和历史唯物主义）、经济学内容（主要是劳动价值学说、剩余价值学说）和政治学目标（即共产主义构想或科学社会主义）。其中，唯有那个剩余价值学说从经济学逻辑这一深层次直接道出了无产者或资本主义世界的工人阶级对世界的绝对贡

① ［美］诺曼·莱文：《马克思阐释史的九个阶段——一个新黑格尔派马克思主义者的阐释》，赵玉兰译，《中国社会科学报》2011 年 6 月 30 日。

献，道明了他们何以是历史的创造者和决定性力量的历史根据或科学根据。正是因为这个剩余价值理论的如此"命根"性，马克思及其夫人才不惜血本与生命去坚持这个一般人或常人难以持续的科学事业、革命事业；唯有这个共产主义理论才指明了无产者及整个人类最终实现进步、自由、幸福的价值境界与奋斗目标。

在马克思的著述里，无论是"辩证唯物主义""历史唯物主义"还是"实践唯物主义"，都不是马克思论述的中心或焦点，不是他的中心词汇，只是在他早期著作里或与恩格斯合作的论著里有比较集中的论述。在马克思独著的文本中，纯哲学或方法论论著稀罕，只发现《关于费尔巴哈的提纲》即"哲学提纲"（译成中文 1030 个汉字）和《〈政治经济学批判〉序言》（译成中文 3000 余字）。相反，恩格斯围绕着马克思新世界观的阐释写作了一系列哲学或方法论著述，如《卡尔·马克思"政治经济学批判"》（译成中文 12 页）、《反杜林论·第一编哲学》（译成中文 133 页）、《〈社会主义从空想到科学的发展〉1892 年版导言》（译成中文 23 页）、《路德维希·费尔巴哈和德国古典哲学的终结》（译成中文 45 页）、《自然辩证法》（译成中文 127 页）以及马克思逝世后谈论唯物史观方法的五封"通信"即《致康·施密特》《致约·布洛赫》《致康·施密特》《致弗·梅林》和《致符·博尔吉乌斯》（译成中文 24 页）。也就是说，马克思新世界观的哲学基础或方法论主要是由恩格斯提供直接文本的。魏小萍指出："马克思主义哲学是以马克思名字命名的思想体系，但是马克思主义哲学体系在很大程度上是通过马克思主义的共同创始人之一——恩格斯的研究和宣传工作而普及开来的。恩格斯本人的研究视域以及更多受益于恩格斯的列宁的解读，在很大程度上促成了后来苏联教科书体系对马克思主义哲学的阐述。"① 黄枬森说得更直接："辩证唯物主义世界观思想体系主要是由恩格斯构建的"，"恩格斯晚年的理论活动可以说是总结他们一生的理论工作，系统阐述马克思主义理论，借以澄清各种思想混乱和回答各种挑战，其中用力最勤和贡献最大的就是他对马克思主义世界观的大部分基本原理和一些带有系统性的理论的构建，如关于辩证法的定义、辩证法的三个主要规律、哲学基本问题等，实际上也构建了辩证唯物主义思想体系的轮廓，

---

① 魏小萍：《如何从马克思和恩格斯的差异中解读马克思主义哲学的核心问题——从一个附加标题说起》，《哲学动态》2009 年第 3 期。

把过去逻辑地蕴含于他们理论活动中的世界观前提变成了现实的理论"①。显然，只要人们把马克思新世界观基础或方法论层面当成马克思新世界观系统或全体内容或者仅从哲学或方法论角度去看待马克思新世界观，那么从直接文本上看，人们就只是聚焦于恩格斯的方法论或哲学思想即马克思新世界观的既有阐释形式，就像一个人"相亲"不是通过与对方本人直接见面而是通过对方的"照片"去认识对方一样。

相反，马克思新世界观系统的"主体"是由马克思的《资本论》及其手稿提供的，《资本论》及其手稿构成马克思新世界观的原创或直接载体。在这个"首都"内，基本范畴不是什么"唯物主义""辩证法""实践"等这类在一些教坛哲学或论坛哲学中如雷贯耳的词汇，而是"劳动""资本""生产关系"和"共产主义"，其中的"心脏"（核心）是"剩余价值"，这些才是新世界观的原创性内容。人们只有在这里才可能发现这个新世界观的丰满形象或一个崭新的"自由王国"。就马克思新世界观系统与其核心圈、"心脏"之间的关系来说，恩格斯关于"一切社会变迁和政治变革的终极原因……不应当到有关时代的哲学中去寻找，而应当到有关时代的经济中去寻找"②、列宁关于"马克思主义的主要内容即马克思的经济学说"③ 的论断是非常深刻的。

让人遗憾的是，人们往往把恩格斯等经典作家对马克思新世界观的阐释形式视同于马克思新世界观原创本身。以往从事哲学研究的学者尽管也涉猎了《资本论》及其手稿，但他们囿于新世界观的既有阐释形式，说"《资本论》的哲学意义就在于：这一作品是研究和运用唯物辩证法的最卓越的典范，唯物辩证法在这一作品中得到了自己的体现"④，结果在方法论层面或所谓纯哲学范畴里"兜圈"。令人欣喜的是，我国个别学者如丰子义提出"马克思社会发展理论"⑤ 在这个方面出现了冲破这个"铁幕"的苗头。从事经济学研究的学者尽管研究了这些文本材料，但他们或者似乎陶醉于这些材料本身的"整理"与（包括与黑格尔等古典思想家之间的关系）"解说"——这番工作当然是必要的，

① 黄枬森：《马克思和恩格斯创立辩证唯物主义世界观的过程》，《毛泽东邓小平理论研究》2012 年第 2 期。

② 《马克思恩格斯选集》第 3 卷，人民出版社 1995 年版，第 741 页。

③ 《列宁选集》第 2 卷，人民出版社 1995 年版，第 418 页。

④ 苏联科学院哲学研究所：《〈资本论〉哲学与现时代》，孙越生、沈真译，吉林人民出版社 1983 年版，第 7 页。

⑤ 可进一步阅读袁贵仁、杨耕《当代学者视野中的马克思主义哲学卷：中国学者卷》上，北京师范大学出版社 2012 年版，第 132—138 页。

或者受经典作家的定论、流行的哲学教科书术语或范畴的束缚而囿于新世界观的既有阐释形式，说"在《资本论》中，唯物史观不再是假设，而是科学地证明了的原理"①，"马克思的政治经济学是建立在唯物主义历史观的基础上的"②，"《资本论》是实际运用马克思主义哲学研究资本主义经济及其运动规律的科学著作，使唯物史观得到了科学上的'证明'"③；或者驻足于这些文本材料在经济学技术或经济学原理方面的（经济学）"收获"——这番工作当然是必要的，而很少或没有同这个新世界观直接"见面"或者说将其升华到"世界观"层面。比如说，徐杰、陈光林、陈乃圣在20世纪80年代中期出版的《马克思与〈资本论〉》一书中把马克思自《哲学的贫困》至《资本论》的思想观点归结为"马克思已经明确了自己的新的历史观和经济观的基本点"④。胡培兆在他的《马克思与〈资本论〉》一书中尽管论述了《资本论》的"主题思想"即"通过对资本的剖析，剥离假象，揭露资本主义制度的剥削实质，表现资产者和雇佣工人之间的根本利益的对立关系，把被颠倒的关系颠倒回来，还其庐山真面目，并论证资本主义生产方式产生、发展和灭亡的必然规律，以便唤醒无产阶级，确立资本主义必然灭亡、社会主义必然胜利的坚定信念，团结起来，去为推翻资本主义制度而英勇斗争"⑤，但他毕竟是把这一"主题思想"置放在"无产阶级的政治经济学"范畴，视作马克思"政治经济学批判"的"经济学说"，没有把它置放在马克思的整个思想体系之中，更没有提到它在马克思新世界观中的位置。故此，长期以来，马克思新世界观被"包裹"于经典作家和学者们的哲学或方法论的"阐释形式"里，没有真正实现作为经济学范畴的马克思剩余价值学说与作为哲学范畴的马克思新世界观之间的直接"连接"，结果多年来给外行或普通人造成了马克思新世界观一种"抽象"或"干瘪"印象，由此进一步将整个马克思主义哲学（给外行）造成一种"抽象"或"干瘪"印象。

　　尽管列宁在《"什么是人民之友"以及他们如何攻击社会民主党

①　顾海良：《马克思经济思想的当代视界》，经济科学出版社2005年版，第34页。
②　吴易风：《马克思主义经济学与西方经济学比较研究》第1卷，中国人民大学出版社2009年版，第114页。
③　《〈资本论〉导读》，高等教育出版社2012年版，第23页。
④　徐杰、陈光林、陈乃圣：《马克思与〈资本论〉》，山东人民出版社1985年版，第342页。
⑤　胡培兆：《马克思与〈资本论〉》，四川人民出版社1980年版，第38页。

人?》一书中深刻地提出"自从《资本论》问世以来,唯物主义历史观已经不是假设,而是科学地证明了的原理",但能否由此认定《资本论》是为了或出于"科学地证明""唯物主义历史观"而写作的呢?从马克思文本看,唯物主义历史观或历史唯物主义属于恩格斯、列宁等马克思主义经典作家对马克思《资本论》等著述中所取得的经济学成果而做出的一种哲学阐释,但不能由此理解成马克思似乎主观上或主观动机上要建构一个体系化的"唯物史观"或"历史唯物主义"。其实,与其说是《资本论》"证明"或"运用"了唯物史观或唯物主义历史观,不如说是《资本论》的成功创作本身才真正导致了包括唯物史观在内的马克思主义哲学原理赖以生成的文本基础。依据文本,被恩格斯、列宁等马列经典作家阐释为"唯物史观"或"历史唯物主义"基本原理的、由马克思在《哲学的贫困》中第一次阐明的"生产力决定生产关系"思想,马克思没有一处出现过这样的称谓,而是把它称为"我们关于生产资料决定劳动组织的理论"[1]。所以这里需要把握的分寸是,必须将马克思的经济学成果或社会科学成果——马克思历史观原创与恩格斯、列宁等马克思主义经典作家对它所做的哲学阐释或方法论阐释做出适当的分析,这对于本真地理解马克思思想的本来情形、被以"历史唯物主义"的形式所概括的马克思主义真实内容,推进我国的历史唯物主义学科建设,均有重要的学术价值和广泛的应用价值。

四　马克思奋斗生涯——马克思新世界观的生动诠释

尽管马克思作为"无产阶级世界观的创立者"[2]用自己的一生向人类奉献了自己的世界观系统,然而他本人并没有把自己创立的这个世界观命名为"新世界观","新世界观"实际上是恩格斯对马克思(包括恩格斯)创立的这个世界观的高度褒奖。所以,本真地把握新世界观的"灵"与"魂",不仅要钻研其创立者的著作,而且要进入其创立者的奋斗生涯。

马克思是一个属于全人类的精神巨人,是一个影响力曾经撬动地球的思想家和革命家。也许人们在观察一个伟大历史人物时会不自觉地因

---

① 《马克思恩格斯文集》第10卷,人民出版社2009年版,第238页。
② 《马克思恩格斯全集》第21卷,人民出版社1965年版,第556页。

其人生成就的伟大而抬高其"人之初",但一个人的"人之初"与其人生的后来发展有密切联系,正如古语所云,"三岁看大,七岁看老"。

从马克思的"中学毕业考试德语作文"——《青年在选择职业时的考虑》不难发现,他的人生起点非同一般的高,不说马克思是"天才",但要看到马克思的天赋资质与志向是非凡的。作为一名中学毕业生"在选择职业时",他就想到人生的主要指针是"人类的幸福和我们自身的完美",并认为这两种利益不是互相排斥的、敌对的,而是在逻辑上相互统一的,因为一个人只有为同时代人的完美、幸福而工作,自己才能达到完美、幸福,才能成为完美的、真正伟大的人物。这篇文章尽管属于一个中学生"抒情"与"言志"的"作文",但从其对利人与利己、人类与个人、非凡的人与普通职员、"伟大的人物"与普通人之间在人格上的等差及其内在联系的勾勒,也确证了其文化素质、抽象思维能力与人生抱负之高。

马克思于1835年10月至1836年8月在波恩大学读书,后于1836年10月至1841年3月在柏林大学读书,就是在大学时代经历过两所不同的学府。他在大学读书期间养成对所读过的一切书作摘录的习惯——例如,摘录莱辛的《拉奥孔》、佐尔格的《埃尔温》、温克尔曼的《艺术史》、卢登的《德国史》,并随时写下自己的读后感想。同时翻译了塔西佗的《日耳曼尼亚》和奥维狄乌斯的《哀歌》,并且开始自学英文和意大利文等外文。这表明他读大学有两个特点:一是"作摘录的习惯",注重收集、整理前人或别人的知识;二是"翻译""自学",也就是外国语的学习从作品的原文去了解该作品。他在大学毕业时写成论文《德谟克利特的自然哲学和伊壁鸠鲁的自然哲学的差别》,并凭着这篇论文于1841年4月在耶拿大学获得博士学位。这篇论文篇幅(中文版)有49页,而马克思为它所准备的古希腊哲学资料(中文版)有38页,后者与前者之比为77.5%。由此可见,马克思自青年时代起便涵养起一个十分严谨的学者素养,"他是个诚实的读书人和不倦的工作者。他很少遗漏有意义的文献。他读什么消化什么,仔细考虑每一个事实或每一个论点,热情地深入细节,这对于一个目光习惯地环绕整个文化和长期形势发展的人来说是极不寻常的。不论是批判、反对,或是接受、同意,他总要把每一个问题理解彻底"①。

---

① [美]熊彼特:《资本主义、社会主义与民主》,吴良健译,商务印书馆1999年版,第66页。

马克思在获得博士学位后谋求大学教职，但当时险恶的政治形势使他的愿望无果。他在 1842 年 2 月撰写了第一篇政论文章即《评普鲁士最近的书报检查令》。马克思于 1842 年 6 月底在职业志向上与母亲发生了激烈争吵，结果失去了来自家庭的一切经济援助。为了谋生，他在 1842 年 7 月进入《莱茵报》，三个月后成为该报主编。在获得了报社工作的条件下，马克思于 1843 年 6 月 19 日在克罗伊茨纳赫与已订婚七年的燕妮举行了婚礼。他在《莱茵报》工作期间遇到了几件事：一是普鲁士政府公布了新的书报检查令，二是莱茵省议会通过了对农民捡枯枝的行为进行法律制裁的法案，三是摩塞尔河沿岸地区农民由于地方政权机关的盘剥而生活悲惨。这些严酷的现实与他学生时代所信奉的理性国家观发生了尖锐冲突。他主编的《莱茵报》受到政府的双重检查即检查官检查和行政区长官的最高检查，最后被内阁勒令停刊。

马克思在 1843 年 10 月被迫离开德国赴巴黎。他在那里同恩格斯、海尔维格、海涅、卢格一起出版了《德法年鉴》。他在 1844 年年底遭法国政府驱逐而流亡比利时，1845 年年初到 1848 年 3 月初住在布鲁塞尔。他在那里除了为各家激进的巴黎报纸和布鲁塞尔报纸不取稿酬写稿以外，还同恩格斯合写了《神圣家族》等著作，与恩格斯一道进行了"正义者同盟"的改组工作。他在布鲁塞尔德意志工人教育协会义务作关于政治经济学的讲演即《雇佣劳动与资本》。此后，他被驱逐而在 1848 年 3 月到 5 月底第二次流亡巴黎。1848 年 5 月到 1849 年 5 月底，马克思在科伦出版《新莱茵报》，在 1848 年 8 月初受到科伦警察厅的驱逐，被取消"普鲁士臣民"权。

马克思在 1849 年 8 月底由巴黎流亡伦敦，于第二年 6 月得到了一张英国博物馆阅览室的出入证，他在那里主要阅读伦敦《经济学家》过期杂志。马克思这样描述："从早晨九点到晚上七点，我通常是在英国博物馆里"①，"我白天去博物馆，夜间写作……就像 1848—1850 年英国狗厂主们把'换班制度'用在同一些工人身上一样，我也把这个制度用到了自己的身上"②。他有六年时间为宪章派的报刊写稿不取稿酬。他在 1864 年 9 月受国际工人协会中央委员会委托发表《告欧洲工人阶级书》。马克思在 1852 年 2 月 27 日致恩格斯的信中诉说他在伦敦的流亡生活境况："一个星期以来，我已达到非常痛快的地步：因为外

---

① 《马克思恩格斯全集》第 27 卷，人民出版社 1972 年版，第 582 页。
② 《马克思恩格斯文集》第 10 卷，人民出版社 2009 年版，第 234—235 页。

衣进了当铺，我不能再出门，因为不让赊账，我不能再吃肉。"① 同年4月，他借钱安葬他的女儿。马克思在1858年1月28日致恩格斯的信中说：这里严寒已经降临，我们家里一点煤都没有，这逼着我又来压榨你，虽然对我来说这是世界上最苦恼的事。如果这样的情况继续下去，我宁愿被埋葬在百丈深渊之下，也不愿这样苟延残喘。老是牵累别人，同时自己也总是疲于同卑微的日常琐事作战，长此以往，实在难以忍受。② 马克思一家在19世纪50年代初租住在伦敦第恩街的破旧、简陋的房子与贫困的生活情形几乎让人难以置信：他们一家住在伦敦最穷也是最便宜的住宅区，租的套房仅两间房，其中一间客房对着街，另一间睡房在后面。屋里的家具都是些用坏了的、摇摇晃晃的破烂货，到处是厚厚的尘土。客房中央放着一张铺胶布的旧式桌子，上面堆满了手稿、报纸、书籍、儿童玩具、破旧衣服和马克思夫人的手工活，除此之外还有有缺口的茶杯，用脏了的勺、刀、叉，大蜡台，小酒盅，墨水瓶，荷兰烟斗，烟灰。流亡中的马克思及其全家就是生活在如此困顿的条件下，他仍然坚持研究政治经济学而拒绝别人向他提出的收入极其可观的赚钱建议，不惜任何代价走向他自己的奋斗目标，不允许资产阶级社会把他变成制造金钱的机器。梅林（Franz Erdmann Mehring, 1846—1919）做了这样的"比较"：在19世纪的天才人物当中，没有一个人曾经经受过比一切天才中最伟大的天才——卡尔·马克思所经受的更痛苦的命运了，他一直到逝世都没有能够在资产阶级社会中为自己争取到一个哪怕是勉强过得去的生活。③

从马克思大学毕业后这二十多年的奋斗生涯片段可以看出，马克思新世界观是在那个"市民社会"的现实与正统价值标准或传统理论学说出现冲突的张力关系中逐步生成的。一方面，他走出校门，走出书斋，踏进社会，踏进政治特别是接触市民社会的物质利益问题，发现黑格尔的哲学、政治学说和斯密的经济学说等正统理论与普鲁士封建专制下的德国现实严重矛盾着。所以，面对现实，面对政治，他以前者批判、抨击后者，进入社会政治活动领域，诉诸"政治批判"或"武器的批判"。这种批判、抨击不仅是针对普鲁士封建专制的，也是针对整个欧洲资本主义制度的。所以，他不仅受到"生于斯长于斯"的祖国

---

① 《马克思恩格斯全集》第28卷上册，人民出版社1973年版，第28页。
② 参见《马克思恩格斯全集》第29卷，人民出版社1973年版，第256—267页。
③ 参见梅林《马克思传》，樊集译，人民出版社1965年版，第287页。

的驱逐，也受到法国、比利时等异国的驱逐，"各国政府——无论专制政府或共和政府——都驱逐他；资产者——无论保守派或极端民主派——都竞相诽谤他，诅咒他"，在资本主义的重镇——英国则受到贫困的煎熬与迫害，他还受到来自亲人的"愤恨"。结果，马克思成了"当代最遭嫉恨和最受诬蔑的人"①。

　　另一方面，他在"面对现实，面对政治"特别是接触、参与"工人运动"的过程中发现黑格尔这样的"哲学家们"、斯密这样的"经济学家们"的学说矛盾或理论破绽，以至于把"德国书籍"（哲学和其他方面的）归为"全部现有书籍中最糟糕的"②，从而有了从 19 世纪 40 年代的《1844 年经济学哲学手稿》到 60 年代的《资本论》，从提出"异化劳动"理论到创立"雇佣劳动"和"剩余价值"学说。

　　正是这两个方面之间的张力关系锻造了以剩余价值学说为"心脏"、以建立"共产主义社会"为最终目标的新世界观。单纯的"书斋"或"学术研究"出不了新世界观，单纯的"政治"或"现实"（活动）也出不了新世界观。这个新世界观的诞生过程既是马克思"人为"的结果，也是"不以他们的意志为转移"的。否则，马克思他们吃那么多的苦干嘛！显然，马克思新世界观是一个时代的产物，是一个预告新时代曙光的精神杰作。所以，在政治上，她虽然不属于某个国家的、不属于某个既得利益政治集团的而也许"得罪"了某个国家、"得罪"了某个既得利益政治集团或旧世界的"上层社会"，但属于全世界无产者——雇佣劳动者，马克思在 1867 年 4 月 30 日致齐·迈耶尔的信中挑明他尽自己的余生来"全部完成"的《资本论》就是要"管人类的痛苦"，在《〈资本论〉第二版跋》中明言他的"政治经济学批判"就是"代表""无产阶级"。所以，恩格斯说马克思"用他那强有力的思想来哺育两个半球的无产阶级运动"，马克思是"新旧两大陆无产阶级的经常被请教的和永远乐于帮助的顾问"③，"比任何其他人都更应受到欧美整个工人阶级感谢的人物"④，正是马克思通过他毕生的奋斗第一次使现代无产阶级意识到自身的地位和需要，意识到自身解放的条件。罗蒂（Richard Me Roty，1931—2007）说马克思的《共产党宣言》激励了大多数现代工会的创立者，这些工会的创立者通过引用它的语词

────────────

① 《马克思恩格斯选集》第 3 卷，人民出版社 1995 年版，第 777 页。
② 《马克思恩格斯全集》第 33 卷，人民出版社 1973 年版，第 232 页。
③ 《马克思恩格斯选集》第 4 卷，人民出版社 1995 年版，第 655、210 页。
④ 《马克思恩格斯选集》第 4 卷，人民出版社 2012 年版，第 380 页。

才能够把数以百万计的人民团结起来，为反对恶劣的条件和入不敷出的工资而举行罢工。那些语词支持着罢工者的信念，他们宁愿看到他们的孩子挨饿也不愿意屈服于所有者们提出的更高投资回报要求。这个已取得如此建树的文献将永远保留在我们的思想精神遗产宝库中。因为《共产党宣言》详细阐明了工人们逐渐开始认识到的东西。在欧洲和北美，假如他们坐等他们的上级发布基督的善心和博爱，那么他们的子女可能仍然是文盲，仍然处于营养不良的状况之下。①

当然，由于"在黑人的劳动打上屈辱烙印的地方，白人的劳动也不能得到解放"②，"有产阶级和无产阶级同是人的自我异化"③，"资本主义社会中的人性堕落异化"使"资本家和劳动者的人性堕落"④，马克思新世界观在唤醒无产者的同时也"救"了那被"异化"了的资产者，使包括福利型国家在内的整个资本世界在奔向真正意义的自由、平等、博爱的目标的途中取得了历史性进展，客观上让全人类受益。所以，列宁很恰当地把马克思新世界观的历史贡献归之为"把伟大的认识工具给了人类"。

在学术上，马克思新世界观尽管汲取了历史上和他同时代各个学科、流派的思想资源，但它又不隶属于那个时代某个学派、某个流派，"决不同任何迷信、任何反动势力、任何资产阶级压迫所作的辩护相妥协"⑤，正如一个经济学家所说的，"他的立场都不是单独源于哪一派先辈。他不属于单独的哲学流派，他的观念也不属于他之前的任何一个思想家群体"⑥。这也许"得罪"了某个"正统"、某个"权威"，"冒犯"了某个"学科"。不过，它标志着一个人类文明史上最大气、指向至远的"新学派"即独立的"马克思主义"学派⑦的诞生。正因为马克思或

① 参见吴晓明《当代学者视野中的马克思主义哲学：西方学者卷》上，北京师范大学出版社 2008 年版，第 480 页。
② 《马克思恩格斯文集》第 5 卷，人民出版社 2009 年版，第 348 页。
③ 《马克思恩格斯全集》第 2 卷，人民出版社 1957 年版，第 44 页。
④ ［挪威］希尔贝克、伊耶：《西方哲学史——从古希腊到二十世纪》，童世骏、郁振华、刘进译，上海译文出版社 2004 年版，第 434 页。
⑤ 《列宁专题文集·论马克思主义》，人民出版社 2009 年版，第 67 页。
⑥ ［美］凡勃伦：《科学在现代文明中的地位》，张林、张天龙译，商务印书馆 2008 年版，第 305 页。
⑦ 就此而言，2005 年 12 月 23 日，国务院学位委员会、教育部关于"学位［2005］64号'决定'在《授予博士、硕士学位和培养研究生的学科、专业目录》中增设马克思主义理论一级学科"可谓实至名归，这一学科的增设作为一个历史事件在世界学术史上都有它的位置。

他的学说是这么个"复合"体、"混沌"态即史上十足的"异端"而不能"习惯"地或"科学"地划归于哪个"学科"，与他风雨同舟的恩格斯才这样意味深长地说马克思"未必有一个私敌"。

从新世界观诞生过程的这些片段可以得出以下两个重大的结论。

其一，人的精神生活或精神信念在一个非凡人物的个人生活中是一个与物质生活具有同等决定性意义的因素。马克思在 1865 年 7 月 31 日致恩格斯的信中说："我诚心告诉你，我与其写这封信给你，还不如砍掉自己的大拇指。半辈子依靠别人，一想起这一点，简直使人感到绝望。这时唯一能使我挺起身来的，就是我意识到我们两人从事着一个合伙的事业，而我则把自己的时间用于这个事业的理论方面和党的方面。"① 马克思在 1867 年 4 月 30 日致齐·迈耶尔的信中又这样说："我一直在坟墓的边缘徘徊。因此，我不得不利用我还能工作的每时每刻来完成我的著作，为了它，我已经牺牲了我的健康、幸福和家庭。我希望，这样解释就够了。我嘲笑那些所谓'实际的'人和他们的聪明。如果一个人愿意变成一头牛，那他当然可以不管人类的痛苦，而只顾自己身上的皮。但是，如果我没有全部完成我的这部书（至少是写成草稿）就死去的话，我的确会认为自己是不实际的。"② 这就是说，正是出于对人类命运的关切或根除"人类的痛苦"而"完成"《资本论》著作这样的精神信念或精神生活支撑着他"利用还能工作的每时每刻""坟墓的边缘"这样仅有的人生不多时光或疾痛缠身的病躯。否则，他就或者成为满口生意经的"'实际的'人"，或者垮掉——屈服于资本主义世界的流亡者贫困的命运。换言之，在马克思的精神生活中，他把整个人类的疾苦特别是产业劳动者的痛苦、命运熔铸为他个人的信仰，转化他自己精神力量的源泉。

其二，"友谊是私人生活中唯一具有重要意义的东西"。在创立新世界观以及传播新世界观的过程中，马克思与恩格斯结下了世上罕见的友谊。马克思在致恩格斯的信中说："没有你，我永远不能完成这部著作。坦白地向你说，我的良心经常象被梦魇压着一样感到沉重，因为你的卓越才能主要是为了我才浪费在经商上面，才让它们荒废，而且还要分担我的一切琐碎的忧患。"③ 他在 1866 年 10 月 25 日致库格曼的信中

---

① 《马克思恩格斯全集》第 31 卷上册，人民出版社 1972 年版，第 135 页。
② 《马克思恩格斯文集》第 10 卷，人民出版社 2009 年版，第 253 页。
③ 《马克思恩格斯全集》第 31 卷上册，人民出版社 1972 年版，第 301 页。

说恩格斯是他"最亲近的朋友",彼此之间没有什么秘密,如果没有恩格斯的合作与帮助,他就不得不去过赚钱谋生的普通人生活。马克思没有固定职业的收入与流亡者颠沛流离的贫困生活,"如果不是恩格斯牺牲自己而不断给予资助,马克思不但无法写成《资本论》,而且势必会死于贫困"①。恩格斯不仅与马克思并肩作战合作了一系列著作,并且作为马克思著作的遗嘱执行人整理出版了《资本论》后两卷,甚至将他对马克思的深厚情谊转移到他的孩子们身上。不难理解,没有恩格斯的资助与支持,马克思及其全家在经济生活方面将会被资本主义世界所给予他的贫困淹没。

马克思恩格斯他们之间在社会理想、价值取向上一致,在思想观念上互相启发、互相补充、互相赏识。没有恩格斯的参与与阐释、传播,马克思新世界观将会是残缺的或被丰厚的手稿、资料包裹着而难以放出如此的光辉。著名经济学家萨缪尔森对他们的友谊做了这样的估价:"在一切科学和革命的编年史中,不可能有比马克思和恩格斯两人之间还要更加不平凡的友谊……以他自己的成就和才华而论,恩格斯是一个重要的知识界的人物,而当他写道:'马克思是一个天才……我们这些人顶多不过是有些才能'时,我们决不能根据他对自己的谦虚的评价去看待他。然而,这种对马克思的谦虚态度无疑地使他与那个非常好斗和难以相处的人的终身友谊成为可能。"②

在创立新世界观的过程中,马克思也"收获"了当时欧洲工人阶级的真挚友谊。马克思把呕心沥血的《资本论》题为"献给我的不能忘记的朋友——勇敢的忠实的高尚的无产阶级先锋战士威廉·沃尔弗",足见这位无产阶级的代表在马克思心目中的至圣位置。在沃尔弗(Wolff Wilhelm,1809—1864)走向生命尽头的最后几年的时期,也正是马克思经济上最困难而几乎走到绝路的时候,创作《资本论》最紧张、最重要的年代,他深知马克思的境况和他所从事的事业的伟大意义,于1863年12月31日立遗嘱将他的主要财产交给马克思,尽全力去帮助他最亲密的战友马克思。③"从某种意义来说,没有沃尔弗的慷慨解囊,就没有《资本论》的出版。"④

---

① 《列宁选集》第2卷,人民出版社1995年版,第416—417页。

② [美]萨缪尔森:《经济学》下册,高鸿业译,商务印书馆1982年版,第309页。

③ 参见徐杰、陈光林、陈乃圣《马克思与〈资本论〉》,山东人民出版社1985年版,第273页。

④ 《马克思为什么要把〈资本论〉献给沃尔弗?》,《现代班组》2010年第1期。

　　显然，马克思新世界观的创立过程并非他个人孤立的"撰写"或"研究"活动，而是由于这个现代无产阶级的革命运动感动了马克思去为之著书立说，而马克思为现代无产阶级事业罕见的奋斗牺牲精神又反过来感动了这个无产阶级，结果二者在实践中、战斗中彼此结成命运共同体而成就了这个学说。因而，马克思新世界观作为"无产阶级世界观"或"工人阶级的圣经""共产主义的圣经"不仅首先在于它是现代资本主义社会发展的历史规律在理性或科学上的必然反映，并且在于它融汇了马克思与欧洲产业工人阶级之间所结下的阶级"血缘"关系或战斗友情。虽然科学是无情的，但作为科学家的马克思是有情的。

第十二章 马克思新世界观的中国化话语

　　一个中国学者研究马克思新世界观阐释形式问题不可避免地存在一个马克思主义中国化"情结",必定指向马克思新世界观中国化话语构建,也就是指向与当代中国实践有直接或间接关联的问题或学术资源,否则就成了书呆子学问或烦琐学问。"理论只是用来研究实践的一种工具……科学不是一团知识——它只是一种研究的方法,它的理论就是它的方法。"① 所以,把"马克思主义"区分为"理论"与"实践"两个"端点"或"学术层面"与"政治层面"只是推进马克思主义事业在认识过程中的一个必要步骤——马克思在创立新世界观的过程中不仅构建了"资本论"而且创建了"第一国际",这些"步骤"最终都必须面向马克思主义事业本身,在中国国度,就必须面向马克思主义中国化实践的需要。马克思主义中国化在世界观领域值得大书特书的理论成果莫过于"实事求是思想路线"与"社会主义核心价值观",二者既以马克思新世界观为"根"与"魂",又与由恩格斯等马列经典作家奠定的辩证唯物主义历史唯物主义形态、西方马克思主义奠定的实践唯物主义范式存在明显的话语区别。

一 马克思新世界观的中国化话语——实事求是思想路线

　　马克思新世界观的"中国化"在哲学文化上必定指向党的实事求是思想路线。应该看到,实事求是思想路线真正体现了马克思新世界观的中国话语要求。

---

① ［美］康芒斯:《制度经济学》下册,于树生译,商务印书馆 1962 年版,第 391 页。

（一）实事求是命题含义演绎

"实事求是"一语作为中国人的发明始于东汉《汉书·河间献王传》[①]。唐朝训诂学家注之为"务得事实，每求真是也"[②]。也就是对所获得的古代典籍、文物或文献一一予以辨别真假、对错、是非，即一种严谨、求真的考据态度。这是"实事求是"命题的原初含义。

两宋理学提出"即物穷理"而突出"实事求是"的认识论境界。朱熹在《四书集注》中说："格，至也。物，犹事也。穷至事物之理，欲其极处无不到也"，"致，推极也。知，犹识也。推极吾之知识，欲其所知无不尽也"，"格物者，物理之极处无不到也。知至者，吾心之所知无不尽也"；"物格知至，则知所止矣"[③]。曾国藩后来进一步明确地把汉学的"实事求是"与宋学的这种"即物穷理"融合起来："近世乾嘉之间，诸儒务为浩博。惠定宇、戴东原之流钩研诂训，本河间献王实事求是之旨，薄宋贤为空疏。夫所谓事者，非物乎？是者，非理乎？实事求是，非朱子所称即物穷理乎？"[④]"有义理之学，有词章之学，有经济之学，有考据之学。义理之学即宋史所谓道学也，在孔门为德行之科；词章之学在孔门为言语之科；经济之学在孔门为政事之科；考据之学即今世所谓汉学也，在孔门为文学之科。此四缺一不可。"[⑤] 从而使"实事求是"进一步成为一个认识论命题。

实事求是命题在晚清被注入近代科学精神即注重实验。郭嵩焘说："西人格致之学，所以牢笼天地，驱役万物，皆实事求是之效也"，"知洋情之为然，而不知测知中国之能行与否以求得其所以然，殆犹知彼而不能知己者也。其言蒙养书院章程，大致以西法佐中法，而实不外古人实事求是之意。实事求是，西洋之本也"[⑥]。这样，"实事求是"古语在近代就事实上将中国人的考据传统或格致之学的精华融入世界近代科学思想系统之中。后来我国有学者直接用"实事求是"古语去解读黑格

① 班固：《汉书》中，中华书局 2005 年版，第 1839 页。
② 颜师古：《汉书补注》，新文丰出版公司 1975 年版，第 1105 页。
③ 朱熹：《四书集注》，岳麓书社 1985 年版，第 4 页。
④ 曾国藩：《曾国藩全集》（诗文），岳麓书社 1986 年版，第 166 页。
⑤ 曾国藩：《问学》，引自沈云龙《近代中国史料丛刊续集》第一辑《曾文正公（国藩）全集·求阙斋日记》第二卷上，刘传莹录录，文海出版社，第 17963 页。
⑥ 郭嵩焘：《伦敦与巴黎日记》，岳麓书社 1984 年版，第 904、857 页。

尔的现象学即"由现象去寻求本质",说"'实事求是'也是这个道理"①,有的甚至明确肯定中国思想史上的"求是"是"西方形而上学的根本特征""一脉相承的思想"②。

实事求是命题在中国现代革命的延安时期被毛泽东赋予"辩证唯物论的认识论"即通常所说的"辩证唯物主义"认识论的经典式"阐释",说"'实事'就是客观存在着的一切事物,'是'就是客观事物的内部联系,即规律性,'求'就是我们去研究。我们要从国内外、省内外、县内外、区内外的实际情况出发,从其中引出其固有的而不是臆造的规律性,即找出周围事变的内部联系,作为我们行动的向导",并把这种"实事求是态度"判定为"马克思列宁主义的作风"③。然而,历史的进步包括哲学思维上的进步总是付要代价的。从反右斗争扩大化、"大跃进"到"文化大革命"的多次挫折表明,躺在老祖宗的"本本"上简单承继——主观上"实事求是"④,只能是形式上"实事求是"而实际上脱离"实事求是"甚至背离"实事求是",正如中国哲学家所概括的,"多年以来,我们一再强调'实事求是',总难做到从实际出发"⑤,应该在尊重马克思列宁主义原典的基础上以新理念取代既往定论,开显"实事求是"新的时代内涵。

以邓小平为代表的中共新一代领导集体所成功开拓的中国特色社会主义之哲学理念就是这样:一方面"坚持完整地准确地掌握马列主义"⑥,"坚持马克思主义",提出"坚持马克思主义对中国十分重要"⑦,"老祖宗不能丢"⑧;另一方面同时推出"解放思想","研究新情况,解决新问题"⑨,把"解放思想"置于新的历史条件下实现"实事求是"的突破口,使"实事求是"与"解放思想"联袂"出场",把"实事求是"定位为"无产阶级世界观的基础"。邓小平在中共十一

---

① 贺麟:《译者导言:关于黑格尔的〈精神现象学〉》,引自黑格尔《精神现象学》上卷,商务印书馆 1979 年版,第 9—10 页。

② 王路:《"是"与"真"——形而上学的基石》,人民出版社 2003 年版,第 42 页。

③ 《毛泽东选集》第 3 卷,人民出版社 1991 年版,第 801 页。

④ 1961 年 1 月 13 日,毛泽东在《大兴调查研究之风》中提出"今年搞个实事求是年"。1973 年 8 月,中共十大通过的党章明确提出"要发扬理论联系实际"的作风,"保证党的事业永远沿着马克思主义路线前进"。

⑤ 高清海:《哲学在走向未来》,吉林人民出版社 1997 年版,第 70 页。

⑥ 《邓小平文选》第 2 卷,人民出版社 1994 年版,第 165 页。

⑦ 《邓小平文选》第 3 卷,人民出版社 1993 年版,第 62 页。

⑧ 同上书,第 369 页。

⑨ 《邓小平文选》第 2 卷,人民出版社 1994 年版,第 141、149 页。

届五中全会上明确提出"实事求是，一切从实际出发，理论联系实际，坚持实践是检验真理的标准，这就是我们党的思想路线"，中共十二大通过的党章规定："党的思想路线是一切从实际出发，理论联系实际，实事求是，在实践中检验真理和发展真理。"这样，"实事求是"这个词汇就被演绎为代表整个马克思主义基本原理的"符号"，而不再止于辩证唯物主义认识论或学风范畴。

在马克思主义中国化第二次历史性飞跃之后的 20、21 世纪之交以来，中国人没有简单地重申"实事求是"概念，而是推出"实事求是的目的"命题①，拓展、丰满其当代含义。正如我国哲学家所指出的，"要实事求是，当然要坚持从实际出发，坚持调查研究，正确处理主客观关系，等等。这是属于认识论方面的问题。可要做到实事求是，同样离不开历史唯物主义，离开了群众和群众路线，是很难做到实事求是的"，"只有关心群众利益特别是物质利益才可能实事求是"，"大多数人的利益（长远利益和目前利益）是共产党人制定政策的出发点。牢固站稳这个出发点，才可能实事求是，才愿意实事求是，才能够实事求是"②；"实事求是原则就应当是真理与价值的统一，它不只是要求我们的认识符合客观实际及其规律性，还进一步要求我们从中引出的实践方案具有合理性的价值取向。只有同时做到了这两条，才算是贯彻了实事求是原则"③；"实事求是是事实判断与价值判断的统一"，"一切从人民群众的根本利益出发是一切从实际出发的社会内容，实际、实事的社会规定性就是人民群众的利益和需要，实事求是就是谋求人民群众利益的最大化"④。

这样的新"诠释"显然使当代语境中的"实事求是"命题超越了其往日的能指即限于认识论或科学方法论范畴，而在认识论和价值论上覆盖了整个马克思主义原理，整体凸现了马克思主义哲学的人民性。

（二）"实事求是"结构解析

从人们"认识世界"的基本逻辑即认识论看，实事求是当代所指内存着主体如何"实事求是"或怎样"实事求是"的问题，这一侧面包

---

① 《江泽民文选》第 3 卷，人民出版社 2006 年版，第 130 页。
② 陈先达：《心中有群众才能实事求是》，《光明日报》2000 年 9 月 5 日。
③ 陶德麟：《从建国 50 年的历程看哲学的作用——兼论三个"标准"的意义及其相互关系》，《武汉大学学报》（哲学社会科学版）1999 年第 5 期，第 7 页。
④ 孙利天：《让马克思主义哲学说中国话》，武汉大学出版社 2010 年版，第 359 页。

括以下两个层次。

一是存"真"。这就是充分尊重"客观存在着的一切事物"的科学精神或老实态度。实事求是的"主体"对客观存在的既有"理论"或"普遍真理"("矢")、"实践"或"实际问题"("的")都抱着虚心的态度或"敬畏"的心态——"心诚",全面地、系统地掌握这些"客观存在着"的"矢"与"的"两端的完整内容。就对待"矢"的存"真"心态而言,当代中国共产党人一方面始终坚持完整地准确地掌握马列主义、毛泽东思想,坚持马克思主义基本原理,另一方面始终坚持"对外开放"——"大胆吸收和借鉴人类社会创造的一切文明成果";就对待"的"的存"真"心态而言,当代中国人始终立足中国国情,从"工作重心转移"到"全面建设小康社会",为了在中国最终达到"共同富裕"而"老老实实"地始于"部分先富起来",为了在中国展现社会主义的"名副其实"而"老老实实"地长期处于"初级阶段",为了实现民族伟大复兴而"老老实实"地在国际舞台上坚执"发展中国家"角色,中共十八大报告重申"我国仍处于并将长期处于社会主义初级阶段的基本国情没有变,人民日益增长的物质文化需要同落后的社会生产之间的矛盾这一社会主要矛盾没有变,我国是世界上最大发展中国家的国际地位没有变。在任何情况下都要牢牢把握社会主义初级阶段这个最大国情,推进任何方面的改革发展都要牢牢立足社会主义初级阶段这个最大实际"。这种对"客观存在着的一切事物"之存"真"的科学态度或老实态度,用卡莱尔的话说就是那种作为"伟人和他的一切言行的根基""伟人的首要定义"之"真诚"①。这正是实事求是当代所指的第一个层次或"基底"。

二是求"是"。这就是认识规律、尊重规律的"形而上"境界,是"实事求是"在"认识世界"范畴所达至的最高境界。这种"形而上"境界在中国特色社会主义实践过程呈现为:崇尚法治和科学,破除经验和传统的束缚,坚持马克思主义世界观;尊重自然规律、经济规律和人类社会其他发展规律,对世界文明发展的普遍性成果始终持守一种开放与接纳的心态。由于我国习惯势力、常识思维根深蒂固而影响了人们这种"形而上"境界的修炼,"实事求是"在当代的侧重点或突破口定于"解放思想",主攻因长期以来的"习惯""经验""常识"所酿成的

---

① [英]卡莱尔:《论英雄、英雄崇拜和历史上的英雄业绩》,周祖达译,商务印书馆2005年版,第50、51页。

"僵化或半僵化"现象。这种探求并尊重规律或科学（规律的"可知"形态）的"形而上"境界可以说是实事求是当代所指的第二个层次或在"认识世界"范畴的最高层次。

求"是"层次标明：实事求是当代所指并非"事实整理"或"史料整理""怎么都行"（anything goes）——没有高低分野或优劣标准，而是比存"真"更高的层次或更高的要求——求"是"≠求"实"。人们有时把这一层次误认为求"实"。要知道，历史上那些所谓"教条主义"错误，与其说是理性或"形而上"这只手"伸得过长"——"读多了书"或"书呆子"，不如说是"形而上"境界没有真正到位，理论思维不开阔，对某个问题的知识不系统、参悟不透彻、没有达到"精"的程度，致使"有效"理论或"系统"的知识、智慧"供给"不足或滞后。所谓"深化"对自然规律、经济规律、社会规律等具体规律的认识，就体现了这种求"是"的意境。

作为党的思想路线"符号"的"实事求是"实际上是"认识世界"与"改造世界"（准确地说是"改善世界"）的统一。凡哲学的认识，其实都以人的某种道德立场为条件，用马克思的话说即"共产主义是用实际手段来追求实际目的的最实际的运动"①。否则，在一定条件下，"'思想'一旦离开'利益'，就一定会使自己出丑"②。当代意义的实事求是作为哲学范畴也不例外，内存着主体为了什么而"实事求是"、为谁而"实事求是"的动力源问题，在哲学上属于价值论问题，这是实事求是当代所指另一侧面。这一侧面也包括以下两个层次。

一是务"实"。这就是重现实效果、向前看的实践精神，被邓小平阐述为"理论和实践相结合"，"解放思想必须真正解决问题"③，他第一次在中共历史上把"实践是检验真理的标准"正式纳入实事求是范畴而使"实事求是"中的"求"在具体形式上拾得一个新的"规定性"即"实践"或"实验"。这个"实践"标准在社会历史领域具体化为"生产力"标准。所谓"社会主义是好东西，但如果是穷社会主义总不能说是好的。马克思主义是好东西，但如果马克思主义不能带来人民生活的改善，谁还相信马克思主义"④，即形象地"挑明"了"实事求是"之务"实"的彻底性。

---

① 《马克思恩格斯全集》第3卷，人民出版社1960年版，第236页。
② 《马克思恩格斯全集》第2卷，人民出版社1957年版，第103页。
③ 《邓小平文选》第2卷，人民出版社1994年版，第118、279页。
④ 冷溶、汪作玲：《邓小平年谱》上，中央文献出版社2004年版，第687—688页。

这种将存"真"、求"是"与务"实"结合起来并使前者服务于后者，不囿于既往原则、成见的"唯实"精神，是实事求是当代所指在"改造世界"的第一层次或根本要求。以哲学术语来表达，也就是"真理尺度"与"价值尺度"在人的实践活动中达到统一。人类生产劳动优越于动物的地方在于动物只能按照其物种的本性进行本能活动，人则依据客体尺度（实情）和主体尺度（需求）并把它们结合起来进行创造性的生产活动。黑格尔以哲学语言把人类实践活动这一特性或优越性表述为"扬弃了理念的片面的主观性""扬弃了客观世界的片面性""实现善的冲力"①。实事求是之务"实"就充分彰显了人类实践活动中这一最呈人类本质的特性。

二是至"善"。这就是达到"每个人的自由发展是一切人的自由发展的条件"——马克思新世界观所追求的境界。在当代中国，"至'善'"意指锲而不舍地追问中国人民朝思暮想的是什么，遵循世界文明发展的普遍性规律去实现中国人民所思所想，最终实现全人类的和平和谐。中共十八大确定的"社会主义核心价值观"实际上简约地宣示了实事求是的至"善"境界。从价值论角度看，这种至"善"境界是实事求是当代所指之务"实"层次的进一步延伸或升华，是"实事求是"在"改造世界"范畴的至高境界。

至"善"境界表明实事求是这一哲学范畴不限于个人的生存"智慧"，不等于个人的"生意经"，而属于马克思所创立的"无产阶级世界观""共产主义世界观"。邓小平当年在恢复党的实事求是传统时就表露了这种至"善"情结，说"我们太穷，太落后了，老实说对不起人民"②。

（三）整体把握实事求是思想路线

从马克思新世界观系统出发，就应该整体地把握实事求是思想路线。

实事求是当代所指不仅包含这些侧面及其层次，并且这些侧面及其层次之间存在着"合则全，离则伤"的关系。

一方面，存"真"是求"是"乃至"实事求是"全过程的始基，属于"实事求是"这一中华古语的原初本义。"实事求是"之"首"就

---

① ［德］黑格尔：《小逻辑》，贺麟译，商务印书馆 1980 年版，第 410—411 页。
② 冷溶、汪作玲：《邓小平年谱》上，中央文献出版社 2004 年版，第 381 页。

是立足于"事实"，仅仅在"事实"中"求是"而不离开"实事"去"求是"，更不违背"事实"独撰"是"，也不为了某个先入为主的"是"而对马列文本断章取义或剪裁历史实事，即如马克思所指出的，"对一个著作家来说，把某个作者实际上提供的东西和只是他自认为提供的东西区分开来，是十分必要的"①。值得注意的是，这种存"真"——尊重"客观存在着的一切事物""坚持马克思主义"这一科学态度或理论信仰被当下某些"时尚"视为"过时"，结果背离了"着重在'真'的研究"这一哲学本义②，致使一些人在世界观领域或心灵世界埋下"心不诚"的"隐患"。"放任"下去，将近乎于一种"不可活"式的"自作孽"③或"每一个人对每一个人的战争状态"④。就此而言，一个人、一个社会是否存"真"——诚恳、诚信不仅直接标示其伦理道德水准，而且直接显示其生存质量的高低。

另一方面，"实事求是"中的"是"≠"实"即不等于"事实"或"意见"，不是在"事实"里"照葫芦画瓢"或"跟着感觉走"，而高于"事实"，存"真"以求"是"为其形而上境界。就此而言，"实事求是"过程与其说是理论"联系"实际、"反映"实际的过程，不如说是理论"矫正"实际（现实）、理论引领实际（现实）的过程。

实事求是当代所指中的务"实"与至"善"也是相互依存、前后递进的。务"实"是至"善"的途径，舍此，至"善"会"乌托邦"化；至"善"又是"实事求是"全过程的"终极"目标，舍此，务"实"会降为市侩，存"真"、求"是"会沦为繁琐哲学。换一个角度说，务"实"层次着眼于"解决实际问题"，体现了事物矛盾普遍性寓于矛盾特殊性这一共性个性辩证法，这是马克思主义者内部区分对待经典的态度（学风）是否科学的"标杆"；至"善"层次体现了"是"与"应该"或"事实"与"价值"之间的对立统一关系，反映了人们改造世界的终极境界，显现了马克思主义之为马克思主义质的规定性或马克思主义与其他"主义"之间的分野，显现了实事求是当代所指的崇高性。显然，务"实"若离开了至"善"，实事求是作为"无产阶级世界观"将被"打折"。

并且，存"真"、求"是"与务"实"、至"善"两个侧面是合二

① 《马克思恩格斯全集》第34卷，人民出版社1972年版，第343页。
② ［德］黑格尔：《历史哲学》，上海书店1999年版，第83页。
③ 《孟子》，王常则译注，山西古籍出版社2006年版，第46页。
④ ［英］霍布斯：《利维坦》，黎思复、黎廷弼译，商务印书馆1985年版，第103页。

而一的整体。实事求是当代所指若只有务"实"、至"善"一面，那么，它或者就有可能被演变为一个违背规律、排斥理性、对抗科学的情感性东西，其结果使马克思主义的价值目标乌托邦化，偏离马克思主义哲学的真理性、科学性；如果当代意义的实事求是是只有存"真"、求"是"一面，那么，它就无关乎人民痛痒，不过是"对事不对人"的"学问法"或生存"智巧"，偏离马克思主义哲学的宗旨。其实，正如雅斯贝尔斯（Karl Theodor Jasptrs，1883—1936 年）所说的，即使是"不涉及价值的科学……在选择其问题和对象的时候，整个说来仍然不能不受它自己所能够加以直观的那些评价的左右"①。遗憾的是，在常识或舆论界乃至学术层面，人们在论说"实事求是"时大都驻足于"实事求是"之认识论、方法论范畴，比如在说到那些中国化马克思主义理论形态的"精髓"时，就仅仅把"实事求是"解读成一种方法论或学风问题，存在着唯物主义的过度"阐释"现象。这样，就必定窄化实事求是思想路线所蕴含的丰富思想或精神空间。

　　总之，尽管曾为中国古语的"实事求是"已经约定为中国共产党人对待马克思主义经典、对待世界文明成果的基本态度或基本逻辑或思想路线——是我们值得珍视的马克思主义中国化话语或民族文化，但多年来这方面的研究与关注点落在其中的务"实"层次，以至于在人们的世界观文化里存在"实事求实"现象。至于其中的存"真"、至"善"层次也显得"稀薄"，把那个人们熟悉的毛泽东断语——"客观存在着的一切事物"习惯地归之于"的"一端，而把本来包含其中的"矢"之另一端则有意无意地"悬搁"在"客观存在着的一切事物"之外，似乎不属于"客观存在"范畴，结果把务"实"与求"是"作为同一事物的两个层次或两个侧面变成了"两张皮"。

　　"实事求是"具体所指的任何突破性变异都离不开社会实践中重大问题的"激发"。尽管不能轻言"理论创新"，但实事求是思想路线的具体所指是动态的。实际上，"实事求是"所指在不同的历史阶段或历史环境有着不同的侧重点或历史内涵，所存之"真"、所求之"是"、所务之"实"、所至之"善"的具体内涵总是历史的，它们会随着客观环境或时代的巨变而演绎不止，因而在实事求是思想路线问题上不能持一劳永逸态度。

---

　　①　黄颂杰：《二十世纪哲学经典文本》（欧洲大陆哲学卷），复旦大学出版社 1999 年版，第 357 页。

二　马克思新世界观的中国化话语
——社会主义核心价值观

如果说实事求是思想路线侧重于宣示当代中国共产党人对于认识世界和改造世界的思想原则或认识路线、对于马列主义经典结论以及世界文明成果的基本态度，侧重于"务实"——尽快摆脱长期以来"左"的错误给我国所造成的落后与停滞，那么，党确定的"社会主义核心价值观"侧重于宣示当代中国共产党人内心对于自己正在建设的中国特色社会主义社会所追逐的价值取向与达致的目标要求，将党的实事求是思想路线内容中的"至善"层次的"抽象形态"予以具体展开，着眼于我国全面建成小康社会与中国特色社会主义的全面实现。因此，它不仅进一步体现了马克思新世界观中国化要求，而且凸显了马克思新世界观的"心脏"或核心内容。

（一）党的文献中关于社会主义核心价值观成型的逻辑线索

必须确认这样一个事实：经过 20 世纪 70 年代末期的真理标准问题讨论和党的十一届三中全会，党的实事求是思想路线在全党全国人民心中扎根并化作改革开放与社会主义现代化建设最强大的思想动力。三十年之后，党在其十八大上庄严宣示"社会主义核心价值观"。从形式或党的正式文本上看，似乎党的"社会主义核心价值观"的提出比党的实事求是思想路线的制定滞后了 30 年，其实不然。

在十一届三中全会之前的 1978 年 9 月，邓小平在谈到恢复毛泽东树立的实事求是优良传统时深情地说："我们要想一想，我们给人民究竟做了多少事情呢？我们一定要根据现在的有利条件加速发展生产力，使人民的物质生活好一些，使人民的文化生活、精神面貌好一些。"① 由此不难看出党对人民群众的实际利益、价值关系的注视与珍重。在十一届三中全会的"主题报告"——《解放思想，实事求是，团结一致向前看》中，邓小平不仅论述了党的实事求是思想路线，并且阐明了党的"社会主义核心价值观"范畴中的关键内容，如突出作为党的工作重心转移的内容即"实现四个现代化"，突出"民主"意识、"法制"

---

① 　冷溶、汪作玲：《邓小平年谱》，中央文献出版社 2004 年版，第 380 页。

意识，突出广大人民群众的"物质利益"、推出影响全民族的"富民"政策，突出学习专业知识、科学文化的迫切性。三个月之后，邓小平在《坚持四项基本原则》中从政治意识形态侧面确立了"必须坚持社会主义道路、必须坚持无产阶级专政、必须坚持共产党的领导、必须坚持马列主义、毛泽东思想"这一作为中国特色社会主义的价值立场，强调要以这四项基本原则作为整个国家的意识形态内容。

中共十二大报告、党章确立了党的"现阶段的总任务"概念、"社会主义精神文明"概念，把"民主""文明""现代化"规定为中国特色社会主义或"四化"本身的追逐目标，具体界定了"社会主义精神文明"的内涵与外延。可以说，"中国共产党在现阶段的总任务""社会主义精神文明"尤其是"社会主义精神文明"概念的推出，是党的"社会主义核心价值观"范畴最终问世的一个极为重要的节点，因为它在逻辑层次上从政治层面、意识形态层面转入与"物质文明"相对的"精神"层面即"价值"领域，不仅指向国民改造客观世界的主体能力、知识水准，而且指向国民的思想素养、道德水准特别是一种共产主义精神境界。

中共十三大报告明确提出了"党的建设有中国特色的社会主义的基本路线"概念，首次将"富强"列入中国社会主义的"奋斗目标"，提出"社会主义的根本任务是发展生产力"，是"摆脱贫穷、摆脱落后""实现中华民族伟大复兴"①。把"富强"纳入社会主义的"奋斗目标"，是这次大会对后来的"社会主义核心价值观"范畴的一个重大贡献。因为"富强"一方面既是中华民族自鸦片战争以来的梦想，也是实现中华民族伟大复兴梦想的根本途径；另一方面也是世界上任何国家实现社会主义或共产主义境界的"必修课"，根据马克思新世界观的载体——马克思资本学说，一个在社会生产力水准、社会经济发展水平矮于资本主义发达国家的社会主义国家要想最终超越资本主义社会只能是南柯一梦。

面向 21 世纪的中共十五大报告不仅制定了社会主义初级阶段经济纲领、政治纲领，在党的政治报告史上第一次提出了"法治"概念，而且制定了社会主义初级阶段"文化纲领"，提出中国特色社会主义文化的目标是"培育有理想、有道德、有文化、有纪律的公民"，是"发展面向现代化、面向世界、面向未来的，民族的科学的大众的文化"这

---

① 《十三大以来重要文献选编》上，人民出版社 1991 年版，第 13、11—12 页。

么一种观念，是"建设立足中国现实、继承历史文化优秀传统、吸取外国文化有益成果的社会主义精神文明"①。中共中央在 2001 年 9 月 20 日印发的《公民道德建设实施纲要》把公民基本道德规范概括为"爱国守法、明礼诚信、团结友善、勤俭自强、敬业奉献"②，从道德伦理的角度细化了"社会主义精神文明"建设。这些都构成"社会主义核心价值观"范畴成型过程又一重要环节。

中共十六大报告从"文化""公民道德"层面延伸到"民族精神"层面，对中华"民族精神"的传统及其在当代的发扬光大做了简明阐述，直接指向了"社会主义核心价值观"范畴的实质即提升整个民族精神素质。十六届六中全会通过的"构建社会主义和谐社会"的"决定"阐明了"社会主义核心价值体系"概念，提出"必须坚持马克思主义在意识形态领域的指导地位，牢牢把握社会主义先进文化，弘扬民族优秀文化传统，借鉴人类有益文明成果，倡导和谐理念，培育和谐精神，进一步形成全社会共同的理想信念和道德规范"③。这里不仅让"社会主义核心价值观"范畴破茧而出，而且揭示了凝练"社会主义核心价值观"的三个"来源"，即作为当代中国实践结晶的"社会主义先进文化"、作为本民族固有的文化基因与外来文化主要是发达资本主义国家的文化成果。十七大报告把党的文化建设纲领指向公民主体自身的素质，提出"文化越来越成为民族凝聚力和创造力的重要源泉、越来越成为综合国力竞争的重要因素""国家文化软实力"论断。这些都构成"社会主义核心价值观"范畴生成史上的重要节点。

仅从党的主要文本的简要分析不难看出，"社会主义核心价值观"的最终定型不是偶然的"应景之作"或"权宜之计"，而是在 30 多年的改革开放和现代化建设实践中根据马克思主义世界观逐步总结自身的经验并予以提升、丰富和完善的结晶，这是社会主义核心价值观生成过程的一个显著特征。相反，党的实事求是思想路线（表述形式）在党的十二大通过的党章中"一锤定音"之后再也没有出现过变动，而是一以贯之地予以坚持与强调。

（二）社会主义核心价值观的价值境界

党的"社会主义核心价值观"范畴无疑指向人们"改造世界"即

① 《江泽民文选》第 2 卷，人民出版社 2006 年版，第 18 页。
② 《大力倡导公民基本道德规范》，《人民日报》2001 年 10 月 30 日。
③ 《十六大以来重要文献选编》下，中央文献出版社 2008 年版，第 660 页。

"改善世界"的领域，专属"价值"范畴。而"价值"概念专属于"属人世界"或"人化世界"范畴，渊源于梵文的 wer 和 wal，拉丁文的 vallo、valeo 和 valus。迄今为止，这种"价值"现象或价值关系都是相对于人而特有的。至于与其相对的"彼岸世界"或其他"种类"有没有这种现象或关系，人类尚未完全证实，或者说这些"他者"或"他种"是否具有真正人类意义上的"此在"水准还不得而知。"实践"也专属于"属人世界"或"人化世界"的范畴，亚里士多德最早揭示了人的实践活动的"目的性"，说"不完成目的的活动就不是实践。实践是包括了完成目的在内的活动"①，黑格尔把"实践"规定为"扬弃了理念的片面的主观性""扬弃了客观世界的片面性"，是"实现善的冲力"②。这些都表明实践这种感性活动含混着人的目的（理想）性、意识（志）性等精神性因素或成分。这也就是说，"价值"和"实践"都专属于"属人世界"或"人化世界"的范畴，"价值关系"在逻辑上隶属于"实践关系"，二者在范围上存在"重叠"现象。

　　"价值"和"实践"还都包含着一定的物质利益因素。马克思有时就把"实践"称为"物质实践"③，强调从事实践活动的主体是"现实的人""以一定的方式进行生产活动的一定的个人""发展着自己的物质生产和物质交往的人"而不是"抽象的人"④，并且在《1844 年经济学哲学手稿》《资本论》中具体地分析了资本主义条件下的"雇佣劳动"这一特定"实践"过程的"异化"性、"阶级性"（"阶级剥削"）。而"价值"范畴从归根到底的意义说是指向"物质利益关系"的，否则就不成其为"价值"范畴而被混同于"理想"或"幻想"概念了。就此而言，马克思主义哲学经典之一——《实践论》把马克思主义哲学（原文为"马克思主义哲学的辩证唯物论"）最显著的特点概括为"实践性"和"阶级性"，这很符合马克思主义哲学的本性。其实，这"两性"可归结为"一性"即"物质利益性"。由于对"价值性"与"阶级性""实践性"之间这种"重叠"的意识不"自觉"或不系统，人们在很长时期内都没有在此基础上进一步追问它们之间的这种"内在重叠"，结果造成"范畴错误"。

　　在"以物的依赖性为基础"的时代，"价值""实践"在"物质利

---

① ［古希腊］亚里士多德：《形而上学》，苗力田译，商务印书馆 1981 年版，第 178 页。
② ［德］黑格尔：《小逻辑》，贺麟译，商务印书馆 1981 年版，第 410—411 页。
③ 《马克思恩格斯选集》第 1 卷，人民出版社 1995 年版，第 92 页。
④ 同上书，第 67、71、73、56 页。

益"上的这种深度"重叠"现象远不是理论上的抽象规定或逻辑推定，而是毫不含糊的"客观实在"。只是历史上许多占统治地位的意识形态不像马克思新世界观这一"意识形态"那样对此予以"挑明"，相反，它们竭力掩饰这层关系或性质，如"资产阶级在理论上和实践上总是千方百计地想把阶级斗争的事实从社会意识中抹去"，以"欺骗别的阶级，让他们没有清楚的阶级意识"①。

正是这种"内在重叠"形成了"价值"与"实践"之间"你中有我，我中有你"的现象。"实践"这个人们"熟知"的概念其实是个含义杂多的概念，本身渗透着价值因素；而"价值"也渗透着"实践"某个侧面即"应该"向度。亚里士多德在哲学思想史上第一次将"实践"视为"完成潜能""实现潜能"的过程，这个"潜能"当然包含着"应该"的成分。从"价值"与"实践"之间的这种"内在重叠"看，说"人的社会实践本身就是人的价值活动"② 是有道理的。

然而，"价值"同"实践"存在着"分野"。

"实践"直接标示着人类"感性"活动的具体过程及其现实性或直接现实性，是"是"即"存在"，指称"现实"与当下，指向"务实"，与"价值"相比而显得"实"些或"矮"些；"价值"则直接标示着"属人世界"的积极成果（当然不能排除或否认"天然自然"实事上的价值性或"天然自然"的潜在价值），标示着"属人世界"的崇高性、未来性，"指示"着实践过程或人类活动的"方向"或所要达致的"极境"，表现出"意义世界"对"实然世界"的引领作用。拿无产阶级的哲学价值观来说，"世界观的重要表现是为谁服务。一个人，如果爱我们社会主义祖国，自觉自愿地为社会主义服务，为工农兵服务，应该说这表示他初步确立了无产阶级世界观"③。可以说，与"实践"现象相比，"价值"又无不"虚"些或崇高些，是"一个'大字眼'，价值选择包含着某种'崇高意味'"④。

"价值"或者说"价值关系"表现为纯粹的人与人（包括人所生活的共同体即"社会"）之间的关系，不仅表现为他们之间的物质利益交

---

① ［匈］卢卡奇：《历史与阶级意识》，杜章智等译，商务印书馆 1999 年版，第 121、126 页。

② 李德顺：《价值论》，中国人民大学出版社 2007 年版，第 387 页。

③ 《邓小平文选》第 2 卷，人民出版社 1994 年版，第 92 页。

④ 高清海：《价值选择的实质是对人的本质之选择》，《吉林师范大学学报》2005 年第 3 期。

往，而且表现为超越物质利益的"绝对命令"式的价值取向，即所谓"杀身成仁、舍生取义"；"实践"尽管包含着"价值"因素或者说受"价值"因素的主导，黑格尔曾以哲学语言把人类实践活动称为"实现善的冲力"，但它始终受诸多客观条件的制约，它不仅包含着人与人之间的关系，并且包含着人与物或自然界之间的关系，用马克思的话说即"劳动过程……最初出现的只有两个因素——人和自然"①，因而实践活动（基本形式即"劳动"）呈现为"含混"的形态或使"价值"处于"潜伏"状态。因此，价值境界总是"纯"于或高雅于"实践"的当下水准。看不到"价值"与"实践"之间这些"分野"，便将本属"人的世界"的"崇高"符号——"价值"（现象）泛化，似乎有"实践"就有"价值"，像所谓"价值实践""价值实践史"② 命题就陷入这类偏向。拿"中国特色社会主义"这个当代"实践"来说，它一方面存在着受制于当代世界仍处于"以物的依赖性为基础"这一长历史区间的"痕迹"，混杂着前社会主义的形式或因素，另一方面渗透着"社会主义"或"共产主义"的性质，并坚持"社会主义"或"共产主义"的价值方向如"最终达到共同富裕"或全面实现"富强民主文明和谐"这样的崇高取向。由于这个"另一方面"与前者"混"在一块而在一定程度上被忽略，"中国特色社会主义"实践"背后"的价值取向往往被"拉斜"，出现了把我国社会主义初级阶段的"以经济建设为中心"战略演绎成抛开"经济建设"的最终社会价值目标而追求短期"利润"的"经济运动"现象，出现了把"中国特色社会主义"蜕变或"返祖"为某种"资本原始积累"现象。这是值得防范的。

学界或教科书领域关于马克思主义哲学"辩证唯物主义""历史唯物主义""实践唯物主义"称谓或规定只是分别指涉了马克思主义哲学的辩证法（观）、历史观、实践观，结果让马克思主义哲学的价值立场或价值境界常常淹没于其"实践观"之中或被混同为"实践观"。

其实，马克思或马克思主义的实践观具有鲜明的价值性，并指向一个特定的价值境界。马克思恩格斯不仅强调"实践"或"生产实践"对于一般人类社会形成发展的始源性意义③，而且突出产业无产阶级的生产实践和政治斗争实践对于资本主义文明发展、对于实现包括产业无

---

① 《马克思恩格斯全集》第 32 卷，人民出版社 1998 年版，第 109 页。
② 孙伟平：《价值哲学方法论》，中国社会科学出版社 2008 年版，第 80、94 页。
③ 《马克思恩格斯选集》第 1 卷，人民出版社 1995 年版，第 67 页注①。

产阶级在内的全人类解放、自由的革命性意义、终极性意义，说大工业的发展生产资产阶级自身的掘墓人，资产阶级和无产阶级之间的阶级斗争是现代社会变革的巨大杠杆，对实践的唯物主义者即共产主义者来说全部问题都在于使现存世界革命化，无产者在共产主义革命中失去的是枷锁而获得的将是整个世界。马克思主义的"实践观"就是这样同时内含着无产阶级这种"价值取向"。况且作为马克思新世界观载体的政治经济学本身就具有鲜明的阶级价值取向，以至于"政治经济学所研究的材料的特殊性质，把人们心中最激烈、最卑鄙、最恶劣的感情，把代表私人利益的复仇女神召唤到战场上来反对自由的科学研究"①。

当然，马克思主义的价值理念只有经过无产阶级"实践"过程才得以"显现"。马克思恩格斯在《共产党宣言》中就把无产阶级的"实践"即"共产主义革命"过程归结为建立"一个联合体，在那里，每个人的自由发展是一切人的自由发展的条件"——共产主义社会，以"代替那存在着阶级和阶级对立的资产阶级旧社会"。无产阶级的价值目标就"潜伏"于这种无产阶级"实践"过程之中，并通过这种实践本身而获得"完成"，那种与无产阶级"实践"过程脱节的"价值观"只能是海市蜃楼。

的确，只有马克思主义的"价值性"才真正体现了马克思主义"实践性"之本质或者说无产阶级"实践"之终极目标。如果忽视了这个方面，就不自觉地将马克思的"实践观"混同于一种没有远大目标或至善境界的市侩哲学即"机会主义"，混同于一种有机体与环境之间不断的刺激—反映的多动式"行为主义"。不过，马克思主义哲学所讲的"价值"也不同于美国实用主义哲学所追求的"价值"境界——个体生存价值、个人方便实惠，而强调人类的整体价值或无产阶级的最终价值目标。因为，在资本逻辑主导的条件下，经济上出现资本的"利润平均化"趋势，政治上出现资产阶级的神圣"同盟"② 或"共济会团体"③ 现象，无产阶级只有立足于解放全人类才能最后解放自己，只有实现共产主义社会才能真正达到包括无产阶级在内的全人类的进步、自由、幸福。所以，代表着马克思主义哲学价值观"符号"的，首先并不是什么"人的价值"（个人价值）或"经济效益"，而是阶级价值即

---

① 《马克思恩格斯选集》第2卷，人民出版社1995年版，第102页。
② 参见《马克思恩格斯选集》第1卷，人民出版社1995年版，第271、308页。
③ 《马克思恩格斯选集》第2卷，人民出版社1995年版，第448页。

阶级利益或集体利益，就是作为"真正的共同体"① 的"共产主义"目标，这是马克思主义哲学价值观所追求的"应然"世界。正是这个方面标示出马克思主义哲学与其他"主义"、学派之间的分野。

"社会主义核心价值观"范畴的推出正凸显了马克思新世界观或马克思主义哲学所固有的价值性及其价值境界。

如果说《中共中央关于构建社会主义和谐社会若干重大问题的决定》揭明了"社会主义核心价值观"将要加以提炼的"原料"三个"来源"，那么十八大报告关于"社会主义核心价值观"的"三个倡导"则指明了它的两个维度。一个维度是立足于中国社会发展程度处于社会主义初级阶段。因此，作为"社会主义核心价值观"在国家层面或民族层面就必须清醒地、战略性地确立"富强"意识或理念，并由此去规划诸多具体的方针政策，否则，"民主""文明""和谐"对当代中国或中华民族都没有直接的现实价值或流于画饼充饥；作为"社会主义核心价值观"在社会层面或民间层面就必须清醒地、战略性地确立（人身等方面）"自由"、（人格等方面）"平等"意识或理念，并由此去健全或安排具体的经济体制或社会体制或法律法规以在全社会范围内激活所有国民的活力，否则，"公正""法治"会弄成"一潭死水"或抽象的愿景；作为"社会主义核心价值观"在公民层面或个人层面就必须清醒地、战略性地确立"爱国"意识或理念，确立对中华民族的珍爱意识、对中华民族的自豪意识、对中华民族的责任意识，尽管人们在现代社会对自己的生活共同体的依附性几乎消失了，但作为一个有血有肉的现实人离不开"认祖"情结或"家园"意识，一个人的成长、强大、发展、成就，往往是从自己生活的家园、集体、同胞的命运或兴与衰或富与穷或强与弱或善与恶之间的变故中孕育意志、激发智慧、生发才干的。一个孤立的人或一个只是自爱、利己的人往往出息不大或发展得非常有限，而那些政治伟人、科学伟人、艺术伟人、实（商）业伟人无不或者具有爱国情怀，或者具有民族感情，或者具有同胞感情，或者具有集体（阶级）感情。

"社会主义核心价值观"的另一个维度，就是必须着眼于我国小康社会的"全面建成"这一战略质点，瞄向中国特色社会主义的终极目标，这就是必须具有"世界"意识、"人类"意识。如果说其中的"富强"是针对自己的祖国而言的话，那么，"和谐"意识不仅是针对国内

---

① 《马克思恩格斯选集》第 1 卷，人民出版社 1995 年版，第 119 页。

而言的，而且主要是指向世界上各国各地区之间的关系；如果说其中的"爱国"是针对自己的祖国而言的，那么，"友善"就不仅是指向自己的"熟人"世界或私人空间，而且是指向所有的人类同胞，指向公共空间，指向经济、社会、文化、生态等领域的"全球化"事实。从这个意义上看，社会主义核心价值观正属于这种"世界"意识、"人类"意识，是一种"世界主义""人类主义"。就此而言，社会主义核心价值观的确属于"一种大德"，"承载着一个民族、一个国家的精神追求，体现着一个社会评判是非曲直的价值标准"①，就是鲜明地表达了中国共产党人的价值境界。而马克思新世界观所指向的"共产主义社会"正是这种"世界主义""人类主义"意识的社会载体或实践躯体，正是中国共产党人价值境界的社会载体或实践躯体。

（三）社会主义核心价值观的核心问题

尽管"富强、民主、文明、和谐，自由、平等、公正、法治，爱国、敬业、诚信、友善"十二个词构成党的"社会主义核心价值观"的"关键词"或基本内容，但党提出的"社会主义核心价值观"这一科学规定的丰富内涵与深远意蕴不能被简单地"框"在这十二个"词"即二十四个"字"之内，更不能被窄化为只是公民的伦理道德"修炼"范畴，似乎熟记并照着这二十四个"字"做便"大功告成"，而应当理解为回应世界文化多元化或多样化尤其是源自发达资本主义世界的"普世价值"② 冲击波，凝聚中国人民的核心理念或"主心骨"，提振中国人民的价值信仰，表达中国人民一种新的时代精神或者新文明观。

作为马克思主义世界观的载体，马克思资本学说科学地、准确地阐明了"人类的痛苦"所在，从而唤醒了全世界无产者的理性觉醒。然而，多年以来，不少人以为马克思对待资本及其文明成就的态度就是"批判""革命""推翻"。其实，马克思对待资本及其文明成就的态度是"积极地扬弃"，认为资本作为一种"现代生产方式"离共产主义社会即作为一种"联合的生产方式"最"近"、最"亲"；"自由""平等""博爱"在资本世界虽然实际上被演绎为资本的"自由""平等"

---

① 习近平：《习近平谈治国理政》，外文出版社 2014 年版，第 168 页。

② "一些人所热炒的'普世价值'已不再是指价值的共同性，而是专指西方的自由、民主、人权。'维基百科'对'普世价值'的一个解释就是：'代词，即'民主、自由、法制、人权'的另一种说法'。不是一般意义上的人类共同价值，而是专指西方政治理念和制度模式。"（李文阁：《谈谈"普世价值"》，《求是》2014 年第 4 期）

"博爱"而让雇佣劳动者处于被"异化"状态，但它们相对于专制、人身依附的封建时代而言则代表了一个历史时代的文明进步；资本的确带来了工人阶级的贫困、痛苦，但资本运动过程作为一个历史性的人类生产方式运动过程正构成了工人阶级或产业劳动者全面发展的必要"阶梯"。

社会主义核心价值观的内容并不等于把当代中国的实践经验同中华传统文化、外来文化这些"加数"简单相加；"积极培育和践行社会主义核心价值观"这一伟大事业不单纯是"党和国家"的"事"，不单纯是"政府"或"社会组织"的"事"，不单纯是公民"个人"讲伦理道德的"事"，而是整个中华民族的"事"。它的"出场"意味着拥有五千多年历史的中国人民经过鸦片战争以来一百多年的苦难拼搏、中华人民共和国成立以来六十多年特别是最近三十多年对外开放条件下的奋斗与开拓，以国家软实力形式迎来了一个作为劳动者的理性觉醒的新起点，迎来了一个追求历史性的现代生产方式或现代生产生活方式的新起点；（由此）迎来了一个作为中国人的人性人格自尊自强的新起点，迎来了一个爱国、爱集体、民胞物与的新时代。因而，作为一个中国公民，不仅应以当劳动者光荣，以当生产者光荣，而且以推进新生产方式即推进我国生产经营部门的高质量、高效率、贵品牌水准而光荣：凭着自己的能力、智慧、资源和条件为自己的生产单位、社会共同体、国家、民族提供多多益善的剩余劳动、创造多多益善的剩余价值，同时，国家或政府也以给劳动者提供多多益善的剩余劳动、创造多多益善的剩余价值去营造公平的体制机制为天职。如果说提供剩余劳动、创造剩余价值在过去的资本主义社会曾经使雇佣工人阶级被"异化"，那么，提供剩余劳动、创造剩余价值在今天中国特色社会主义社会里只会使劳动者或生产者分享幸福的"蛋糕"变得越来越大、越来越好。

在这个"培育和践行社会主义核心价值观"即培植国家软实力的长时段而非"管一阵子"的"精神工程"中，有以下三点值得注意。

其一，社会主义核心价值观的培育和践行必须立足于建设中华新生产方式这一大背景，铸造或养育中华儿女的原创理念或富于个性的智慧。在这里，我们在"创业"方面于世界民族之林中是否拥有属于自己而非"克隆"他国他人的"原创性"或"个性"，是这个"国家软实力工程"成功与否的"命根"，也是全面建成中国特色社会主义的"引擎"。因此，在这个核心价值观"培育和践行"过程中必须为"培育"每个劳动者（包括潜在的劳动者）的"原创性"或"个性"去

"松绑""放活""搭桥""铺路"，需要在教育、科技、行政等各个社会领域进一步改革、开放，彻底摆脱中华民族历史上曾经长期禁锢人民手脚的"中庸"① 旧习。习近平总书记在论述中国梦是"每个中国人的梦"时提出的"享有人生出彩的机会""享有梦想成真的机会""享有同祖国和时代一起成长与进步的机会"② 这一著名论断，党的十八届三中全会在阐述"全面深化改革"的"指导思想"中提出的"解放和发展社会生产力、解放和发展社会活力"③ 重要论断，都意在让每一个中国人即劳动者的个性、人生价值真正获得"培育"、彰显。在社会主义初级阶段这一特定历史条件下，只有让每个劳动者活得有底气与滋润、活得有文化与尊贵、活得有个性与自由，中华民族才拥有真正的强大，中华民族才拥有真正的自信自豪，中华民族伟大复兴的中国梦才会水到渠成。

其二，社会主义核心价值观的培育和践行过程必须珍视并充分发挥"中国特色社会主义制度"自身的优势而不要捧着自己的"金饭碗"在异国他乡"讨饭吃"。根据马克思主义世界观的逻辑，我们所建设的"社会主义社会"属于人类史上的"自由王国"范畴，而此前的资本主义社会、封建社会、奴隶社会、原始社会均属于"必然王国"范畴，换言之，前者才属于真正人类的阶段，后者仅属于人类的"史前"阶段。我们所拥有的中国特色社会主义根本制度乃是中国共产党人对源自马克思主义世界观所奉献给人类的"新社会"构想予以实践"加工"而生成的一种处于成长中的新社会"模型"，是目前人类历史上最大气、最有前途的社会制度，而党的社会主义核心价值观正是其精神引领或价值境界，二者的关系属于"皮"与"毛"或"经济基础"与"上层建筑"的关系。因此，社会主义核心价值观不仅要珍视、维护这个根本制度，而且要以之作为"公正"（而非平均）地实现每一个劳动者（包括潜在的劳动者）的"全面发展"和"自由发展"的制度"保障"或制度"条件"，使"社会主义核心价值观"的"核心"对象化为客观实在。

其三，必须坚持社会主义核心价值观的灵魂——马克思主义世界

---

① 周作人在《中国的国民思想》中说："中国人从孔子起，至一般老百姓止，都有中庸思想，希望中国人做大事业，是做不出来的，可是叫他维持长久，他的力量却很大。"（《周作人讲演集》，河北人民出版社 2004 年版，第 183 页）

② 习近平：《习近平谈治国理政》，外文出版社 2014 年版，第 40 页。

③ 《中共中央关于全面深化改革若干重大问题的决定》，人民出版社 2013 年版，第 3 页。

观。社会主义核心价值观的确凝结了中国传统文化的优秀成果与外来文化（主要是西方文化）的合理成分，但不管是前者还是后者，都替代不了"马克思主义世界观"作为其"灵魂"这一至圣位置。在目前培育和践行社会主义核心价值观这一国家软实力的过程中凸出中国传统文化的地位或"角色"是非常必要的，因为在以往相当长的一段时期特别是极"左"年代，政治领域、意识形态领域等诸多领域的"马克思主义中国化"变成了一种"有骨无筋"或简简单单的"教条"。但是，绝不能因此在"巩固马克思主义在意识形态领域的指导地位"①上有丝毫忽略。这不仅是因为"中国共产党"本身是以它为灵魂的一个坚强的政党组织，"中国特色社会主义"本身是一个以它为灵魂的社会形式，而且是因为"马克思主义世界观"本身是近现代工业文明的结晶，它本身代表着人类的新型文明：属于那种持续发展生产力的理念，属于"每个人的自由发展是一切人自由发展的条件"这么一种共产主义理念，这些理念不仅反映了世界历史发展的趋向，契合了中国社会发展的必然要求，而且它本身属于当代中国人自己在革命、建设、改革过程的实践结晶。社会主义核心价值观中的关键词——"富强""自由""平等""公正""和谐"实际上从不同侧面或不同层面反映了马克思主义世界观的这些理念。中国传统文化毕竟源自古代自然经济，以农耕文明为载体，有其历史的合理性或价值，但不构成近现代文明的主体，仅属于近现代文明发展的一种补充成分或借鉴对象——需要对之予以"创造性转化、创新性发展"。所以，社会主义核心价值观的培育和践行过程既要充分肯定中国传统文化是弘扬社会主义核心价值观的肥田沃土，又要坚持马克思主义世界观在社会主义核心价值观中的灵魂位置，而不能笼统地说什么"中华传统文化是我们民族的'根'和'魂'"②。

---

① 《中共中央关于全面深化改革若干重大问题的决定》，人民出版社 2013 年版，第 39 页。

② 中共中央宣传部：《习近平总书记系列重要讲话读本》，学习出版社、人民出版社 2013 年版，第 100 页。

参考文献

一　国外相关著作及论文

[1]《马克思恩格斯全集》（第1—50卷），人民出版社1956—1985年版。

[2]《马克思恩格斯选集》（第1—4卷），人民出版社1995年版。

[3]《马克思恩格斯文集》（第1—10卷），人民出版社2009年版。

[4]《列宁专题文集》（第1—4卷），人民出版社2009年版。

[5]《斯大林选集》（上、下卷），人民出版社1979年版。

[6]［德］伽达默尔：《诠释学Ⅰ、Ⅱ：真理与方法》（修订本），商务印书馆2007年版。

[7]［德］伽达默尔、［法］德里达：《德法之争——伽达默尔与德里达对话》，孙周兴、孙善春译，同济大学出版社2004年版。

[8] 苏共（布）中央特设委员会：《苏联共产党（布）历史简明教程》，人民出版社1954年版。

[9]［英］J.李约瑟：《中国科学技术史》第1卷"导论"，科学出版社、上海古籍出版社1990年版。

[10]［匈］杰尔吉·卢卡奇：《历史与阶级意识》，杜章智等译，商务印书馆1999年版。

[11]［匈］杰尔吉·卢卡奇：《卢卡奇文选》，李鹏程编，人民出版社2008年版。

[12]［意］安东尼奥·葛兰西：《狱中札记》，葆煦译，人民出版社1983年版。

[13]［德］卡尔·科尔施：《马克思主义和哲学》，王南湜、荣新海译，重庆出版社1989年版。

［14］［美］马尔库塞：《单向度的人——发达工业社会意识形态研究》，刘继译，上海译文出版社 2006 年版。

［15］［美］弗洛姆：《马克思关于人的概念》，徐继亮、张庆熊译，南方丛书出版社 1988 年版。

［16］［德］哈贝马斯：《交往与社会进化》，张博树译，重庆出版社 1989 年版。

［17］［法］阿尔都塞：《保卫马克思》，顾良译，中央编译出版社 2006 年版。

［18］［法］阿尔都塞、埃蒂安·巴里巴尔：《读〈资本论〉》，李其庆译，中央编译出版社 2001 年版。

［19］［法］埃蒂安·巴里巴尔：《马克思的哲学》，王吉会译，中国人民大学出版社 2007 年版。

［20］［法］梅洛-庞蒂：《辩证法的历险》，杨大春、张尧均译，上海译文出版社 2009 年版。

［21］［法］德里达：《马克思的幽灵》，何一译，中国人民大学出版社 2008 年版。

［22］［英］佩里·安德森：《西方马克思主义探讨》，高铦、文贯中、魏章玲译，人民出版社 1981 年版。

［23］［美］詹明信、张旭东编：《晚期资本主义的文化逻辑——詹明信批评理论文选》，生活·读书·新知三联书店 1997 年版。

［24］［美］K. 诺格尔：《世界观的历史》，胡自信译，北京大学出版社 2006 年版。

［25］［美］霍菲克：《世界观的革命——理解西方思想流变》，余亮译，中国社会科学出版社 2010 年版。

［26］［德］文德尔班：《哲学史教程》（上、下卷），罗达仁译，商务印书馆 1987、1993 年版。

［27］［英］罗素：《西方哲学史》（下卷），马元德译，商务印书馆 1976 年版。

［28］吴晓明、张亮：《当代学者视野中的马克思主义哲学：西方学者卷》（补卷），北京师范大学出版社 2011 年版。

［29］［德］舍勒：《哲学与世界观》，曹卫东译，上海人民出版社 2003 年版。

［30］［英］卡尔·波普尔：《开放社会及其敌人》第 2 卷，郑一明等译，中国社会科学出版社 1999 年版。

[31]［美］胡克：《对卡尔·马克思的理解》，徐崇温译，重庆出版社1989年版。

[32]［法］罗伯尔－让·龙格：《我的外曾祖父卡尔·马克思》，李渚青译，新华出版社1982年版。

[33]［德］弗拉克·菲德勒、奥托·芬格尔等：《辩证唯物主义和历史唯物主义》，郑伊倩、王亚汶、赵晓红、陈嘉映等译，求实出版社1985年版。

[34]［挪威］希尔贝克、伊耶：《西方哲学史——从古希腊到二十世纪》，童世骏、郁振华、刘进译，上海译文出版社2004年版。

[35]［美］萨缪尔森：《经济学》（上、中、下册），高鸿业译，商务印书馆1979、1981、1982年版。

[36]吴晓明：《当代学者视野中的马克思主义哲学：西方学者卷》（上、下册），北京师范大学出版社2008年版。

[37]衣俊卿、陈树林：《当代学者视野中的马克思主义哲学：东欧和苏联学者卷》（上、下册），北京师范大学出版社2012年版。

[38]安启念：《当代学者视野中的马克思主义哲学：俄罗斯学者卷》，北京师范大学出版社2012年版。

[39]［美］福山：《历史的终结及最后的人》，黄胜强、许铭原译，中国社会科学出版社2003年版。

[40]［德］爱克曼辑录：《歌德谈话录》，朱光潜译，人民文学出版社1978年版。

[41]北京大学哲学系外国哲学史教研室编译：《西方哲学原著选读》（上、下卷），商务印书馆1981、1985年版。

[42]《圣经》（研用本）。

[43]北京大学哲学系外国哲学史教研室编译：《十六—十八世纪西欧各国哲学》，商务印书馆1975年版。

[44]［德］康德：《纯粹理性批判》，蓝公武译，商务印书馆1960年版。

[45]［德］黑格尔：《历史哲学》，王造时译，上海书店出版社1999年版。

[46]［德］黑格尔：《精神现象学》（上、下卷），贺麟、王玖兴译，商务印书馆1979年版。

[47]［德］费尔巴哈：《费尔巴哈哲学著作选集》（上、下卷），荣振华、王太庆、刘磊译，商务印书馆1984年版。

[48]［英］斯密:《国民财富的性质和原因的研究》（上、下卷），郭大力、王亚南译，商务印书馆 1972 年版。

[49]［英］彼罗·斯拉法:《〈李嘉图著作和通信〉集·第一卷·政治经济学及赋税原理》，郭大力、王亚南译，商务印书馆 2009 年版。

[50]［美］威廉姆·肖:《马克思的历史理论》，阮仁慧、钟石韦、冯瑞荃译，商务印书馆 2009 年版。

[51]［德］黑格尔:《黑格尔通信百封》，苗力田译，上海人民出版社 1981 年版。

[52]［德］黑格尔:《法哲学原理》，范扬、张企泰译，商务印书馆 1961 年版。

[53]［法］托马斯·皮凯蒂:《21 世纪资本论》，巴曙松等译，中信出版社 2014 年版。

[54]［英］戴维·麦克莱伦:《马克思传》第 4 版，王珍译，中国人民大学出版社 2008 年版。

[55] 苏联科学院哲学研究所:《〈资本论〉哲学与现时代》，孙越生、沈真译，吉林人民出版社 1983 年版。

[56]［德］约瑟夫·狄慈根:《狄慈根哲学著作选集》，杨东莼译，生活·读书·新知三联书店 1978 年版。

[57]［法］罗桑瓦隆:《乌托邦资本主义——市场观念史》，杨祖功、晓宾、杨齐译，社会科学文献出版社 2004 年版。

[58]［苏联］奥伊泽尔曼:《关于马克思主义世界观的思考——与 M. 马尔科维奇院士商榷》，潘培新译，《哲学译丛》1990 年第 5 期。

[59]［德］哈贝马斯:《作为"意识形态"的技术和科学》，赵鑫珊译，《哲学译丛》1978 年第 6 期。

[60]［美］诺曼·莱文:《马克思阐释史的九个阶段——一个新黑格尔派马克思主义者的阐释》，赵玉兰译，《中国社会科学报》2011 年 6 月 30 日。

[61] 高小勇、汪丁丁:《专访诺贝尔经济学奖得主——大师论衡中国经济与经济学》，朝华出版社 2005 年版。

[62]［美］林肯:《林肯选集》，朱曾汶译，商务印书馆 1983 年版。

[63] Richard Peet, "Contradiction of Finance Capitalism", *Monthly Review*, Volume 63, Issue 7, December 2011.

[64] Brett & John Bellamy Foster, "The Dialetic of Social and Ecological Metablolism: Marx, Meszaros, and the Absolute Limits of Capital", *So-*

cialism and Democracy，Volume 24，Issue 2，2010.

[65] Étienne Balibar, *Les " deux découverte " de Marx*, Deuxième semester, 2011.

[66] Fredric Jameson, "A New Reading of Capital", *Meditations*：*Journal of the Marxist Literary Group*，Vol. 25，No. 1，2010.

二　国内相关著作及论文

[1]《毛泽东著作选读》（上、下册），人民出版社 1986 年版。

[2]《邓小平文选》（第 1—3 卷），人民出版社 1994、1993 年版。

[3] 胡锦涛：《坚持走中国特色自主创新道路为建设创新型国家而努力奋斗——在全国科学技术大会上的讲话》，《求是》2006 年第 2 期。

[4] 习近平：《习近平谈治国理政》，外文出版社 2014 年版。

[5] 朱清时：《求解创新型人才培养的困局》，《中国高等教育》2009 年第 20 期。

[6] 嘉波：《这个移民潮之惑》，《光明日报》2012 年 8 月 28 日。

[7] 王德禄、蒋世和：《人权宣言》，求实出版社 1989 年版

[8] 陈先达：《走向历史的深处》，上海人民出版社 1987 年版。

[9] 赵敦华：《回到思想的本源：中西哲学与马克思哲学的对话》，北京师范大学出版社 2006 年版。

[10] 俞吾金、汪行福、王凤才、林晖、徐英瑾：《德国古典哲学》，人民出版社 2009 年版。

[11] 袁贵仁、杨耕：《当代学者视野中的马克思主义哲学卷：中国学者卷》（上、下册），北京师范大学出版社 2012 年版。

[12]《西方哲学英汉对照辞典》，人民出版社 2001 年版。

[13] 林剑：《人的自由的哲学思索》，中国人民大学出版社 1996 年版。

[14] 洪远朋：《〈资本论〉难题探索》，山东人民出版社 1985 年版。

[15] 徐杰、陈光林、陈乃圣：《马克思与〈资本论〉》，山东人民出版社 1985 年版。

[16] 黄枬森：《辩证唯物主义世界观是不是马克思的哲学?》，《高校理论战线》2003 年第 5 期。

[17] 俞吾金：《被遮蔽的马克思》，《学术月刊》2012 年第 5 期。

[18] 孙正聿：《历史唯物主义与哲学基本问题——论马克思主义的世

界观》,《哲学研究》2010 年第 5 期。

[19] 林剑:《论马克思"新唯物主义"哲学思维辐射的轴心》,《哲学研究》2008 年第 6 期。

[20] 张一兵、姚顺良、唐正东:《实践与物质生产——析马克思主义新世界观的本质》,《学术月刊》2006 年第 7 期。

[21] 聂锦芳:《〈资本论〉再研究》,《光明日报》2008 年 4 月 29 日。

[22] 樊昌杨:《黑格尔异化思想初探》,《社会科学研究》1982 年第 2 期。

[23] 贺麟:《黑格尔的早期思想》,《哲学研究》1983 年第 9 期。

[24] 赵家祥:《〈1844 年经济学哲学手稿〉和〈神圣家族〉中的生产关系思想》,《教学与研究》2011 年第 7 期。

[25] 赵家祥:《解析〈德意志意识形态〉中的一个难解之谜——"生产关系"概念与"交往形式"等术语的关系》,《哲学动态》2011 年第 4 期。

[26] 黄枬森:《马克思主义哲学在当代中国的发展》,《不竭的时代精神——步入 21 世纪的马克思主义哲学》,社会科学文献出版社 2001 年版。

[27] 爱真、程建康:《狄慈根第一次提出"辩证唯物主义"概念》,《中州学刊》1989 年第 5 期。

[28] 肖前:《关于马克思主义哲学的几个问题》,《不竭的时代精神——步入 21 世纪的马克思主义哲学》,社会科学文献出版社 2001 年版。

[29] 陈先达:《哲学中的问题与问题中的哲学》,《中国社会科学》2006 年第 2 期。

[30] 仰海峰:《政治经济学批判中的历史唯物主义》,《中国社会科学》2010 年第 1 期。

[31] 孙承叔:《〈资本论〉及其手稿的哲学地位》,《哲学动态》2008 年第 11 期。

[32] 胡锦涛:《坚定不移沿着中国特色社会主义道路前进,为全面建成小康社会而奋斗》,《求是》2012 年第 22 期。

[33] 魏小萍:《如何从马克思和恩格斯的差异中解读马克思主义哲学的核心问题——从一个附加标题说起》,《哲学动态》2009 年第 3 期。

[34] 胡培兆:《经济学本质论——三论三别》,经济科学出版社 2006 年版。

[35] 丰子义:《走向现实的社会历史哲学——马克思社会历史理论的

当代价值》，武汉大学出版社 2010 年版。

［36］杨耕：《马克思主义历史观研究》，北京师范大学出版社 2012
　　　年版。

后　记

　　本书起始于我攻读博士学位起初准备的学位论文稿。我在读博的第三个年头向我的博士生导师和博士学位论文开题委员会陈述博士学位论文写作大纲时，导师和开题委员会专家都肯定这个选题很好，但难度太大，在规定的博士攻读期间完成不了。结果，我只好暂时放弃这个选题，在这个基础上开始了另一个选题即《马克思资本观研究》。我在完成那个博士学位论文过程中并没有丢弃这个准备好的书稿，而是注意这个方面的材料积累，并在博士毕业后继续这个选题的凝练与书稿完善工作。我正是以本书稿为基础成功申报了国家社科基金后期资助项目"马克思新世界观阐释形式问题再研究"。我以此为新动力继续深化、精炼了这个书稿。

　　这里，我一方面要庆幸自己当初没有放弃这个选题，另一方面要特别感谢国家社科规划办及其专家对本书稿的肯定，即予以国家社科基金立项并提出宝贵的"改进和完善"意见。如果没有这次机会对它的"加油"与鞭策，不可能达到现在的水平。

　　我校科研处负责社科项目的郑淑娟等同志工作非常踏实，如果没有他们的支持、帮助，也不可能在这么有限的时间内完成这个研究项目。

　　这个研究项目的最终成果得以现在的形式呈现在读者面前，凝结了中国社会科学出版社喻苗女士的敬业精神与作为一个编辑家的专业智慧。

　　本书涉及的俄文人名得到中国人民大学安启念教授的指导，特致谢忱。

张定鑫